陕西省社会科学院优秀学术著作出版资助项目

营商环境视域下
市场主体高质量发展研究

RESEARCH ON THE HIGH-QUALITY DEVELOPMENT OF
MARKET ENTITIES FROM
THE PERSPECTIVE OF BUSINESS ENVIRONMENT

刘晓惠 ◎ 著

社会科学文献出版社
SOCIAL SCIENCES ACADEMIC PRESS (CHINA)

目 录
Contents

引　言

当今世界百年未有之大变局正在加速变化，国际经济、科技、文化、安全、政治等格局都在发生深刻调整。世界经济曲折复苏、国际投资和贸易出现萎缩、国际交往受限、经济全球化遭遇逆流、一些国家保护主义和单边主义盛行、地缘政治风险上升等因素不断影响全球化进程。从国内看，中国进入高质量发展阶段，人民对美好生活的要求不断提高，继续发展具有经济长期向好、人力资源丰富、市场空间广阔、发展韧性十足、社会大局稳定等诸多优势条件支撑。但同时发展中的不平衡不充分问题仍然突出，在科技创新、生态环保、民生保障、城乡差距、社会治理等方面还存在短板弱项亟待改善。国内外环境的深刻变化带来一系列新机遇、新挑战、新要求，我们必须进一步增强机遇意识和风险意识，努力实现更高质量、更有效率、更加公平、更可持续、更为安全的发展。

习近平总书记指出，市场主体是我国经济活动的主要参与者、就业机会的主要提供者、技术进步的主要推动者，是经济发展的力量载体，在国家发展中发挥着十分重要的作用，[①] 为推进中国经济社会发展迈向更高层次、更高水平、更高质量奠定了坚实基础。新中国成立75年来，中国经济社会发展成绩令世界瞩目。尤其是2000年以后，中国经济飞速发展，经济增长连续多年保持高位运转，2010年中国国内生产总值实现41.21万亿元，全球排名跃升至第二位，仅次于美国；到2020年，中国国内生产总值突破100

---

① 《习近平：在企业家座谈会上的讲话》，新华网，2020年7月21日。

万亿元大关，十年间实现翻倍增长。① 这傲人成绩的背后，是中国庞大市场主体的有力支撑。

市场主体是市场经济的微观基础，从某种意义上讲，我国社会主义市场经济的发展历程，就是企业、个体工商户等各类市场主体不断发展壮大的过程。"春江水暖鸭先知"，市场主体对营商环境的感知是最敏锐、最直接的，尤其是党的十八大以来，我国不断深化改革，先后实施了商事制度改革、"放管服"改革等一系列改革举措，不断优化营商环境，释放市场活力。我国登记在册的市场主体由 2012 年的 5500 万户②增长到 2023 年的 1.84 亿户③，市场主体数量增加 2 倍多，年均增长 11.6%；营商环境全球排名由 2012 年的 91 名跃升至 2020 年的 31 名。④

市场主体的生存状态、活力大小，直接决定着国民经济整体的健康状况、运行的稳定性和发展的可持续性，决定着社会生产力解放和发展的程度与水平。在谈论宏观经济形势、配置宏观政策、谋划进一步深化改革开放政策时，市场主体都是一个高频词，会被反复提及，是各方关注讨论的焦点。因此聚焦市场主体、研究市场主体的高质量发展具有非常重要的理论价值和社会价值。

本书以市场主体高质量发展为研究主线，通过翻阅大量资料来分阶段梳理我国自新中国成立以来市场主体不断发展壮大的历程；通过总结市场主体登记管理制度的历史变迁来了解我国商事制度改革经历；通过比较国际机构对全球国家（或地区）营商环境评价来说明我国营商环境优化改善的进程；通过测评我国区域市场主体发展效益水平来分析我国区域市场主体综合实力发展变化情况；最后通过调研问卷、地方营商环境改善案例分析等理论与实践结合，从政府部门层面、企业层面、个体工商户层面分别提出促进市场主

---

① 资料来源于国家统计局网站。
② 林丽鹏：《促进公平竞争、保护合法权益、稳定市场预期——我国市场主体登记管理基础性制度确立》，《人民日报》2021 年 8 月 26 日。
③ 刘坤：《优化营商环境，厚植经营主体成长沃土》，《光明日报》2024 年 2 月 6 日。
④ 王俊岭：《营商环境排名在全球 190 个经济体中跃升至第 31 位——中国营商环境越来越好》，《人民日报》（海外版）2021 年 7 月 12 日。

体高质量发展的对策建议。

撰写本书的目的主要是期望广大读者能更多地了解和关注市场主体的发展。市场主体是推动中国式现代化的重要参与者，历史和现实发展经验一再表明，在经历各种风险挑战时，保住、稳住市场主体就能保证经济正常运行和社会大局总体稳定。本书的研究意义主要有以下三点：一是通过总结我国市场主体及登记管理制度的分阶段发展历程，尤其是对自党的十八大以来的发展进行梳理，进一步丰富和完善我国市场主体发展和登记管理制度历史沿革的总结阐述。二是通过构建指标体系测评我国区域市场主体发展效益水平，比较分析我国内地各省域间近 30 年来市场主体发展效益水平的变化情况，而不仅仅是用市场主体的数量来单一评价市场主体发展水平。三是通过对市场主体发展情况开展调查问卷跟踪研究，及时有效了解市场主体的实际生存状况和诉求，找出我国在营商环境层面仍存在的短板和弱项，提出一系列更具操作性的对策建议，希望对我国市场主体的健康有序发展起到一定的促进作用。

第一章
市场主体的内涵

第一节　市场主体的概念

市场主体的概念分为广义概念和狭义概念。其中，广义的市场主体是指在市场上从事经济活动，享有权利和承担义务的个人和组织体，包括管理者、投资者、经营者、劳动者以及消费者，即参与市场中经济交易活动的全体成员。而狭义的市场主体是指市场上从事交易活动的组织和个人，即商品进入市场的监护人、所有者，既包括自然人，也包括以一定组织形式出现的法人。

《中华人民共和国市场主体登记管理条例》第二条规定，市场主体是指在中华人民共和国境内以营利为目的从事经营活动的下列自然人、法人以及非法人组织。

1. 公司、非公司企业法人及其分支机构；

2. 个人独资企业、合伙企业及其分支机构；

3. 农民专业合作社（联合社）及其分支机构；

4. 个体工商户；

5. 外国公司分支机构；

6. 法律、行政法规规定的其他市场主体。

鉴于概念之分，本书主要围绕狭义市场主体展开，即指以营利为目的，从事商品生产及经营活动的经营性市场主体，以下统称为市场主体。

第二节　市场主体的特征

一　经济性

市场主体通过拥有一定数量的生产资料和劳动力来从事商品生产经营活动，是可以独立核算的社会基本经济单位。

二　营利性

任何市场主体参与经济活动都是具有明确目的的，是以在满足社会需要中追求自身利益最大化为目标，营利性是体现市场主体本质最重要的特征。

三　独立性

市场主体具有独立的经济利益，即产权独立、经营权独立，有独立自主参与市场经济活动的权力。

四　平等性

在市场上，任何一个市场主体都应该以平等的地位参与社会经济活动，在同等的条件下参与市场竞争，不得享有任何特权。

五　合法性

我国市场主体必须按照《中华人民共和国市场主体登记管理条例》经过国家市场监督管理总局批准才能进入市场，合法守法进行经营性活动。

第三节　市场主体的分类

一　按照市场主体的所有制性质分类

按照所有制性质，市场主体可以分为国有企业、集体企业、私营企业、混合所有制企业、外商投资企业和个体工商户等。

二　按照市场主体的隶属关系分类

按照隶属关系，市场主体可以分为中央属企业、省属企业、市属企业、县属企业、乡镇企业、民营企业和其他市场主体等。

三　按照市场主体的组织形式分类

按照组织形式，市场主体可以分为企业、非企业。其中，非企业指个体工商户和农民专业合作社等。

四　按照市场主体在社会生产过程中的职能分类

按照在社会生产过程中的职能，市场主体可以分为工业市场主体、商业市场主体、建筑市场主体、金融市场主体、运输市场主体等。

五　按照市场主体的规模分类

按照规模，根据从业人员、营业收入、资产总额等指标，市场主体可以分为特大型企业、大型企业、中型企业、小型企业、微型企业和其他市场主体等。

第四节　市场主体的行业分类

企业、个体工商户等各类市场主体是划分国民经济行业的基本单位。国民经济行业分类主要是指对从事国民经济中同性质的生产或其他经济社会的经营单位或者个体，也就是市场主体的组织结构体系进行详细划分，该分类可以解释行业所处的发展阶段及其在国民经济中的地位。行业分类不是一成不变的，它会随着社会经济和技术的发展而发生变化。

一　国际标准

随着工业化社会的到来，为了统计、管理的规范性和便捷性，许多国家和地区根据发展阶段所需开始对国民经济部门或经济活动进行行业分类，逐渐形成两大分类方法。一个是 20 世纪 90 年代之前苏联和其他东欧社会主义国家实行的物质产品平衡表体系①（System of Material Product Balances，MPS）分类方法。另一个是美、英等西方国家实行的国民账户体系（System of National Accounts，SNA）分类方法。

（一）物质产品平衡表体系（MPS）分类

物质产品平衡表体系是苏联和其他东欧社会主义国家在计划经济时期用来对经济活动进行综合考察和统一核算的制度。依据马克思主义再生产理论，物质产品平衡表体系认为任何创造产品和增加价值的活动都是生产性活动，可以创造国民收入，而为社会提供劳务是非生产性活动，不创造国民收入，只有社会产品才是物质生产的成果。据此，苏联经济互助委员会②在拟订《国民经济部门分类》时，把国民经济划分为物质生产部门和非物质生产部门两大部类，共 15 个细分部门类别，这种分类既有助于反映社会经济发展的全貌，又能观察物质生产部门和非物质生产部门的发展变化情况。

（1）物质生产部门：①工业；②建筑业；③农业；④林业；⑤运输业；⑥通信业；⑦商业；⑧其他物质生产部门。

（2）非物质生产部门：①住宅经营；②科学、科学服务设施；③教育、文化、艺术设施；④保健、社会保障、体育；⑤金融、信用、保险；⑥行政机关；⑦其他非物质生产部门。

（二）国民账户体系（SNA）分类

国民账户体系是美、英等西方国家用来对国民经济活动进行综合考察和统一核算的制度。依据西方经济理论，国民账户体系认为一切生产物质

---

① 物质产品平衡表体系（MPS）是苏联为适应对国民经济进行高度集中计划管理的需要而建立起来的一套国民经济核算体系，国民收入是这一体系的核心指标。它指一个国家的物质生产部门劳动者在一定时期内新创造的物质产品和物质服务的价值总和，反映一个国家物质生产活动的发展规模、速度和比例关系。

② 经济互助委员会，简称经互会，是由苏联组织建立的一个由社会主义国家组成的政治经济合作组织。1991 年 6 月 28 日在布达佩斯正式宣布解散。

产品的活动和提供劳务的活动都是生产性活动，凡是从事生产性活动的不管是公有、私营企业还是机构和个人都应被列为生产部门，一切生产部门产生的成果都是社会产品，社会产品总量就是物质产品价值和服务活动价值之和。

国民账户体系按照社会经济活动的发展阶段把国民经济部门分为第一产业、第二产业、第三产业三个大类别。第一产业主要是指初级生产活动，以农业、林业、渔业、狩猎业等为主；第二产业主要是指次级生产活动，以制造业、采矿业、建筑业等为主；第三产业主要是指第三级产业生产活动，以服务业为主，包括商业、交通运输、教育、卫生以及公共行政和国防等。

实行国民账户体系的各个国家在本国国民经济活动的分类标准中，虽然大类别基本按照三次产业的分类标准，但是小类别的划分标准则不尽相同。例如，有的国家把采矿业列入第一产业中，有的国家则归类到第二产业；有的国家把电力、水、燃气、热力等公用事业划入第二产业，有的国家则将其划入第三产业。鉴于此，为统一各国国民经济统计口径，便于对各国的社会经济活动发展情况进行对比分析，1948 年联合国制定了《所有经济活动的国际标准行业分类》（International Standard Industrial Classification of All Economic Activities，ISIC），简称《国际标准行业分类》，是国际公认的按照单位划分经济活动的国际性基准分类标准。《国际标准行业分类》按照大、中、小、细四级产业分类方法对整个国民经济部门进行划分，并对各大、中、小、细四类都规定了统一的编码（具体可见 1971 年颁布的《全部经济活动国际标准产业分类索引》）。为适应全球经济社会发展变化，《国际标准行业分类》先后在1958 年、1968 年、1990 年、2008 年进行了四次修订。本书仅对大类进行介绍，对于中、小、细类别不作赘述。按照《国际标准行业分类》，共有 10 个大类，分别是：①农业、狩猎业、林业和渔业；②矿业和采石业；③制造业；④电力、煤气、供水业；⑤建筑业；⑥批发与零售业、餐馆与旅店业；⑦运输业、仓储和邮电业；⑧金融业、不动产业、保险业及商业性服务业；⑨社会团体、社会及个人的服务；⑩不能分类的其他活动。

二 国内标准

新中国成立后百废待兴，1984 年之前我国并没有制定统一的国民经济行业分类标准，一些部门如当时设立的财政经济委员会、工商行政管理局等则是根据自己部门开展工作需要自行制定行业分类原则，如工业、手工业、交通运输业、建筑业、商业、饮食业、服务业等。随着改革开放的深入实施和经济社会的快速发展，没有统一的分类标准对于研究国民经济发展问题十分不便，为打破各行政主管部门的系统界限，准确反映国民经济各行业结构和发展情况，并按行业发展制定国家或地区的国民经济规划及方针政策，我国决定根据经济活动的同质性原则划分国民经济行业，即每一个行业类别按照同一种经济活动的性质划分，而不是依据编制、会计制度或行政主管部门等划分，制定统一的国民经济行业分类标准，以便在统计、规划、财政、税收、工商等国家宏观管理中，对各类经济活动进行信息处理和信息交换。

1984 年国家统计局和当时的国家标准局①制定了《国民经济行业分类和代码》（GB4754-84），经国家计委②、国家经委③、国家统计局、国家标准局联合批准，于 1985 年 1 月 1 日正式施行，是我国的基准活动分类。当时的分类标准把我国国民经济行业划分为门类、大类、中类、小类四级，共13 个门类、75 个大类、310 个中类和 667 个小类。其中，门类包括①农、林、牧、渔、水利业；②工业；③地质普查和勘探业；④建筑业；⑤交通运输、邮电通信业；⑥商业、公共饮食业、物资供销与仓储业；⑦房地产管理、公用事业、居民服务和咨询服务业；⑧卫生、体育和社会福利事业；

---

① 国家标准局，1978 年 8 月成立，为主管全国标准化工作的国务院直属机构，由国家经济委员会代管。1982 年 5 月，第五届全国人大常委会第二十三次会议决定将国家标准总局改为国家标准局，并入国家经委，不列为国务院直属机构。
② 国家计委，是国家计划委员会的简称，1952 年 11 月 16 日成立，2003 年 3 月，将国务院原体改办和国家经贸委部分职能并入，改组为国家发展和改革委员会。
③ 国家经委，是国家经济贸易委员会的简称，1993 年 3 月成立，2003 年撤销。

⑨教育、文化艺术和广播电视事业；⑩科学研究和综合技术服务事业；⑪金融、保险业；⑫国家机关、党政机关和社会团体；⑬其他行业等。大、中、小类条目较多，不在本书中一一赘述。门类用一个英文大写字母表示（如A、B、C⋯）；大类用 2 位阿拉伯数字表示（如 01、02、03⋯）；中类用 3 位阿拉伯数字表示（如 011、021、031⋯），前 2 位为大类代码，第 3 位为中类的本体码；小类用 4 位阿拉伯数字表示（如 0111、0211、0311⋯），前 3 位为中类代码，第 4 位为小类的本体码（见图 1）。

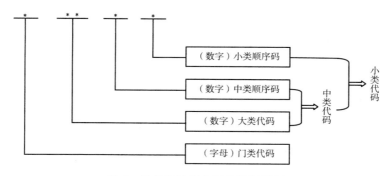

图 1　国民经济行业划分四级类别

在参考联合国《国际标准行业分类》的基础上，我国分别于 1994 年、2002 年、2011 年、2017 年对《国民经济行业分类和代码》标准进行了四次修订，以适应我国经济活动发展变化情况。其中门类从 1984 年的 13 个增加到 2002 年的 20 个，其后的修订中数量没有增减；大类从 1984 年的 75 个增加到 2017 年的 97 个；中类从 1984 年的 310 个增加到 2017 年的 473 个；小类从 1984 年的 667 个增加到 2017 年的 1381 个（见表 1）。类别的增加和变化说明随着我国经济社会的发展、改革开放的深入，我国行业类别在不断增加和逐渐细化中。随着我国产业结构转型以及新产业、新业态和新商业模式的大量涌现，我国的行业分类标准也在不断调整和变化以适应我国产业发展战略需要。

表 1　我国《国民经济行业分类和代码》历次修订变化比较

类别	1984 年	1994 年	2002 年	2011 年	2017 年
门类	13	16	20	20	20
大类	75	92	95	96	97
中类	310	368	396	432	473
小类	667	846	913	1094	1381

具体来看，鉴于行业分类条目过多，本书通过门类变化比较来简要分析我国分类标准的调整变化情况。由于自 2002 年修订后，我国国民经济行业分类中的门类范围调整变化不大，因此本书选择 GB/T4754-1994 版和 GB/T4754-2017 版的行业分类结构进行对照比较。

（1）A 农、林、牧、渔业。门类名称没有变化；大类数量没有变化，仍然是 5 个；中类数量从 1994 年的 14 个增加到 2017 年的 24 个；小类数量从 1994 年的 16 个增加到 2017 年的 72 个。

（2）B 采矿业。门类名称由采掘业调整为采矿业；大类数量没有变化，仍然是 7 个；中类数量从 1994 年 18 个增加到 2017 年的 19 个；小类数量从 1994 年的 53 个减少到 2017 年的 39 个。

（3）C 制造业。门类名称没有变化；大类数量从 1994 年的 30 个增加到 2017 年的 31 个；中类数量从 1994 年的 172 个增加到 2017 年的 179 个；小类数量从 1994 年的 544 个增加到 2017 年的 609 个。

（4）D 电力、热力、燃气及水生产和供应业。门类名称由电力、煤气及水的生产和供应业调整为电力、热力、燃气及水生产和供应业；大类数量没有变化；中类数量从 1994 年的 7 个增加到 2017 年的 9 个；小类数量从 1994 年的 10 个增加到 2017 年的 18 个。

（5）E 建筑业。门类名称没有变化；大类数量从 1994 年的 3 个增加到 2017 年的 4 个；中类数量从 1994 年的 8 个增加到 2017 年的 18 个；小类数量从 1994 年的 8 个增加到 2017 年的 44 个。

（6）F 批发和零售业。门类名称由批发和零售贸易、餐饮业调整为批发和零售业，将餐饮业分离了出去；大类数量从 1994 年的 6 个减少到 2017 年的 2 个；中类数量从 1994 年的 32 个减少到 2017 年的 18 个；小类数量从 1994 年的 67 个增加到 2017 年的 128 个。

（7）G 交通运输、仓储和邮政业。门类名称从交通运输、仓储及邮电通信业调整为交通运输、仓储和邮政业；大类数量从 1994 年的 9 个减少到 2017 年的 8 个；中类数量从 1994 年的 21 个增加到 2017 年的 27 个；小类数量从 1994 年的 22 个增加到 2017 年的 67 个。

（8）H 住宿和餐饮业。2002 年新组合形成的门类，2017 年名称没有变化；2017 年大类数量为 2 个、中类数量为 10 个、小类数量为 16 个。

（9）I 信息传输、软件和信息技术服务业。2002 年新增加门类，2011 年门类名称调整为信息传输、软件和信息技术服务业，2017 年名称没有变化；2017 年大类数量为 3 个、中类数量为 17 个、小类数量为 34 个。

（10）J 金融业。门类名称从金融、保险业调整为金融业；大类数量从 1994 年的 2 个增加到 2017 年的 4 个；中类数量从 1994 年的 8 个增加到 2017 年的 26 个；小类数量从 1994 年的 11 个增加到 2017 年的 48 个。

（11）K 房地产业。门类名称没有变化；大类数量从 1994 年的 3 个减少到 2017 年的 1 个；中类数量从 1994 年的 3 个增加到 2017 年的 5 个；小类数量从 1994 年的 3 个增加到 2017 年的 5 个。

（12）L 租赁和商务服务业。2002 年新增加门类，2017 年名称没有变化；2017 年大类数量为 2 个、中类数量为 12 个、小类数量为 58 个。

（13）M 科学研究和技术服务业。门类名称由科学研究和综合技术服务业调整为科学研究和技术服务业；大类数量从 1994 年的 2 个增加到 2017 年的 3 个；中类数量从 1994 年的 12 个增加到 2017 年的 19 个；小类数量从 1994 年的 12 个增加到 2017 年的 48 个。

（14）N 水利、环境和公共设施管理业。2002 年新组合成立的门类，2017 年名称没有变化；2017 年大类数量为 4 个、中类数量为 18 个、小类数量为 33 个。

（15）O 居民服务、修理和其他服务业。2002 年新增加门类，2011 年门类名称调整为居民服务、修理和其他服务业，2017 年名称没有变化；2017 年大类数量为 3 个、中类数量为 16 个、小类数量为 32 个。

（16）P 教育。2002 年将教育从 1994 年的教育、文化艺术及广播电影电视业中分离出来单独成立新门类，2017 年名称没有变化；2017 年大类数量为 1 个、中类数量为 6 个、小类数量为 17 个。

（17）Q 卫生和社会工作。门类名称从卫生、体育和社会福利业调整为卫生和社会工作；2017 年大类数量为 2 个、中类数量为 6 个、小类数量为 30 个。

（18）R 文化、体育和娱乐业。2002 年新组合成立的门类，2017 年名称没有变化；2017 年大类数量为 5 个、中类数量为 27 个、小类数量为 48 个。

（19）S 公共管理、社会保障和社会组织。2002 年新增加门类，2017 年名称没有变化；2017 年大类数量为 6 个、中类数量为 16 个、小类数量为 34 个。

（20）T 国际组织。2002 年新增加门类，2017 年名称没有变化；2017 年大类数量为 1 个、中类数量为 1 个、小类数量为 1 个。

表 2   《国民经济行业分类和代码》2017 年版与 1994 年版结构对照

GB/T4754-2017				GB/T4754-1994			
门类	大类	中类	小类	门类	大类	中类	小类
A 农、林、牧、渔业	5	24	72	A 农、林、牧、渔业	5	14	16
B 采矿业	7	19	39	B 采掘业	7	18	53
C 制造业	31	179	609	C 制造业	30	172	544
D 电力、热力、燃气及水生产和供应业	3	9	18	D 电力、煤气及水的生产和供应业	3	7	10
E 建筑业	4	18	44	E 建筑业	3	8	8
F 批发和零售业	2	18	128	F 地质勘查业、水利管理业	2	8	15
G 交通运输、仓储和邮政业	8	27	67	G 交通运输、仓储及邮电通信业	9	21	22
H 住宿和餐饮业	2	10	16	H 批发和零售贸易、餐饮业	6	32	67
I 信息传输、软件和信息技术服务业	3	17	34	I 金融、保险业	2	8	11
J 金融业	4	26	48	J 房地产业	3	3	3
K 房地产业	1	5	5	K 社会服务业	9	29	36
L 租赁和商务服务业	2	12	58	L 卫生、体育和社会福利业	3	11	17
M 科学研究和技术服务业	3	19	48	M 教育、文化艺术及广播电影电视业	3	18	25

续表

GB/T4754-2017				GB/T4754-1994			
门类	大类	中类	小类	门类	大类	中类	小类
N 水利、环境和公共设施管理业	4	18	33	N 科学研究和综合技术服务业	2	12	12
O 居民服务、修理和其他服务业	3	16	32	O 国家机关、党政机关和社会团体	4	5	5
P 教育	1	6	17	P 其他行业	1	2	2
Q 卫生和社会工作	2	6	30				
R 文化、体育和娱乐业	5	27	48				
S 公共管理、社会保障和社会组织	6	16	34				
T 国际组织	1	1	1				
（合计）20	97	473	1381	（合计）16	92	368	846

除了国民经济行业分类这个基础标准以外，随着科技的发展进步、数字经济产业的快速壮大，新产业、新业态、新商业模式不断涌现，基础分类方法已经不能完全满足研究、统计、决策等方面的需要，国家统计局以《国民经济行业分类和代码》（GB/T4754-2017）为基础，先后制定了《高技术产业（制造业）分类（2017）》、《战略性新兴产业分类（2018）》、《高技术产业（服务业）分类（2018）》、《新产业新业态新商业模式统计分类（2018）》、《数字经济及其核心产业统计分类（2021）》等更专业更细化的产业分类标准。

本书所述的市场主体的行业分类按照《国民经济行业分类和代码》（GB/T4754-2017）标准划分，主要是指从事市场生产经营活动的行业，即门类 A-R。

第五节　市场主体与市场的关系

市场经济是指通过市场配置社会资源的经济形式。简单地说，市场就是商品或劳务交换的场所或接触点，市场经济一经产生，就成为最具效率和活力的经济运行载体，其本质上是一种主体经济，在市场上从事各种交易活动的当事人，被称作市场的主体，既包括作为管理者的政府，也包括企业、个体工商户等市场主体，那么在市场中存在两种主体的情况下，究竟是哪类主体占主导地位？市场是政府说了算，还是市场主体说了算？

一　以政府为主导的市场——政府管理本位

如果是以政府（管理者）为主导的话，市场中的资源主要是由政府进行配置，政府对整个社会经济发展进行决策和指挥，制定政策、制度，在市场上具有绝对的话语权，相反，市场主体的地位要相对弱一些，或者说市场主体处于被政府支配的地位，是政策制度的执行者。就比如从封建生产方式向资本主义生产方式转变时，正是政府主导发挥了巨大的作用，依靠原始资本的积累，才能快速顺利地建立资本主义生产方式。

二　以市场主体为主导的市场——市场主体本位

市场主体是社会资源的主要配置者，是整个社会经济发展的中心，与政府之间不存在权属关系，政府作为管理者为市场主体发展提供服务，而市场主体是促进社会经济发展的根本动力。

政府管理本位或是市场主体本位，体现着一个国家（或地区）对不同经济体制的选择。迄今为止，世界上绝大多数国家（或地区）都走上了市场经济的道路。这种经济体制的趋同，一方面表明市场经济具有极强的吸纳能力和兼容能力，另一方面也意味着经济模式的多样性和丰富性。1991年，世界经济合作与发展组织在《转换到市场经济》报告中提出了成功的市场经济包括三种主要模式：一是自由主义市场经济模式，代表国家有美国等，这类市场经济模式主要是强调保障市场主体作为微观经济活动主体的权利，政府"这只看得见的手"一般较少直接触碰市场主体，而是指向市场。二是社会市场经济模式，代表国家有德国和北欧一些国家等，这类市场经济模式对经济发展既不是自由放任，也不是统紧管死，而是将自由与秩序结合起来通过国家的有限干预实现"社会公正"。三是行政管理导向型市场经济模式，代表国家有日本和法国等，这类市场经济模式主要强调政府在经济发展中的作用，政府既调控市场，也直接引导市场主体，并且将政府的重点放在引导市场主体上。这三种模式主要还是依赖单纯的市场调节，通过供求和价格的波动来有效解决微观经济的平衡问题，这种调节是一种事后调节手段，不能有效解决社会总供求失衡引起的经济衰退、失业和通货膨胀等宏观经济问题，以及生态平衡和环境保护等发展过程中产生的问题，且会引发周期性的经济危机，弊端较为明显。

新中国成立之初，我国学习和借鉴了苏联模式，实行计划经济体制。这一体制是对生产、资源分配以及产品消费等市场活动以事先计划的方式进行运转的经济体制，也就是政府管理本位。政府对资源进行配置，按事先制定的计划，提出国民经济和社会发展的总体目标，制定合理的政策和措施，有计划地安排"生产什么，生产多少，消费多少"等重大经济活动，引导和调节经济运行方向。通过计划经济体制，我国顺利度过新中国成立初期的经济困难时期，建立起比较完整的基础工业体系，为国民经济良性循环发展奠定了一定的物质基础。除了中国以外，苏联、南斯拉夫、罗马尼亚等国家都曾经走过计划经济的道路，而朝鲜至今施行的仍然是计划经济体制。但是随着经济全球化发展，以及我国改革开放的实施，我国所面临的内、外部环境均发生了变化，计划经济体制越来越不适应我国社会主义现代化建设的需要，从 20 世纪 90 年代初期开始，我国就逐步从计划经济转向社会主义市场经济。社会主义市场经济体制是指通过市场的供求、价格、竞争等机制对社会资源配置起决定作用的体制，市场在国家宏观调控下对资源配置起决定性作用。随着社会主义市场经济体制的建立和完善，我国生产力得到了进一步的解放，快速推进经济社会发展，2000 年国内生产总值（GDP）迈上 10 万亿元台阶，到了 2020 年，我国经济总量突破 100 万亿元，达到 101.6 亿元，稳居世界第二位，占世界经济的比重为 17% 左右，人均国内生产总值已经连续五年超过了 1 万美元[①]，进入中等偏上收入国家行列，国家经济实力、

---

① 资料来源于国家统计局网站。

科技实力、综合国力跃上新台阶。

但同时我国仍然是世界上最大的发展中国家，还存在发展不平衡不充分、城乡区域差距大，创新能力有待提升、资源环境压力大等问题，与高质量发展要求还有一定的距离，需要进一步解放生产力，持续深化经济体制改革，完善社会主义市场经济体制。经济体制改革表面上看起来是转换资源配置方式，实质上是转换配置资源的主体，核心就是处理好政府和市场主体的关系，是选择政府管理本位还是市场主体本位。在市场经济条件下，市场主体是市场机制运行的微观基础，市场主体独立自主的决策是市场资源的最优配置，说明市场主体是市场经济中最主要、最适当的主体。只有以市场主体为本位，才能最广泛地调动大多数人的主动性、积极性和创造性，充分地利用市场进行最有效的自由竞争，才能最根本地确立市场主体的市场地位。但同时我们也要清醒地认识到强调市场主体的地位，并不是不要政府，任其自由发展，而是要求政府更好地发挥管理者的作用，为各类市场主体创造有利的发展环境。习近平总书记在 2020 年 7 月 21 日企业家座谈会上提出"政府是市场规则的制定者，也是市场公平的维护者，要更多提供优质公共服务。"① 一方面，政府对市场的干预要与其职能和能力相配合，使这种干预减少到最适当的限度；另一方面，适当的政府干预，也必须在法治国家的框架下进行，目的是为市场主体的发展创造有利的外部环境。

我国经济社会快速发展的成就证明了只有以市场主体为本位，一切为了市场主体，一切依靠市场主体，社会经济才能发展；只有市场主体强大了，才能造就强大的经济和强大的国家。

---

① 《习近平：在企业家座谈会上的讲话》，新华网，2020 年 7 月 21 日。

第二章
我国市场主体的发展历程

　　企业、个体工商户等市场主体是国民经济的微观基础和最基本的经济细胞，在国家发展中发挥着十分重要的作用，为推进中国经济社会发展迈向更高层次、更高水平、更高质量奠定了坚实基础。从某种意义上讲，我国社会主义市场经济的发展历程就是市场主体不断发展壮大的过程。因此，本章节梳理总结了我国市场主体发展历程，了解市场主体是如何逐步壮大并成为中国高质量发展的坚实支撑。

　　《中共中央关于党的百年奋斗重大成就和历史经验的决议》将百年党史划分为四个历史时期：新民主主义革命时期、社会主义革命和建设时期、改革开放和社会主义现代化建设新时期、中国特色社会主义新时代，用四个历史时期，全面展现了我们党由小到大、由弱到强、由革命到执政的百年波澜壮阔的历史进程。本书在遵循上述"四个历史时期"划分的基础上，统筹兼顾新中国成立以来我国经济发展历史，按照市场主体的发展特征将其发展历程再进一步细分为社会主义过渡时期、社会主义建设时期、改革开放初期、社会主义市场经济体制建立和完善期、高质量发展跨越期五个发展阶段。

第一节　社会主义过渡时期（1949~1956年）

　　新中国成立之初我国百废待兴，政府作为管理者，首要任务是恢复正常秩序和发展国民经济。在这一阶段，我国通过发展原有抗日根据地的国有企业、没收官僚资本主义企业、没收帝国主义在华企业、改造民族资本主义工商业企业等多种途径建立社会主义全民所有制国营经济。关系国计民生、影响经济全局的企业和现代化大工业、交通运输邮电业、金融保险业以及主要商业等都由国家直接经营，并采用统一领导、分级管理的模式，用"计划"方式管理经营企业，包括投资、生产、用人、薪酬等都由国家直接管理。同时通过改造手工业者和个体工商户使农民个人、城乡个体工商业者走上了合作化道路，最终发展成为集体所有制经济。这些都构成了当时我国社会主义国营经济的基础，并通过第一个"五年计划①"的实施得到了快速发展。

1949 年我国国营经济还十分薄弱，私营工商企业占比较大，大概占到六成多，为了激发私营工商企业的活力，更好地发挥私营工商业的积极作用，繁荣经济，在新中国成立后我国发布了《中国人民政治协商会议共同纲领》，在经济上实行"以公私兼顾、劳资两利、城乡互助、内外交流的政策，达到发展生产、繁荣经济之目的"的根本方针，并提出"凡有利于国计民生的私营经济事业，人民政府应鼓励其经营的积极性，并扶助其发展"，明确了支持、鼓励私营工商业发展的政策措施。为此中央人民政府在当时设立了中央私营企业局与中央外资企业局，管理和支持城市工商业发展。1950 年 3 月，中央外资企业局并入中央私营企业局，开始合署办公，在中央私营企业局设立外资企业处；到了 1952 年底，经中央人民政府政务院批准，中央私营企业局改为中央工商行政管理局。在这一时期我国先后颁布了《私营企业暂行条例》《私营企业暂行条例施行办法》《关于适当限制某些已经过剩或已达饱和状态的生产的公告》《进出口厂商申请营业登记办法》《关于公营企业和公私合营企业应办理登记的指示》《核准私营企业营业应注意的事项》《商标注册暂行条例》《私营企业重估财产调整资本办法》《工商业联合会组织通则》等政策法规，就工商企业的登记和管理做出明确的规定，并主要开展工商业普查、重新登记发证、协调公私关系、扶持指导

---

① 一五计划，是指我国 1953～1957 年发展国民经济的计划。

企业生产经营活动、严格规范经营范围、稳定市场物价等工作，加强对私营工商企业的动态监管。根据 1950 年 12 月 21 日《工商情况通报》（第五期）和《全国大中城市私营工商业现有户数统计表》，对全国 32 个大中城市商业、工业的现有数量进行了统计，其中商业 350727 户、工业 163356 户，共计 514083 户[1]。同时对个体工商业也采取了扶持和发展的政策，加强对小商小贩等个体工商户的登记和管理工作，发挥个体工商业在发展生产、繁荣经济中的补充作用。根据中央工商行政管理局的统计，1952 年全国城镇共有摊贩 218 万户、243 万人。另外，在新中国成立初期我国对合法平等经营的外资企业也采取了相应的保护措施，当时共有外资企业 1000 多家，但是1950 年底美国等国家对我国采取敌视态度和封锁政策，大部分外资企业无法继续经营，所剩寥寥无几[2]。

为实现把生产资料私有制转变为社会主义公有制的任务，新中国成立初期，我国用了 4 年时间对农业、手工业和资本主义工商业进行社会主义改造。1956 年社会主义改造基本完成，将绝大多数私营工商业纳入社会主义的经济轨道，并分别组成公私合营、合作社、店、组等。比如公私合营商店由政府派去干部，称公方代表，任书记或经理；原商店主任任副经理，为私方代表等，这些不同类型的合营、合作商店、组等在不同程度上具备了社会主义商业的性质。1956 年 9 月，陈云同志在党的八大上作了题为《社会主义改造基本完成以后的新问题》的发言，他提出："在工商业经营方面，国家经营和集体经营是工商业的主体，但是附有一定数量的个体经营。这种个体经营是国家经营和集体经营的补充……我国的市场绝不会是资本主义的自由市场，而是社会主义的统一市场。在社会主义的统一市场里，国家市场是它的主体，但是附有一定范围内国家领导的自由市场。这种自由市场，是在国家领导之下，作为国家市场的补充，因此它是社会主义统一市场的组成部分。"

---

[1] 郑学伟：《中央私营企业局研究（1949~1952）》，中共中央党校，博士学位论文，2019。

[2] 国家工商行政管理总局：《新中国工商行政管理史志》（上卷），中国工商出版社，2009。

在社会主义过渡时期我国市场主体按照行业主要划分为工业、手工业、交通运输业、建筑业、商业、饮食业、服务业等；按照企业性质主要划分为国营企业[①]、公私合营企业、私营企业、个体工商业、外资企业等，但是经过改造，到1956年私营、个体、外资企业几乎不存在了。相关统计数据显示，1952年我国工业总产值中，国营企业占41.5%，集体企业占3.3%，公私合营企业占4%，私营和个体企业占51.2%；到了1956年，我国工业总产值中，国营企业占67.5%，公私合营企业占32.5%[②]。

总之，经过社会主义改造，在这一阶段我国的社会生产力得到了解放，市场主体的生产经营逐渐得到恢复和发展，我国"一五计划"超额完成任务，实现了国民经济的快速增长，并为我国的工业化奠定了初步基础。我国国内生产总值从1952年"一五计划"实施前的679.1亿元，增长到1956年的1030.7亿元，年均增长11.0%，其中工业总产值1956年达到204.9亿元，年均增长19.6%；财政收入从1952年的173.94亿元，增长到1956年的280.19亿元，年均增长12.7%；粮食产量从1952年的1.64亿吨增长到1956年的1.93亿吨，年均增长4.1%；钢产量从135万吨增加至447万吨，年均增长34.9%；发电量从72.61亿千瓦时增加至165.93亿千瓦时，年均增长23.0%；货运量从3.15亿吨增加至7.5亿吨，年均增长24.2%；社会消费品零售总额从276.8亿元增加到461亿元，年均增长13.6%；就业人员从2.07亿人增加到2.30亿人，年均增长2.7%（见表1）。

---

① 1993年以后我国将"国营企业"修改为"国有企业"，按照发展时序本章前三节仍以"国营企业"进行分析。

② 马立政：《国有企业是中国社会主义经济实践的中流砥柱——新中国70年来国有企业发展历程及主要经验》，《毛泽东邓小平理论研究》2019年第6期。

表1　1952~1956年我国部分经济发展指标

指　标	1952 年	1953 年	1954 年	1955 年	1956 年
国内生产总值（亿元）	679.1	824.4	859.8	911.6	1030.7
第一产业增加值（亿元）	342.9	378.0	392.0	421.0	443.9
第二产业增加值（亿元）	141.1	191.6	210.8	221.5	280.4
第三产业增加值（亿元）	195.1	254.8	257.0	269.1	306.5
工业总产值（亿元）	100.0	130.2	151.4	159.8	204.9
财政收入（亿元）	173.94	213.24	245.17	249.27	280.19
财政支出（亿元）	172.07	219.21	244.11	262.73	298.52
粮食产量（亿吨）	1.64	1.67	1.7	1.84	1.93
钢产量（万吨）	135.0	177.0	223.0	285.0	447.0
发电量（亿千瓦时）	72.61	91.95	109.86	122.77	165.93
货运量（亿吨）	3.15	4.34	5.21	5.69	7.5
社会消费品零售总额（亿元）	276.8	348.0	381.1	392.2	461.0
就业人员（万人）	20729.0	21364.0	21832.0	22328.0	23018.0

资料来源：国家统计局网站、《中国统计年鉴》《中国交通年鉴》《中国水力发电年鉴》等。其中1949~1951年部分数据缺失，不作比较。

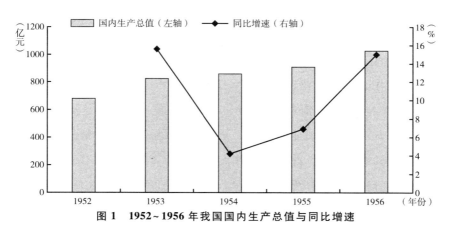

图1　1952~1956年我国国内生产总值与同比增速

资料来源：国家统计局网站、《中国统计年鉴》《中国交通年鉴》《中国水力发电年鉴》等。其中1949~1951年部分数据缺失，不作比较。

第二节　社会主义建设时期（1957~1977年）

在社会主义建设时期，我国市场主体发展的任务重点是壮大社会主义国营经济力量。"一五计划"超额完成后，我国继续实行计划经济发展模式，但由于当时经过社会主义改造后，我国国营企业的比重非常高，市场资源由国家进行配置，企业经营效率低下，于是 1958~1961 年我国尝试对国营企业进行改革，中央部门将部分管理权限下放到地方政府，这一举措虽然取得了一定的成效，但由于企业依然没有经营管理权限，再加上当时我国正处在"大跃进运动"（1958~1960 年）时期，1959 年召开的庐山会议决定中央重新收回国营企业部分下放的权限，随后 1961 年中共中央出台了《关于调整管理体制的若干暂行规定》，将国营企业更多的权限集中于中央和中央各部门，至此我国第一次国企改革的尝试宣告结束。"大跃进运动"停止后，为了恢复与发展国民经济，1961 年 1 月党的八届九中全会提出对国民经济调整的八字方针——"调整、巩固、充实、提高"，随后又发布了《农村人民公社工作条例（草案）》和《国营工业企业工作条例（草案）》，国民经济逐步得到恢复和发展。随着国民经济的好转，我国在烟草、盐业、医药、橡胶、铝业、汽车、纺织机械、地质、机械仪器等重要行业领域相继建立了大型国营企业，进一步夯实了我国国营经济的基础。据统计，1977 年我国工业总产值中，国营工业占 83.2%，集体工业占 16.8%；商业销售额中国营商业占 92.2%，集体商业占 7.7%，个体商业仅占 0.1%①。

同时，在对私营工商业的社会主义改造完成后，绝大多数私营工商业被纳入社会主义经济轨道，并根据当时我国对国营、集体等公有制企业按照行业归口进行管理、不再重新登记的规定，工商企业登记工作实际上已被取消，也就是说我国不再新发展私营市场主体，1957~1961 年工商行政管理基本上处于徘徊反复状态。直到中共八届九中全会提出"八字"调整方针后，我国才又重新开展工商企业登记工作。1962 年 12 月 30 日，国务院颁布《工商企业登记管理试行办法》，决定对正在开业经营的城乡工商企业进行一次全面登记，并要求在 1963 年 9 月底前完成登记工作，这是新中国成立以来第一次在

---

① 马立政：《国有企业是中国社会主义经济实践的中流砥柱——新中国 70 年来国有企业发展历程及主要经验》，《毛泽东邓小平理论研究》2019 年第 6 期。

全国范围内进行企业全面清查工作。至此，几经波折的企业登记管理工作的重要性和必要性才被人们所认知，它是国家对企业进行监督管理的一项重要手段，并且明确了企业登记主管机关就是中央和地方的各级工商行政管理局。按照《工商企业登记管理试行办法》，在社会主义建设时期，我国市场主体的行业划分范围与社会主义过渡时期一样，仍然是工业、手工业、交通运输业、建筑业、商业、饮食业、服务业等。按照企业性质分为五类：一是国营、地方国营、公私合营的工商企业；二是合作社营和其他集体所有制的工商企业；三是外地的工商企业派驻的推销、采购机构；四是工商企业的附属工厂、门市部等；五是个体工商业者①。我们可以看出这一阶段我国发展依然以公有制经济为主，私营企业、外资企业几乎不存在。1957 年我国工业企业单位数为16.95 万个，1977 年增加到 32.27 万户，全部为公有制工业企业，其中 1977年国营工业企业有 8.21 万个、集体工业企业有 24.06 万个，除此之外，1957~1978 年没有其他性质的工业企业存在；而个体工商业者大部分被取消，到1977 年底全国城镇持证的个体工商业者降到 14 万人的历史最低点。② 同时由于中央工商行政管理局工作没有从对私营企业的登记管理调整为对公有制企业的登记管理，企业的登记管理工作变得可有可无，原有的中央工商行政管理局没有单独存在的必要，1969 年中央和地方各级工商行政管理机构相继被撤并，1970 年 7 月 1 日，中央工商行政管理局与粮食部、商业部、供销合作总社正式合并为商业部。

社会主义建设时期，我国先后实施了"二五计划"（1958~1962 年）、"三五计划"（1966~1970 年）、"四五计划"（1971~1975 年）及"五五计划"（1976~1980 年）的前半期。其中在"二五计划"实施过程中，前半期主要是围绕着"大跃进"与"人民公社化"运动展开，后半期主要是对国民经济结构进行调整和恢复；在"三五计划""四五计划""五五计划"的实施过程中，经济建设均受到了文化大革命的巨大冲击，在"五五计划"的后半期，

---

① 不包含国防工业、国营交通运输业和公用事业这类市场主体。
② 赵晓勇：《回顾民营经济发展历程（上）》，《中华工商时报》2019 年 1 月 3 日。

也就是文化大革命结束后，我国社会经济秩序逐渐恢复正常，经济发展遇到了改革开放这一难得的机遇。从整体来看，虽然这一发展阶段我国遭遇到了国际环境和国内环境的双重冲击和影响，经济社会建设在曲折中跌宕前进，但国家经济总量较以往有较大增加，建立了独立的比较完整的工业体系，建成了一大批骨干企业、重点项目和基础设施。我国国内生产总值从 1957 年的 1071.4 亿元，增长到 1977 年的 3250 亿元，年均增长 5.7%。其中工业总产值从 1957 年的 704 亿元增长到 1977 年的 3725 亿元，年均增长 8.7%，工业企业单位数量从 1957 年的 16.95 万个增加至 1977 年的 32.27 万个，年均增长 3.3%；财政收入从 1957 年的 303.2 亿元，增长到 1977 年的 874.46 亿元，年均增长 5.4%；粮食产量从 1957 年的 1.95 亿吨增长到 1977 年的 2.83 亿吨，年均增长 1.9%；钢产量从 1957 年的 535 万吨增加至 1977 年的 2374 万吨，年均增长 7.7%；发电量从 1957 年的 193.35 亿千瓦时增加至 1977 年的 2234 亿千瓦时，年均增长 13.0%；货运量从 1957 年的 8.04 亿吨增加至 1977 年的 29.03 亿吨，年均增长 6.6%；社会消费品零售总额从 1957 年的 474.2 亿元增加到 1977 年的 1432.8 亿元，年均增长 5.7%；就业人员从 1957 年的 2.38 亿人增加到 1977 年的 3.94 亿人，年均增长 2.6%；货物进出口额从 1957 年的 104.5 亿元增加到 1977 年的 272.5 亿元，年均增长 4.9%（见表 2）。

表 2　1957~1977 年我国部分经济发展指标

指标	1957 年	1962 年	1965 年	1970 年	1975 年	1977 年
国内生产总值（亿元）	1071.4	1162.2	1734.0	2279.7	3039.5	3250.0
第一产业增加值（亿元）	430.0	453.1	651.1	793.3	971.2	942.2
第二产业增加值（亿元）	316.6	363.9	608.5	918.1	1378.7	1517.8
第三产业增加值（亿元）	324.8	345.1	474.4	568.3	689.6	790.1
工业企业单位数（个）	169500.0	197400.0	157700.0	195100.0	262900.0	322700.0
工业总产值（亿元）	704.0	920.0	1402.0	2117.0	3207.0	3725.0
财政收入（亿元）	303.2	313.55	473.32	662.9	815.61	874.46
财政支出（亿元）	295.95	294.88	459.97	649.41	820.88	843.53
粮食产量（万吨）	19504.5	15441.4	19452.5	23995.5	28451.5	28272.5
钢产量（万吨）	535.0	667.0	1223.0	1779.0	2390.0	2374.0

续表

指标	1957 年	1962 年	1965 年	1970 年	1975 年	1977 年
发电量（亿千瓦时）	. 193.35	457.95	676.04	1158.62	1958.4	2234.0
货运量（亿吨）	8.04	9.22	13.33	16.79	25.16	29.03
社会消费品零售总额（亿元）	474.2	604	670.3	858	1271.1	1432.8
货物进出口额（亿元）	104.5	80.9	118.4	112.9	290.4	272.5
就业人员（万人）	23771	25910	28670	34432	38168	39377

资料来源：国家统计局网站、《中国统计年鉴》《中国交通年鉴》《中国水力发电年鉴》等。

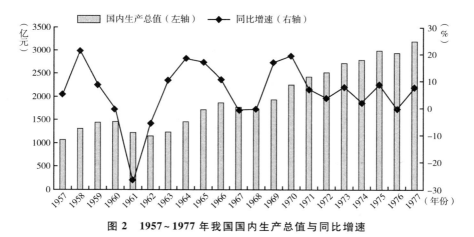

图 2　1957～1977 年我国国内生产总值与同比增速

资料来源：国家统计局网站、《中国统计年鉴》《中国交通年鉴》《中国水力发电年鉴》等。

第三节　改革开放初期（1978～1991年）

　　1978 年底，党的十一届三中全会召开，决定将全党的工作重点转移到社会主义现代化建设上，并提出了改革开放的伟大决策。全会指出，要采取一系列新的重大的经济措施，坚决实行按经济规律办事，重视价值规律的作用，对经济管理体制和经营管理方法进行改革，让工、农业企业在国家统一计划的指导下拥有更多的经营管理自主权，实现四个现代化[①]，并在自力更

———————

　　①　四个现代化指工业现代化、农业现代化、国防现代化、科学技术现代化。

生的基础上积极发展同世界各国平等互利的经济合作。这些举措激发出空前的积极性、主动性、创造性，拉开了我国综合实力增强的序幕。

1978年9月国务院发布《关于成立工商行政管理局的通知》，中央工商行政管理局重新恢复，并改名为工商行政管理总局，后经数次国家行政机构改革，1982年8月后调整为国家工商行政管理局。行政机构恢复后，中断十多年的登记注册工作也逐步得到恢复，企业登记管理作为工商行政管理的基本职能得以确定，"严把市场准入关"成为其鲜明的历史定位。1979年6月4日，工商行政管理总局与当时的公安部、商业部①、轻工业部②、全国供销合作总社、中国人民银行、中国农业银行等多部门联合印发《关于特种行业企业进行登记管理的通知》，这是改革开放以来第一个有关企业登记管理工作的部门规章，标志着我国关于市场主体登记注册工作开始进入法治化、规范化建设的轨道。同年12月26日，工商行政管理总局会同有关部门发布通知，要求对全民所有制和集体所有制工业企业进行一次全面登记。从旅店业、旧货业、印铸刻字业、修理业等特种行业开始，我国开始针对公有制企业自上而下进行全面登记，对乡镇企业按照集体所有制企业登记注册。对于其他性质的市场主体，如外资企业、私营企业等，由于改革开放初期我国各项改革政策还不明晰，外资企业较多持观望试探态度，登记注册的数量较少；私营企业没有政策，处于是否属于"投机倒把"的争议之中，民营经济微乎其微，主要体现为个体工商户从事的修理、服务和手工业经营等③。

毫无疑问，国营企业仍是当时我国市场中数量最多、规模最大的市场主体。据统计，改革开放之初国营企业在我国工业部门乃至我国整体经济总量中都占据绝对优势，工业总产值中国营企业占比达77.6%，集体企业

---

① 根据1993年3月22日第八届全国人民代表大会第一次会议批准的国务院机构改革方案，撤销商业部、物资部，组建国内贸易部。
② 根据1993年3月22日第八届全国人民代表大会第一次会议批准的国务院机构改革方案，撤销轻工业部，成立中国轻工总会。
③ 《新闻办就市场主体登记注册改革发展40年有关情况举行新闻发布会》，中华人民共和国中央人民政府网站，2018年12月25日。

占比为 22.4%。① 但国营企业在数量上的绝对优势并不能说明其在质量效益上仍然具有优势，计划经济模式已经严重制约了国营企业的发展，政企不分、体制机制不活、效率低下等问题阻碍了国营企业的壮大，乘着改革开放的春风，首要的是对国营企业进行改革。1978 年，我国首先在四川对宁江机床厂、成都无缝钢管厂等六家企业进行了"扩大企业自主权"试点，并总结试点经验。在此基础上，1979 年 7 月，国务院颁布了《关于扩大国营工业企业经营管理自主权的若干规定》等五个文件，扩大了企业自主权的改革范围，有了一定的生产自主权后企业逐渐成为独立的利益主体，企业和职工的积极性都有所提高，打开了传统计划经济体制的缺口。随后这一改革在全国 26 个省级区域的 1590 家企业进行了试点，拉开了我国国营企业改革的大幕，通过不断的试探性改革，寻求国企改革的正确方向和路径。同时改革过程中又出现了一些新的问题，如约束机制难以规范、企业为提高自销比例而压低计划指标、不完成调拨任务和财政上缴任务等，新的问题推动改革范围进一步扩大，1982 年中央推广实行工业经济责任制，1983 ~ 1984 年先后两次推出利改税，1986 年中共中央、国务院先后发布《全民所有制工业企业厂长工作条例》《中国共产党全民所有制工业企业基层组织工作条例》《全民所有制工业企业职工代表大会条例》，进行企业领导体制改革试点，实行厂长（经理）责任制，并在大多数国营企业内实行承包经营责任制，对一些小型国营企业实行租赁经营，推动政企分开。到 1987 年底，全国国有大中型企业普遍实行了承包制，但是由于企业外部环境不平等，企业内部条件千差万别，承包制很难找到可操作化的指标来规范国家与企业之间的责、权、利，企业激励不足问题十分严重，改革结果不太理想。同时在这一时期，我国开始探索对国营企业进行股份制改革，北京、广州、上海等地区在全国最早开始对国营大中型企业开展股份制探索。1984 年 7 月，北京天桥百货公司成为全国第一家股份制国营企业，形成了国家参股（由原天桥

---

① 《数字看中国之四 工业经济欣欣向荣》，https：//www. chinanews. com. cn/china2000/szyzg/index. htm，2024 年 8 月 2 日。

商场资产构成）占 50.97%，银行参股占 25.89%，企业参股占 19.69%和职工个人参股占 3.46%的多元化股权结构①。但从全国范围来看，这个时期国营企业的股份制改革仅限于中小型企业，数量很少，且并不能算是规范的股份制改革。随后 1986 年 12 月国务院发布《关于深化企业改革增强企业活力的若干规定》，提出"各地可以选择少数有条件的全民所有制大中型企业，进行股份制试点。"借此机会一些省市随即开始对一小部分国营大中型企业进行股份制改革试点。20 世纪 80 年代后期国营企业探索股份制改造有所成效，根据当时的国家体改委②资料，到 1988 年底，全国共有 3800 户股份制企业，其中 800 户由国营企业改制而来、3000 户前身是集体企业。从地域上看，试行股份制的企业主要集中在东部经济较发达地区，其中上海 1255户，占总数的约 1/3，沈阳 707 户，广东 290 户，武汉 133 户③。总的来说，改革开放初期这一阶段的国营企业改革是在不断探索中前进的，是一个"政策探索—实践—政策改进"的过程，具有十分鲜明的试错特征，但国企改革的过程不是一帆风顺的，也不是一蹴而就的，改革进程中会受到多方的阻力和限制，同时也推动了其他许多重要领域的改革。截至 1991 年底，全国登记注册的国营、集体及联营企业共有 482.6 万户，从业人员达到了 1.8 亿人，同比分别增长了 4.8%、4.0%。其中工业企业 41.89 万个，较 1978年增长了 20.2%，国营工业企业占比 25.0%；实现工业产值 2.66 万亿元，较 1978 年增长 5.3 倍，其中国营工业企业占比 56.2%④。

随着改革开放和社会主义经济的发展，社会的经济成分、经营方式、分配方式、就业方式等日益多元化、多样化，非公有制经济人士等新的社会群

---

① 剧锦文：《1980 年代中后期国企股份制的早期探索（国企简史之二十四）》，《企业观察报》2021 年 6 月 22 日。

② 体改委，即国家经济体制改革委员会，成立于 1982 年 5 月 21 日。1998 年 3 月 10 日，九届全国人大一次会议通过决定，国家经济体制改革委员会改为国务院高层次的议事机构，总理兼主任，有关部长任成员，不再列入国务院组成部门序列，设立中华人民共和国国务院经济体制改革办公室，作为国家经济体制改革委员会的办事机构。

③ 剧锦文：《1980 年代中后期国企股份制的早期探索（国企简史之二十四）》，《企业观察报》2021 年 6 月 22 日。

④ 《我国各种所有制企业知多少？》，《改革与开放》1992 年第 4 期。

体和社会阶层开始出现并快速发展。对于新的社会阶层的形成，特别是对私营企业经营者的认识，在党内和社会上都有一个过程。

　　私营经济得到国家的认可首先是从广大农村开始的，为了提高农村劳动生产率，解决农村剩余劳动力问题，1978 年 12 月，党的十一届三中全会提出"社员自留地、家庭副业和集市贸易是社会主义经济的必要补充部分"，并发布《中共中央关于加快农业发展若干问题的决定（草案）》等文件，农村工商业得到解禁和认可，催生了我国个体经济的发展，这也标志着消失了近 30 年的私营经济重新登上了历史舞台。同时这一时期城市迎来了知青回城的大浪潮，待就业人员约有 700 万，为解决就业问题和激发经济活力，1979 年 2 月，中共中央、国务院批准同意各地可根据市场需要，在取得有关业务主管部门同意后，准许一些有正式户口的闲散劳动力从事修理、服务和手工业者个体劳动。此后，个体经济作为我国公有制经济的补充不断发展壮大。据统计，1979 年底，全国批准开业的个体经营户约 10 万户，到了 1981 年，变为 101 万户[1]，增加了 9 倍多，我国也出现了"个体户"[2] 这个名词，这是我国私营经济发展的萌芽。到了 1982 年，党的十二大报告提出"个体经济是公有制经济的必要的、有益的补充"，进一步明确了个体经济的地位。但这一阶段我国对私营经济是姓"社"还是姓"资"没有统一的定论，为维护我国的社会主义经济体制，保持公有制经济的绝对主体地位，在承认个体经济存在必要性的同时，1981 年 7 月 7 日颁布的《国务院关于城镇非农业个体经济若干政策性规定》对个体经营户的概念界定、经营范围、法律定位、帮工等作了详细规定，其中就个体经营户的规模进行了明确说明："必要时，经过工商行政管理部门批准，可以请一至两个帮手；技术性较强或者有特殊技艺的，可以带两三个最多不超过五个学徒。"将个体经

---

[1]　《改革开放 30 年：返城知青孕育个体经济萌芽》，凤凰网，2008 年 10 月 16 日。

[2]　个体户，即个体经营户。1987 年 8 月 5 日国务院发布《城乡个体工商户管理暂行条例》，不再对农村和城镇分别制定政策，统一改称为个体工商户。

营户限定在小规模范围内发展。在之后的一段时期内对帮工超过规定的私营企业①，民间议论纷纷：有反对的，认为存在剥削，是搞资本主义经济，应该取缔；有赞同的，认为私营经济经营效率和经济效益明显优于集体经济，符合当时的改革发展情况。对于这些争议，1983年1月中共中央对超出政策规定雇请较多帮工的私营企业提出"不宜提倡、不要公开宣传、不要急于取缔"的"三不"原则，对私营经济的发展做进一步深入观察和调查研究。1987年中共中央发布的5号文件《把农村改革引向深入》把对雇工数量的限制规定删除，将"三不"原则改成了"允许存在，加强管理，兴利抑弊，逐步引导"的十六字方针②，第一次明确肯定了私营经济的地位。1988年4月，第七届全国人民代表大会通过的《中华人民共和国宪法修正案》规定："私营经济是社会主义公有制经济的补充。国家保护私营经济的合法权利和权益，对私营经济实行引导、监督和管理。"私营经济正式写入我国宪法，确立了私营经济的法律地位，结束了隐形发展的局面，私营经济步入了合法发展阶段。同年6月国务院颁布《中华人民共和国私营企业暂行条例》《中华人民共和国私营企业所得税暂行条例》《国务院关于征收私营企业投资者个人收入调节税的规定》等一系列政策制度，为私营经济的恢复与发展提供了政策鼓励和支持，并对私营企业的概念进行了界定：私营企业是指企业资产属于私人所有，雇工8人以上的营利性的经济组织，区分了个体工商户和私营企业，标志着我国对私营企业的管理逐步进入法治轨道。1988年底，国家工商行政管理局开始对私营企业进行注册登记，截至1989年底进行登记的私营企业共有9.05万户③。但20世纪80年代中后期，由于我国经济发展速度过快，信贷发放过猛，80年代末出现高通货膨胀，1989年2月我国的月度消费者物价指数（CPI）一度达到28.4%。考虑到这

---

① 这一时期个体经营户与私营企业的区别在于雇工人数是否超过7人，雇工人数少于等于7人的为个体经营户，雇工人数在8人及以上的为私营企业。

② 徐庆全：《私营经济历经多少艰辛才被承认，如今你却要让它离场？》，https://baijiahao.baidu.com/s? id = 1611459945230736510&wfr = spider&for = pc。

③ 《新闻办就市场主体登记注册改革发展40年有关情况举行新闻发布会》，中华人民共和国中央人民政府网站，2018年12月25日。

些情况，我国开始治理经济环境，整顿经济秩序，用行政手段控制价格和基本建设，取消了一些已经实施的改革措施，减少了对私营企业的资金、材料等优惠政策，限制了私营经济的发展，同时在这一时期私营企业也暴露出偷税漏税、违法经营、牟取暴利等一系列问题，引发了社会的强烈不满，国家决定对私营经济进行整顿和规范化管理，对私营经济的政策由"鼓励"变为"鼓励与限制并存"。这一政策的调整，从长期来看是进一步完善了我国对私营企业的管理工作，助力私营经济步入健康、稳定、有序的发展轨道；但是短期内在一定程度上减缓了我国私营经济的发展速度，打击了企业家开办私营企业的积极性，导致大部分企业家持观望态度，有些已经开办的私营企业主害怕国家政策会反复，产生恐惧心理，把企业无偿献给集体，有些干脆就停业或歇业，还有一些个体经营大户不愿意扩大经营规模跨进私营企业行列等。在这些境况下私营企业的发展呈现先下降后缓慢上升的态势。从数据来看，1990 年 6 月，登记注册的私营企业数量下降到 8.8 万户，截至当年底，私营企业共 9.8 万户，到 1991 年底，私营企业共有 10.8 万户①。同一时期，全国个体工商户共 1414.5 万户、从业人员 2246 万人。个体工商户和私营企业的税收贡献达到 160 亿元，占全国税收收入的 5.4%；从业人员占全国社会劳动力的 0.4%；工业总产值占全国总量的 5.9%；商品零售总额占社会商品零售总额的 18.9%②。

随着 20 世纪 70 年代美国和苏联大国之间的关系开始趋于缓和，我国认清了时代的主题是和平与发展，在学习和借鉴苏联、东欧其他国家的改革开放经验基础上，开始主动融入世界，恢复与发达国家及东欧、苏联社会主义国家的联系和往来，大力引进西方的外资、技术和先进的管理经验，广泛吸收和学习国外的科技文化知识等。1980 年 4 月 24 日，工商行政管理总局登记了改革开放以后第一家外商投资企业——北京航空食品有限公司，此后国际直接投资和间接投资都开始进入中国大陆。为了坚定外商投资者的信心、

---

① 郑立春：《中国共产党对新时期私营经济政策的演变与私营经济的发展》，《石家庄经济学院学报》1997 年第 1 期。

② 《我国各种所有制企业构成情况》，《经济体制改革》1992 年第 2 期。

扩大国际经济合作和技术交流，1982年12月我国宪法修正案第十八条明确规定："允许外国的企业和其他经济组织或者个人依照中华人民共和国法律的规定在中国投资，同中国的企业或者其他经济组织进行各种形式的经济合作"，这为外商投资和相关立法确立了最高法律依据。同时在这一时期先后颁布了《中华人民共和国中外合资经营企业法》（1979年7月）、《中华人民共和国中外合资经营企业登记管理办法》（1980年7月）、《中华人民共和国中外合资经营企业所得税法》（1980年9月）、《中华人民共和国中外合资经营企业法实施条例》（1983年9月）、《中华人民共和国外资经营企业法》（1986年4月）、《中华人民共和国关于鼓励外商投资的规定》（1986年10月）、《中华人民共和国中外合作经营企业法》（1988年4月）等，对外商投资企业的设立、经营范围等做了明确规定，并在税收、土地、信贷、通关手续等方面给予一定的优惠政策，甚至有一些超国民的政策待遇，比如在税收方面，先进技术外商投资企业享受"两免三减半①"的优惠举措等。1988年7月发布的《中华人民共和国关于鼓励台湾同胞投资的规定》、1990年8月颁布的《中华人民共和国关于鼓励华侨和香港澳门同胞投资的规定》等，进一步吸引和鼓励全球华人华侨回国投资建厂兴业。改革开放初期，我国的对外开放也是在摸着石头过河，为了充分发挥沿海沿边地区的区位优势，我国在1979年7月批准在深圳、珠海、汕头、厦门试点开办出口特区（1980年更名为"经济特区"），允许它们在对外开放中"先走一步"，担当"试验田"的角色。1984年又进一步开放大连、秦皇岛、天津、烟台、青岛、连云港、南通、上海、宁波、温州、福州、广州、湛江、北海等14个沿海港口城市；1985年建立长江三角洲、珠江三角洲、闽南三角区、环渤海地区等沿海开放区；1988年设立海南经济特区。我国为这些先行先试开放区域提供若干项优惠政策和措施，如对前来投资和提供先进技术的外商给予优惠待遇、放宽利用外资建设项目的审批权限、增加外汇使用额度和外

---

① "两免三减半"是指针对中外合资经营企业，合营期在十年以上的，经企业申请，税务机关批准，从开始获利的年度起，第1年和第2年免征所得税，第3~5年减半征收所得税。

汇贷款等扩大地方自主权，初步形成了"经济特区—沿海开放城市—沿海经济开放区"的渐进式对外开放格局，成为这一时期我国对外开放的前沿阵地。但是改革开放初期外国投资者对我国法律、市场、行业等情况缺乏了解，持观望试探态度的较多，登记注册的数量较少，主要是以风险低、见效快的中外合作企业为主，通过这种方式来融入中国市场。根据国家工商行政管理局统计数据，1980~1984 年，全国登记发照的外商投资企业仅有 1999户，其中，中外合作经营企业① 1188 户，占比 59.4%；中外合资经营企业②746 户，占比 37.3%；外商独资企业③ 65 户，占比 3.3%④。直到 1986 年以后随着我国投资环境的改善和法律制度的完善，中外合资企业才逐渐成为外商投资的主要方式。1991 年底在我国登记注册的外商投资企业共计 37189户，同比增长 46%，其中中外合资企业 22791 户，占比 61.3%；中外合作企业 8497 户，占比 22.8%；外商独资企业 5901 户，占比 15.9%⑤。根据国家统计局数据，1979~1991 年，我国对外借款总额为 525.6 亿美元，占实际利用外资的 65%；外商直接投资额为 250.6 亿美元，占利用外资总额的 31%⑥。

　　总体来说，在改革开放初期，随着各项法律制度的逐步完善、改革举措的落实到位、管理逐渐规范化，市场主体积极性被激发，私营经济和外资经济开始登上经济发展的舞台。这一阶段我国市场主体主要分为国营企业、合作社营和其他集体所有制企业、联营合营企业、个体工商户、私营企业、外商投资企业等。所涉及的行业范围按照 1984 年首次发布的《国民经济行业分类和代码》

---

① 中外合作经营企业是指外国企业或外国人与中国内地企业依照《中华人民共和国中外合作经营企业法》及有关法律的规定，依照合作合同的约定进行投资或提供条件设立、分配利润和分担风险的企业。

② 中外合资经营企业是指中国合营者与外国合营者依照中国法律的规定，在中国境内共同投资、共同经营并按投资比例分享利润、分担风险及亏损的企业。

③ 外商独资企业是指外国的公司、企业、其他经济组织或者个人，依照中国法律在中国境内设立的全部资本由外国投资者投资的企业。

④ 国家工商行政管理总局：《新中国工商行政管理史志》（上、下卷），中国工商出版社，2009。

⑤ 《我国各种所有制企业构成情况》，《经济体制改革》1992 年第 2 期。

⑥ 宋涛：《利用"三资"企业发展我国经济》，《南方经济》1992 年第 5 期。

标准，包括农林牧渔业，水利业，工业，地质普查和勘探业，建筑业，交通运输、邮电通信业，商业、公共饮食业、物资供销和仓储业，房地产管理、公用事业、居民服务和咨询服务业，卫生、体育和社会福利事业，教育、文化艺术和广播电视事业，科学研究和综合技术服务事业，金融、保险业等行业。

在这一时期，世界的主题仍然是和平与发展，但正在向多极化转变，改革与自由化成为全球主要发展方向，而这种趋势也影响到了中国的经济改革。我国先后实施了"五五计划"（1976~1980 年）的后半期、"六五计划"（1981~1985 年）、"七五计划"（1986~1990 年），开启了"八五计划"（1991~1995 年），经济体制改革开始由农村转向城市，以城市为重点的全面经济改革推动了所有制改革、国营企业改革、市场化改革、价格改革等一系列改革，经济建设得到了快速发展。但是由于部分改革举措的步伐过大，旧的计划经济体制逐渐解体，与新的市场经济体制之间的冲突和摩擦也日益增多，在双重经济体制之下的宏观经济运行积累了诸多不健康、不利于发展和改革的因素，经济发展逐渐趋向过热状态，导致 1988~1989 年我国的高通货膨胀和 1989 年的政治风波，经济与社会秩序一度出现混乱，使我国的改革开放一度面临十分严峻的局面，在一定程度上影响了改革开放的进程。于是1989 年开始我国对改革过程中出现的问题进行了治理整顿，进入 20 世纪 90年代之后，社会经济秩序有所恢复，通货膨胀得到缓解，经济社会建设在"摸着石头过河"的改革中曲折前进。我国国内生产总值从 1978 年的 3678.7亿元，增长到 1991 年的 22050.3 亿元，年均增长 14.8%。其中工业总产值从1978 年的 4237 亿元增长到 1991 年的 28248 亿元，年均增长 15.7%，工业企业数量从 1978 年的 34.84 万个增加至 1991 年的 41.89 万个，年均增长 1.4%；财政收入从 1978 年的 1132.26 亿元增长到 1991 年的 3149.48 亿元，年均增长8.2%；社会消费品零售总额从 1978 年的 1558.6 亿元增加到 1991 年的 9415.6亿元，年均增长 14.8%；货物进出口额从 1978 年的 355 亿元增长至 1991 年的7225.75 亿元，年均增长 26.1%；能源消费总量从 1978 年的 5.71 亿吨标准煤增加到 1991 年的 10.23 亿吨标准煤，年均增长 4.6%；货运量从 1978 年的31.94 亿吨增加到 1991 年的 98.58 亿吨，年均增长 9.1%（见表3）。

表3　1978～1991 年我国部分经济发展指标比较

指标	1978 年	1980 年	1985 年	1990 年	1991 年
国内生产总值（亿元）	3678.7	4587.6	9098.9	18872.9	22050.3
人均国内生产总值（元）	385.0	468.0	866.0	1663.0	1912.0
第一产业增加值（亿元）	1018.5	1359.5	2541.7	5017.2	5288.8
第二产业增加值（亿元）	1755.1	2204.7	3886.4	7744.1	9129.6
第三产业增加值（亿元）	905.1	1023.4	2670.8	6111.6	7587.2
工业企业单位数（个）	348400.0	377300.0	463200.0	504000.0	418869.0
国营工业企业单位数（个）	83700.0	83400.0	93700.0	104400.0	104700.0
工业总产值（亿元）	4237.0	5154.0	9716.0	23924.0	28248.0
财政收入（亿元）	1132.26	1159.93	2004.82	2937.1	3149.48
财政支出（亿元）	1122.09	1228.83	2004.25	3083.59	3386.62
就业人员（万人）	40152.0	49873.0	55329.0	64749.0	65491.0
社会消费品零售总额（亿元）	1558.6	2140.0	4305.0	8300.1	9415.6
货物进出口额（亿元）	355.0	570.0	2066.71	5560.12	7225.75
居民消费价格指数（%）	0.7	7.5	9.3	3.1	3.4
能源消费总量（万吨标准煤）	57144.0	60275.0	76682.0	98703.0	102300.0
粮食产量（万吨）	30476.5	32055.5	37910.8	44624.3	43529.3
钢产量（万吨）	3178.0	3712.0	4679.0	6635.0	7100.0
发电量（亿千瓦时）	2565.52	3006.0	4107.0	6212.0	6775.0
货运量（亿吨）	31.94	31.08	74.58	97.06	98.58

资料来源：中国统计年鉴、国家统计局网站。

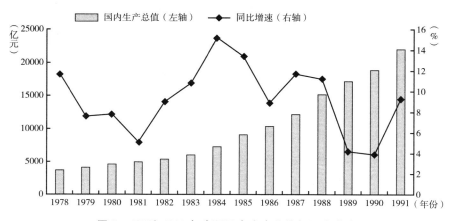

图3　1978～1991 年我国国内生产总值与同比增速

资料来源：中国统计年鉴、国家统计局网站。

第四节　社会主义市场经济体制建立和完善期（1992～2012年）

进入20世纪90年代，我国社会经济秩序有所恢复，通货膨胀得到缓解。但是我国经济运行中存在的深层次问题没有得到根本解决，人们对改革的最终方向始终心存疑虑，同时受苏联解体、东欧剧变等影响，社会主义命运将会如何？中国今后怎么办？各种问题萦绕在人们的心头，我国的改革开放走到了一个十字路口。1992年，我国改革开放的总设计师邓小平同志先后视察武昌、深圳、珠海、上海等地并沿途发表系列重要讲话，被称为"南方谈话"。在谈话中邓小平指出，改革开放胆子要大一些，看准了的，就大胆地试，大胆地闯，姓"资"还是姓"社"的问题主要看是否有利于发展社会主义社会的生产力，是否有利于增强社会主义国家的综合国力，是否有利于提高人民的生活水平（以下简称"三个有利于"）等，重申了深化改革、加快发展的必要性和重要性。这些新观点、新思路为今后的改革开放打了一剂强心针、开拓了新视野，在很大程度上解除了广大干部群众的思想包袱，同时也为党的十四大的召开奠定了思想理论基础，1992年10月党的十四大明确了我国经济体制改革的目标是建立社会主义市场经济体制。自此我国经济社会建设迈入了一个新的发展阶段，改革开放进入加速期，并于2001年12月11日成功加入世界贸易组织，经济社会步入高速发展阶段。在这一阶段，我国经济体制改革步伐加快，社会主义市场经济体制逐步建立，市场活力得到有效释放，市场主体呈现多元化发展。

国有企业①改革一直是我国经济体制改革中的核心和关键环节。1992年由于承包制的诸多问题我国不再鼓励国企搞承包制，国企改革转向了转换企业经营机制，并掀起了以"破三铁"（即"铁饭碗""铁工资""铁交椅"）

---

① 1993年3月29日第八届全国人民代表大会第一次会议通过的宪法修正案将"国营企业"修改为"国有企业"，本节及之后章节统称为国有企业。

为中心的企业劳动、工资和人事制度的改革热潮。同年 7 月国务院公布了
《全民所有制工业企业转换经营机制条例》，根据两权分离的思路明确了企
业经营权、企业自负盈亏责任、企业和政府的关系、企业和政府的法律责任
等问题，但这个条例仅仅是在企业内部进行了机制转换，并未达到改革的预
期目标。1993 年 11 月，党的十四届三中全会做出了《中共中央关于建立社
会主义市场经济体制若干问题的决定》，第一次明确提出国有企业改革的方
向是建立适应市场经济要求，产权清晰、权责明确、政企分开、管理科学的
现代企业制度，通过建立现代企业制度，使国有企业真正成为自主经营、自
负盈亏、自我发展、自我约束的法人实体和市场竞争主体，随后 1994 年我
国实施了《中华人民共和国公司法》和《中华人民共和国公司登记管理条
例》。但是在 20 世纪 90 年代中后期我国国有企业由于高负债率、冗员多、
社会负担重、摊派严重、员工积极性不高等原因，陷入了发展困境，效益逐
年下降，亏损面逐年增大。1995 年 9 月，党的十四届五中全会明确指出：
"要着眼于搞好整个国有经济，通过存量资产的流动和重组，对国有企业实
施战略性改组。这种改组要以市场和产业政策为导向，搞好大的，放活小
的，把优化国有资产分布结构、企业结构同优化投资结构有机结合起来，择
优扶强、优胜劣汰"。1997 年 9 月，党的十五大进一步明确指出："对关系
国民经济命脉的重要行业和关键领域，国有经济必须占支配地位；在其他领
域，可以通过资产重组和结构调整，以加强重点，提高国有资产的整体质
量。"截至 1997 年底，在抓大方面，确定了分类指导的方案，集中对 1000
家重点企业进行战略性改组；在放小方面，坚持"三个有利于"标准，通
过兼并、收购、投资控股、承包、租赁、委托经营等改革举措，将非公有制
经济的管理理念和管理方式融入国有经济运行中，把小企业直接推向市场，
使一大批小企业机制得到转换；在探索搞活小企业方面，山东诸城、四川宜
宾、黑龙江宾县、山西朔州、广东顺德、河南桐柏、江苏南通、福建宁德等
地区先行一步，收到了较好的效果，盘活了大量的国有资产。除此之外，为
促使国有企业加快建立现代企业制度，我国继续对国有企业股份制等改革举
措进行探索试点。1992 年，国务院相继颁布《股份制企业试点办法》《股份

有限公司规范意见》《有限责任公司规范意见》《股份制试点企业财务管理若干问题的暂行规定》等 11 个政策法规，引导国有企业股份制改革走向规范化。1994 年，当时的国家经贸委、体改委会同有关部门，筛选了 100 户不同类别的国有大中型企业，进行建立现代企业制度的试点。随后各省（区、市）根据本地区的实际情况，又选定了 2500 多家国有企业参与现代企业制度试点。同年，当时的国家经贸委对国有企业开展"优化资本结构"的配套改革，选择在上海、天津、武汉、重庆、沈阳、成都、宝鸡等 18 个城市进行试点，到 1996 年试点范围增加到 50 个城市，1997 年又扩大到 111 个城市，主要是通过改组、联合、兼并、股份合作、租赁、承包经营和出售等多种形式，探索建立国有企业优胜劣汰机制，在补充企业资本金、减轻企业债务负担、分离社会服务功能、分流富余人员、资产多元化等方面实现了重点突破，尤其是在企业破产、兼并和职工再就业方面取得了一定成效，在一定程度上提高了国有企业的劳动效率和经济效益。"优化资本结构"试点虽然取得了一定的成效，但是由于长期的计划生产、没有市场意识、产品竞争力较差、市场上供大于求等，再加上 1998 年亚洲金融危机的冲击，国有企业亏损面太大、亏损额太高，不能从根本上为国企解困，并且引发了大规模的"下岗潮"和其他一些社会问题。据统计，国有控股工业企业职工人数从 1993 年最高的 4500 万人持续收缩至 2007 年的 1750 万人，国有中小企业的数量从 1995 年的 31.8 万户降至 2006 年的 11.6 万户[①]。1999 年，党的十五届四中全会提出，国有大中型企业尤其是优势企业，宜于实行股份制的，要通过规范上市、中外合资和企业互相参股等形式，改为股份制企业，发展混合所有制经济，重要的企业由国家控股。党的十六大之后，国企改革进入了国有资产管理方式的变化和资本市场的改革领域。中央和各省（区、市）成立专门的国有资产管理机构，行使国有资产所有者职能，改变了一直以来的国有企业部门分割、多头管理的现状，并制定和建立了包括企业清

---

① 姜超：《海通宏观姜超：国改再次提速从历史经验看改革成效》，金融界网站，2019 年 5 月 15 日。

产核资制度、企业发展战略、主业管理制度、企业经营业绩考核制度、国有资本经营预算制度等在内的企业国有资产管理法规和制度体系。2003 年中共十六届三中全会提出的《中共中央关于完善社会主义市场经济体制若干问题的决定》指出，要"建立健全现代产权制度，产权是所有制的核心和主要内容，包括物权、债权和知识产权等各类财产权。"这是自 1993 年党的十四届三中全会后对"产权清晰、权责明确、政企分开、管理科学"的现代企业制度的又一次重大创新和历史突破，进一步明确了国企改革的具体任务和目标。总的来说，这一阶段国有企业改革的步伐加快，现代企业制度得以建立，劳动效率和经济效益得到大幅提高，尤其是 2000 年以后，中国经济发展逐渐步入重化工业阶段，产业结构重心从轻纺工业转向重化工业，对煤炭、石油、电力、钢铁等资源和机械、电子、交通运输等设备的需求大幅激增，国有企业在这些行业中占据主导地位，在中国经济周期上行、产业结构升级、生产效率提高的机遇叠加下，国有企业保持较高的固定资产投资增长率，在资产规模大幅扩张的同时，盈利能力也有所增强。2012 年，全国国有及国有控股企业[1]共计 27.85 万户，累计实现营业总收入 42.38 万亿元，同比增长 11%；累计实现利润总额 2.20 万亿元，同比下降 5.8%；应交税费 3.35 万亿元，同比增长 6.6%[2]。

　　1992 年邓小平南方谈话中"允许一部分人、一部分地区先富起来"，推动了这一阶段社会生产力的解放和发展，对于非公有制经济发展是一大鼓舞，个体经济、私营经济、外资经济等非公有制经济迎来了政策机遇和市场机遇，迅速发展壮大起来。1993 年 11 月，党的十四届三中全会发布《中共中央关于建立社会主义市场经济体制若干问题的决定》指出："建立社会主义市场经济体制，必须坚持以公有制为主体，多种经济成分共同发展的方针。"自此，从中央到地方的各级政府和部门对个体经济、私营经济、外资经济等非公有制经济的发展从"变相限制发展"转向"鼓励发展"，取消在这之前设置的一些

---

① 该统计不包括国有一级金融企业。

② 《2012 年 1~12 月全国国有及国有控股企业经济运行情况》，中华人民共和国财政部网站，2013 年 1 月 18 日。

不合理限制规定和要求，放宽个体经济、私营经济、外资经济发展领域，鼓励个体经济、私营经济、外资经济等其他经济成分发展。除国家法律、法规明令禁止个体工商户、私营企业经营的行业与商品外，其他行业和商品都被允许经营，个体工商户、私营企业也可根据自身条件从事跨行业经营或综合经营。1995 年我国进行税制改革，将私营企业的纳税归属于地方税，并且越来越成为地方财政收入的重要部分，这就在一定程度上有力地、静悄悄地改变了地方政府对私营企业的态度。1997 年，党的十五大明确提出公有制为主体、多种所有制经济共同发展，是我国社会主义初级阶段的一项基本经济制度；非公有制经济是我国社会主义市场经济的重要组成部分。突破了长期以来把公有制经济等同于社会主义基本经济制度的误区，将非公有制经济由"制度外"纳入"制度内"。1999 年，九届全国人大二次会议通过宪法修改的形式，将非公有制经济的地位和作用由"社会主义公有制经济的补充"修改为"社会主义市场经济的重要组成部分"。2002 年党的十六大报告全面系统地阐述了在新的历史时期发展非公有制经济的政策方针，全面论述了非公有制经济在社会主义发展中的作用，提出两个"毫不动摇"的方针，即必须毫不动摇地巩固和发展公有制经济；必须毫不动摇地鼓励、支持和引导非公有制经济发展。2003 年，党的十六届三中全会《中共中央关于完善社会主义市场经济体制若干问题的决定》提出大力发展和积极引导非公有制经济，把个体、私营等非公有制经济定位在"促进我国社会生产力发展的重要力量"上，特别强调要清理和修订限制非公经济发展的法律法规和政策，消除体制性障碍。基于此，2005 年国务院发布《关于鼓励支持和引导个体私营等非公有制经济发展的若干意见》，从放宽非公有制经济市场准入、加大对非公有制经济的财税金融支持、完善对非公有制经济的社会服务、维护非公有制企业和职工的合法权益、引导非公有制企业提高自身素质、改进政府对非公有制企业的监管、加强对发展非公有制经济的指导和政策协调等 7 个方面提出了 36 条促进非公有制经济发展的重要政策措施。这是新中国成立以来第一次把党的方针通过政府文件的形式进一步政策化、具体化。2007 年，党的十七大在继续强调两个"毫不动摇"的基础上，提出了"两个平等"的方针，坚持平等保护物权，形成各种所有制经济平等竞争、相互促进新格局。为此，国务院于2010年5月发布《关于鼓励和引导民间投资健康发展的若干意见》，从12个方面提出36条意见，进一步拓宽了民营经济的投资空间，极大地促进了个体经济、私营经济的发展。同年，党的十七届五中全会再一次提出非公有制企业在投融资、税收、土地使用和对外贸易等方面，与其他企业享受同等待遇，继续改进对非公有制企业的服务和监管。非公有制经济逐渐迎来了发展的黄金年代，涌现出了如百度、阿里、腾讯互联网三大巨头及福耀玻璃、美的集团等一批优质民营企业，为社会做出了巨大贡献。

但同时在这一阶段中，自2003年起，对民营企业的质疑声再度响起，全国范围内掀起了一场关于"民营经济原罪论"问题的讨论，将经历过下岗潮的万千民众与富裕起来的民营企业家放在了对立面，在一定程度上放大了民众的不满和质疑情绪，直至2006年末才告一段落。2004年十届全国人大二次会议在通过的宪法修正案中增加了"公民的合法的私有财产不受侵犯""国家尊重和保障人权"等。2005年2月，国务院发布的《关于鼓励支持和引导个体私营等非公有制经济发展的若干意见》在一定程度上给予了非公经济更大的发展空间，解除了人们对非公经济去向问题的担忧。2007年十届全国人大五次会议中，党和国家领导人站在"平等维护公民合法财产、平等对待企业赋税"两个角度，明确提出了"要保障民营经济健康发展"的重要指示，并通过了《物权法》。党的十七大报告明确提出"应合理保护个人合法私有财产，尽快解除体制障碍，不断推进个体经济、私营经济及中小企业的健康发展"，进一步加大保护民营企业和民营企业家合法权益的力度，提升了民营企业的发展信心。为营造统一规范、竞争有序的市场经济环境，2001年4月，国家工商行政管理总局①与国家经贸委等十部委联合下发《关于加强中小企业信用管理的若干意见》，改善中小企业信用状况，提升中小企业整体素质和综合竞争力，抵御信用风险，改善中小企业融资条件，促进中小企业健康发展。同时鼓励和引导个体、私营经济参与国有企业

---

① 2001年4月国家行政机构改革后，国家工商行政管理局调整为国家工商行政管理总局。

改革，与国有企业转换经营机制接轨，支持跨地区、跨行业、跨所有制的资产重组，承包、租赁、合资、委托经营和购买亏损微利小型国有企业，实现资源的最佳配置。数据显示：1992 年我国拥有私营企业 13.9 万户、个体工商户 1533.9 万户[①]，到了 2012 年私营企业和个体工商户分别达到 1085.7 万户、4059.3 万户[②]，分别是 1992 年的 78.1 倍和 2.6 倍，私营经济和个体经济实现快速发展。

同时，外资经济在这一阶段迅猛发展。1992 年 5 月 16 日，中央政治局会议通过《中共中央关于加快改革，扩大开放，力争经济更好更快地上一个新台阶的意见》，提出要促进扩大开放，改善外商投资环境。为加快改革开放步伐，加大吸引外资来华投资力度，我国在多方面为外商投资企业营造了良好的投资环境。1993 年 5 月，国家工商行政管理局先后发布《外商投资企业授权登记管理办法》《关于外商投资企业名称登记管理有关问题的通知》，1994 年 11 月，又联合对外贸易经济合作部发布《关于进一步加强外商投资企业审批和登记管理有关问题的通知》，简化外商投资企业登记程序中不必要的前置手续，对不适应外商投资企业发展的一些规定进行调整和明确，并扩大了外商投资企业的登记授权，将登记权限下放到各省、自治区、直辖市和计划单列市等，进一步规范了外商投资企业的登记注册工作。为鼓励外国公司、企业和其他经济组织或个人来华从事创业投资，建立和完善中国的创业投资机制，2003 年对外贸易经济合作部、国家工商行政管理总局等五个国家部门颁布实施《外商投资创业投资企业管理规定》，国家工商行政管理总局联合国务院法制办等有关部门出台《关于加强外商投资企业审批、登记、外汇及税务管理有关问题的通知》等，目的是解决加入世贸组织后外资企业登记管理工作中遇到的新情况、新问题，并鼓励支持外商在我

---

① 徐天庆：《对个体、私营经济要有一个全新的认识》，《中国工商管理研究》1993 年第 10 期。

② 张茅：《发挥个私协会桥梁纽带功能 促进个体私营经济繁荣发展——在全国先进个体工商户表彰大会暨纪念中国个体劳动者协会成立 30 周年座谈会上的讲话》，《中国市场监管报》2016 年 12 月 6 日。

国设立具有先进技术水平、高增加值含量的加工制造企业和研发机构，引导外资向国家鼓励类、允许类产业扩展。同时，我国根据外商投资企业的变化进一步完善了部分给予外商投资企业的优惠待遇，如税收优惠、土地使用、金融支持政策等。在外资企业所得税方面，之前我国制定的税收优惠政策是针对改革开放初期我国中外合作经营企业制定的，但随着外商投资企业数量的快速增长、投资范围的扩大，1980 年制定的税收优惠政策并未涵盖全部的外商投资企业，已经不合时宜，因此 1991 年 4 月 9 日七届全国人大四次会议通过了《中华人民共和国外商投资企业和外国企业所得税法》，并于同年的 7 月 1 日开始施行，这部税法对外商投资企业的诸多税收优惠做出了详细的规定，其中，超国民待遇的"两免三减半[①]"税收政策继续沿用下来，但是受惠企业转变为在我国经营期限超过 10 年的生产性外商投资企业，同时还对其他情况的外商投资企业制定了不同程度的税收优惠政策。说明我国外资外汇匮乏的问题已经得到极大改善，并基于我国产业政策发展的需要，我国对外资的吸收从最初的基本全盘接纳到现在的开始引导外商投资方向，重点鼓励采用先进技术、设备，产品全部或者大部分出口的外商投资企业等。因此，经过改革开放十多年的发展，我国的政治环境和经济环境已经得到改善，经济发展潜力、巨大的消费市场、超优惠待遇、低廉的劳动力等逐渐成为我国吸引外资的主要因素，使我国成为当时世界上最有吸引力的外资热土，带来了外商投资的快速增长。从 1993 年起，我国利用外商直接投资占全部外资的比重保持在 70% 以上，自 2001 年起我国利用外商直接投资占比保持在 90% 以上，到 2012 年外商直接投资规模扩大至 1117.16 亿美元，比重达到 98.6%，我国吸收外商直接投资（FDI）连续多年位居发展中国家第一位[②]。但同时超国民待遇的外资政策也带来了很多的问题，除了国内企业抱怨存在不公平竞争

---

① "两免三减半"主要是针对经营期在 10 年以上的生产性外商投资企业，从开始获利的年度起，第 1 年和第 2 年免征企业所得税，第 3~第 5 年减半征收企业所得税，但是属于石油、天然气、稀有金属、贵重金属等资源开采项目的，由国务院另行规定。

② 高志峰：《外资企业非正常撤资问题研究》，山东师范大学，2013。

外，由于税收政策双轨制存在漏洞，一些内资企业采取将资金转移到境外再投资到境内的办法，以享受外资优惠待遇，造成国家税款的流失。随着加入世贸组织，我国经济发展速度加快，国内生产总值一直保持在8%以上的增速，并在 2010 年超过日本成为世界第二大经济体。为了解决我国经济发展中的深层次问题，优化产业结构，改变传统粗放型增长模式，我国开始鼓励外资投向高新技术产业、先进制造业、环保产业等，并限制高污染高耗能企业的进入。从对进入的外资进行"精挑细选"和公平正义着眼，2007 年 3 月 16 日十届全国人大五次会议通过《中华人民共和国企业所得税法》，标志着我国利用外资进入了一个新的历史阶段，外资企业在华享受 20 多年的超国民待遇结束，与内资企业一样缴纳统一的 25% 的所得税。同时我们对高技术、环保型产业的发展仍然有一定的优惠政策，且在当时的发展条件下跨国公司有较明显的优势，易于在竞争中获得收益。我国吸引外资的战略从"超国民待遇"开始转向了投资环境的改善。1992 年我国外商投资企业共 8.4 万户①，到 1993 年这一数字翻倍增长到 16.8 万户②，到 2012 年，我国外商投资企业已经达到了 44.1 万户③，与 1992 年相比扩大了 4 倍。外资经济不仅扩大了中国进出口规模、增加了工业制成品的出口比重，还改善了中国出口商品的结构、提高了中国工业的国际竞争力，使中国成为全球最大的制造业大国和世界工厂。

总体来说，这一阶段我国社会主义市场经济体制逐步建立并完善，改革开放进入加速期，国内投资环境不断改善，国有企业改革纵深推进、现代企业制度逐渐建立，非公有制经济的地位和作用得到了进一步提升，外资规模不断扩大，综合国力不断增强。在 2000 年时我国是世界第六大经济体，经济总量迈上 10 万亿元台阶，到 2007 年超越德国成为世界第三大经济体，在 2010 年超过日本，成为世界第二大经济体，

---

① 资料来源于 1992 年《中华人民共和国国民经济和社会发展统计公报》。
② 资料来源于 1993 年《中华人民共和国国民经济和社会发展统计公报》。
③ 余颖：《民营企业数量 10 年翻两番》，《经济日报》2022 年 10 月 12 日。

一直保持到现在，并在 2012 年经济总量突破 50 万亿元大关。在这一阶段我国市场主体数量激增，市场主体的活力得到释放，主要分为国有企业（包括其控股企业）、集体企业、私营企业、个体工商户、外商投资企业、农民专业合作社等。2007 年 7 月 1 日，《中华人民共和国农民专业合作社法》实施，农民专业合作社正式登上舞台。随着我国经济社会的快速发展，新兴行业大量涌现促进产业结构不断调整，国内行业分类标准迫切需要与国际标准接轨。因此为适应新的发展需要，在这一阶段，我国参照联合国《国际标准行业分类》，先后在 1994 年、2002 年、2011 年分别对《国民经济行业分类》进行了三次修订，按照 2011 年修订的《国民经济行业分类》（GB/T4754-2011），市场主体所涉及的行业范围包括农、林、牧、渔业，采矿业，制造业，电力、热力、燃气及水生产和供应业，建筑业，批发和零售业，交通运输、仓储和邮政业，住宿和餐饮业，信息传输、软件和信息技术服务业，金融业，房地产业，租赁和商务服务业，科学研究和技术服务业，水利、环境和公共设施管理业，居民服务、修理和其他服务业，教育，卫生和社会工作，文化、体育和娱乐业等。

在这一时期，全球化趋势进一步增强，世界形势继续发生深刻变化，多极化与经济全球化在曲折中深入发展，科技进步突飞猛进，尤其是以信息技术为主导的高新技术发展日趋高速化、综合化、深入化，推动世界经济优化迈入知识经济发展的新阶段，改变了所有行业和领域的面貌，推进产业结构升级，促使全球投资和贸易方式发生转变，带动经济增长，人类社会前进的步伐加快，新情况、新矛盾层出不穷。国内，1992 年邓小平南方谈话和党的十四大明确建立社会主义市场经济体制之后，人们的观念和经济发展态势发生了巨大变化。我国先后实施了"八五计划"（1991~1995 年）的后半期、"九五计划"（1996~2000 年）、"十五计划"（2001~2005 年）、"十一五"规划①（2006~2010 年），开启了"十

---

① 从"十一五"开始，我国的"五年计划"改为"五年规划"。

二五"规划（2011~2015年），"五年规划"的制定也从计划经济体制下的单纯指令性计划逐步演变成为社会主义市场经济体制下明确经济社会发展方向、描绘总体发展蓝图、确定政府未来工作重点、引导市场主体行为的纲领性文件。我国不断推进从传统计划体制向社会主义市场经济体制的转变，社会主义市场经济体制逐步建立，实现了由主要依靠投资和出口拉动经济增长，向消费与投资、内需与外需协调拉动经济增长方式转变，经济增长方式从粗放型向集约型不断转型。尤其是进入21世纪后，在成功加入世贸组织后，我国愈加重视融入全球经济发展，鼓励国内企业加大研发创新力度、积极"走出去"，产业结构向中高端迈入，个体、私营、外资经济与公有制经济相互渗透、相互融合发展，如非公有制经济在行业分布上从以制造、建筑、运输、商贸和服务业等领域为主，开始向基础设施、公共事业等领域拓展，整个国民经济和社会发展取得了非凡的成就，虽然先后经历了1997年的亚洲金融危机和2008年的国际金融危机，但我国多措并举，经济实现软着陆，受到的波及影响较小，经济得到较快恢复和发展。我国国内生产总值从1992年的2.7万亿元，增长到2012年的51.6万亿元，年均增长15.9%，人均国内生产总值从1992年的2334元增长到2012年的38459元，年均增长15.0%；财政收入从1992年的3483.37亿元增长到2012年的11.7万亿元，年均增长19.2%；社会消费品零售总额从1992年的1.1万亿元增加到2012年的20.6万亿元，年均增长15.8%；货物进出口额从1992年的9119.62亿元增长至2012年的24.4万亿元，年均增长17.9%；能源消费总量从1992年的10.9亿吨标准煤增加到2012年的36.2亿吨标准煤，年均增长6.2%；货运量从1992年的104.6亿吨增加到2012年的282.5亿吨，年均增长5.1%；就业人员从1992年的6.6亿人增加到2012年的7.7亿人，年均增长0.7%（见表4）。

表 4　1992~2012 年我国部分经济发展指标

指标	1992 年	1995 年	2000 年	2005 年	2010 年	2012 年
国内生产总值(亿元)	27194.5	61339.9	100280.1	187318.9	412119.3	516282.1
人均国内生产总值(元)	2334.0	5091.0	7942.0	14368.0	30808.0	38459.0
第一产业增加值(亿元)	5800.3	12020.5	14717.4	21806.7	38430.8	52373.6
第二产业增加值(亿元)	11725.0	28676.7	45663.7	88082.2	191626.5	235162.0
第三产业增加值(亿元)	9669.2	20642.7	39899.1	77430.0	182061.9	231406.5
工业企业数量(个)	407989.0	592000.0	162885.0	271835.0	452872.0	343769.0
国有工业企业数量(个)	—	—	42426.0	27477.0	20253.0	17851.0
私营工业企业数量(个)			22128.0	123820.0	273259.0	189289.0
外商及港澳台投资工业企业数量(个)	—	—	28445.0	56387.0	74045.0	56908.0
财政收入(亿元)	3483.37	6242.2	13395.23	31649.29	83101.51	117253.52
财政支出(亿元)	3742.2	6823.72	15886.5	33930.28	89874.16	125952.97
就业人员(万人)	66152.0	68065.0	72085.0	74647.0	76105.0	76704.0
社会消费品零售总额(亿元)	10993.7	23463.9	38477.1	66491.7	152083.1	205517.3
货物进出口额(亿元)	9119.62	23499.94	39273.25	116921.77	201722.34	244160.2
居民消费价格指数(%)	6.4	17.1	0.4	1.8	3.3	2.6
能源消费总量(万吨标准煤)	108900.0	131176.0	146964	261369.0	324939.0	361732.0
货运量(亿吨)	104.6	123.5	135.9	186.2	203.7	282.5

注：1998 年以后工业统计以规模以上工业企业为主，对未达到规模以上标准的企业进行抽样调查或科学核算。其中 1998~2006 年，规模以上工业企业是指全部国有及年主营业务收入达到 500 万元及以上的非国有工业法人企业；国有工业企业全部纳入规模以上工业统计。从 2007 年开始，规模以上工业企业的统计范围为年主营业务收入达到 500 万元及以上的工业法人企业（包括国有工业企业和非国有工业企业）。从 2011 年开始，规模以上工业企业的标准从年主营业务收入 500 万元提高到 2000 万元；固定资产投资项目统计的起点标准从计划总投资额 50 万元提高到 500 万元。

资料来源：中国统计年鉴、国家统计局网站。

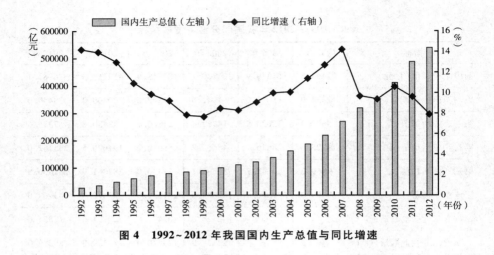

图4 1992~2012年我国国内生产总值与同比增速

第五节 高质量发展跨越期（2013年至今）

自1978年实施改革开放以来，我国不断推进经济体制、政治体制、文化体制、社会体制、生态文明体制和党的建设制度改革，加快开放步伐，成就举世瞩目，综合国力大增，成功步入中等收入国家行列，经济、社会、文化、生态等方面发展均迈上新台阶，人民的生活水平得到大幅提高。事实证明，改革开放是决定当代中国命运的关键抉择，是党和人民事业大踏步赶上时代的重要法宝。但随着全球经济政治格局的不断调整，以及我国人口红利衰减、"中等收入陷阱"风险累积等内在因素变化，在改革开放的过程中，我们发现，一些老问题还未得到解决，新的情况、新的问题又层出不穷。尤其是自党的十八大以来，面对复杂多变的外部环境和国内发展的新需求新要求，改革开放也进入了攻坚期和深水区，遇到了一些难以推进、难以解决的问题，这些问题只有靠进一步的改革才能得到解决，而改革不可能毕其功于一役、不可能一劳永逸。因此面对新形势新任务、新机遇新挑战，为推动我国经济社会向高质量发展转变、建设社会主义现代化强国、以中国式现代化全面推进中华民族伟大复兴，全社会就必须在新的历史起点上进行一场更深层次、更广领域的改革。2013 年 11 月 12 日，党的十八届三中全会通过了《中共中央关于全面深化改革若干重大问题的决定》（以下简称《决定》），以促进社会公平正义、增进人民福祉为出发点和落脚点，进一步解放思想、解放和发展社会生产力、解放和增强社会活力，坚决破除各方面体制机制弊端，努力开拓中国特色社会主义事业更加广阔的前景。《决定》以改革为主线，突出全面深化改革新举措，突出重要领域和关键环节，突出经济体制改革牵引作用，提出了全面深化改革的指导思想、目标任务、重大原则，描绘了全面深化改革的新蓝图、新愿景、新目标，汇集了全面深化改革的新思想、新论断、新举措①，为中国梦的实现提供了强大动力和有力保障。

在《决定》中，经济体制改革是这一次全面深化改革的重点，强调了我国的基本经济制度是公有制为主体、多种所有制经济共同发展，公有制经济和非公有制经济都是社会主义市场经济的重要组成部分。继续坚持两个"毫不动摇"，让一切劳动、知识、技术、管理、资本的活力相继迸发，持续激发公有制和非公有制市场主体的经济活力和创造力，让发展成果更多更公平地惠及全体人民。但是最核心的问题还是要处理好政府和市场的关系，着力解决市场体系不完善、政府干预过多和监管不到位问题，健全社会主义市场经济体制，促进市场在资源配置中起决定性作用，更好地发挥政府作用，不断优化营商环境，进而充分激发各类市场主体活力，促进国有企业、民营企业、外资企业的公平竞争和发展。

在经过多轮国企改革探索后，我国的国有企业改革取得了较大的进展和成就，运行质量和效益明显提升，现代企业制度基本建成，企业业务实现了扩张，出现了多元化经营浪潮。但国企在管理体制、运行机制和布局结构等方面还有许多不完善的地方，存在一些亟待解决的突出矛盾和问题，同时社会上也出现了"国进民退""国企与民企争利"等争论、偏见。自 2012 年

---

① 齐声：《审议通过〈中共中央关于全面深化改革若干重大问题的决定〉》，《光明日报》2019 年 11 月 30 日。

起，国企多年积累下来的问题开始集中爆发，如产能过剩、负债率高、亏损严重等，其中中国远洋、中国铝业、中国中冶就成为当时央企亏损典型，在2012年度亏损总计达到247.4亿元，几乎相当于当年355家创业板公司的全部净利。鉴于国企当前的发展状况，针对国企更深层次的改革刻不容缓，《决定》提出，国企要积极发展混合所有制，完善国有资产管理体制，从"管企业"转变为"管资本"，继续推动国有企业完善现代企业制度。这标志着国企改革步入"深水区"，改革将在监管、产权、经营等多个方面全面深化。2015年中共中央、国务院印发《关于深化国有企业改革的指导意见》，是新时期指导和推进我国国企改革的纲领性文件，共分8章30条，从改革的总体要求到分类推进国有企业改革、完善现代企业制度和国有资产管理体制、发展混合所有制经济、强化监督防止国有资产流失、加强和改进党对国有企业的领导、为国有企业改革创造良好环境条件等方面，全面提出了新时期国有企业改革的目标任务和重大举措，确定了国企改革目标主要是以产权改革为主，建立现代企业制度，完善公司法人治理结构和市场化经营机制，目的是实现由政府计划管控下的行政型治理向以市场机制为主的经济型治理转型，使国有企业真正成为独立的市场主体。同年11月中央财经领导小组第十一次会议提出了推进供给侧结构性改革，改变了国企的投资刺激方式，按照"三去一降一补①"的具体目标，侧重于去产能、去杠杆、企业重组等方面，如处理"僵尸企业"，清除钢铁、煤炭、水泥、平板玻璃、电解铝等行业的过剩产能等一系列具体举措。2016年国务院办公厅发布《关于推动中央企业结构调整与重组的指导意见》，"重组整合一批"就成为国企改革的又一个重头戏，而央企重组主要分为强强联合、专业化整合、内部整合、并购重组四种模式。按照"成熟一户、推进一户"的原则，南北车、宝钢与武钢、中国远洋与中国海运、中国国电与神华集团等18组34家企业的重组工作先后完成，中央企业由117户调整至98户，这一数字随着改革的推进还会进一步减少。战略性重组和专业化整合效果显著，如国电、神

---

① "三去一降一补"是指去产能、去库存、去杠杆、降成本、补短板。

华合并后成立的国家能源投资集团，在煤炭产销量、发电装机总容量、煤制油化工产量等领域位居全球第一，成为具有较强竞争力的综合性能源集团；而重组后的中国远洋海运，在综合运力、干散货船队、油轮船队和杂货特种船队规模上实现了"四个世界第一"，行业地位和话语权明显提升；国家电投在 2015 年完成重组，当年就实现利润总额 139.6 亿元，是两家企业（中电投、国核技术）原有目标业绩之和的 124%。在混合所有制改革方面，习近平总书记在党的十八届三中全会上指出，"要积极发展混合所有制经济，强调国有资本、集体资本、非公有资本等交叉持股、相互融合的混合所有制经济，是基本经济制度的重要实现形式，有利于国有资本放大功能、保值增值、提高竞争力。这是新形势下坚持公有制主体地位，增强国有经济活力、控制力、影响力的一个有效途径和必然选择"。这一重要论断首次将混合所有制经济提升到基本经济制度重要实现形式的高度。2015 年 9 月国务院发布《关于国有企业发展混合所有制经济的意见》，进一步明确指出，区分"已经混合"和"适宜混合"、商业类和公益类等不同类型，集团公司和子公司、中央企业和地方企业等不同层级，鼓励各类资本包括国有资本、非公有资本、集体资本、外资，通过各种方式参与发展混合所有制经济。根据同年 12 月国资委、财政部和发改委发布的《关于国有企业功能界定与分类的指导意见》，按照主营业务和核心业务范围，将国有企业分为商业类和公益类，要求商业类国有企业按照市场决定资源配置的原则来进行改革，强调其市场性；而公益类国有企业则更强调其社会性。2016 年末，中央经济工作会议提出"混合所有制改革是国企改革的重要突破口"，尤其要在电力、石油、天然气、铁路、民航、电信、军工等领域迈出实质性步伐。国企混改最开始是遴选企业开展试点工作，既有中央企业，也根据申请纳入了一部分地方国有企业作为试点，其中最早开展混改试点的央企包括中船集团、联通集团、东航集团、南方电网、哈电集团、中国核建等六家央企；作为重点领域混合所有制改革试点，中国联通打响了集团整体混改的"第一枪"，东航集团则发布了民航领域混改的"第一单"，国企混改节奏整体明显加快，82 家央企建立了外部董事占多数的董事会；市场化经营机制也在加快建立健全，经理层成员任期制和契约化管理积极推进、职业经理人制度扎实推行，统筹运用多种方式强化中长期激励。国企"瘦身健体"的改革成效明显，到2021年中央企业2041户"僵尸"特困企业已基本完成治理任务，安置富余人员约80万人；累计化解煤炭过剩产能1.14亿吨、钢铁过剩产能1644万吨；中央企业累计减少法人超过1.5万户，减少比例达28.4%，管理层级全部压缩至5级以内①。国资监管体系更加完善，加快从"管企业"向"管资本"转变，进一步突出"管资本"重点职能，构建业务监督、综合监督、责任追究三位一体的监督工作闭环。党的二十大报告指出，要深化国有企业改革，加快国有经济布局和结构调整，推动国有资本和国有企业做强做优做大，提升企业核心竞争力。经过一系列大刀阔斧的改革后，国有企业的实力、活力、动力显著增强。2023年全国国有及国有控股企业实现营业收入85.7万亿元，比2012年增加47.7万亿元，年均增长7.7%；实现利润总额4.6万亿元，比2012年增加3万亿元，年均增长10.1%。②

民营经济是最活跃的市场主体，天然地适合市场经济发展的要求，对市场信号反应最灵敏、运行机制最灵活、创造财富的冲动最强烈，是社会主义市场经济中建立健全市场机制的最大受益者和最有力的推动者。党的十八大以来，习近平总书记在多个场合阐述了我们党关于坚持和完善基本经济制度的理论观点和政策主张，强调公有制经济和非公有制经济都是社会主义市场经济的重要组成部分，都是我国经济社会发展的重要基础，强调"三个没有变"③政策。党的十八届五中全会强调要"鼓励民营企业依法进入更多领域，引入非国有资本参与国有企业改革，更好激发非公有制经济活力和创造力"。党的十九大把"两个毫不动摇"写入新时代坚持和发展中国特色社会

①　郝鹏：《深入实施国企改革三年行动 推动国资国企高质量发展》，《求是》2021年第2期。
②　朱晓航：《国企2023年成绩单"出炉"：营收85.7万亿元，利润同比增长7.4%》，中国经济网，2024年2月29日。
③　"三个没有变"是指非公有制经济在我国经济社会发展中的地位和作用没有变，鼓励、支持、引导非公有制经济发展的方针政策没有变，致力于为非公有制经济发展营造良好环境和提供更多机会的方针政策没有变。

主义的基本方略，作为党和国家一项大政方针进一步确定下来。这些都从宏观层面上为非公有制经济健康发展廓清了迷雾，极大地鼓舞了民营企业的创业创新热情。在全面深化改革过程中，我国相继推出了一系列扩大非公有制企业市场准入、平等发展的改革举措，并出台了一大批相关政策措施，如《中共中央　国务院关于营造更好发展环境支持民营企业改革发展的意见》，形成了鼓励、支持、引导非公有制经济发展的政策体系，让民营企业真正从政策中增强获得感，最大限度地释放社会、企业和个人的创造活力，为民营经济带来新一轮快速发展的机遇。

民营企业蓬勃发展，民营经济从小到大、由弱变强，在稳定增长、促进创新、增加就业、改善民生等方面发挥了重要作用，成为推动经济社会发展的重要力量。2018年11月1日，习近平总书记在民营企业座谈会上，用"56789"概括了民营经济在整个经济体系中的重要作用和地位，即民营经济贡献了50%以上的税收，60%以上的国内生产总值，70%以上的技术创新成果，80%以上的城镇劳动就业，90%以上的企业数量[1]。因此为促进民营经济健康有序发展、稳定民营市场主体发展预期和信心，优化制度环境刻不容缓。深化重点领域和关键环节改革，推进"放管服[2]"改革，不断优化营商环境，是激发市场主体，尤其是民营市场主体活力和发展动力的关键之举。商事制度是社会主义市场经济体系中的重要组成部分。我国的商事登记制度脱胎于计划经济体制，带有浓厚的计划经济色彩，随着我国经济发展步入新常态，由高速增长转向高质量发展，全面深化改革前的商事制度已经阻碍了市场经济的顺畅运行，限制了市场主体，尤其是民营市场主体发展的活力。于是党的十八届三中全会决定对商事制度进行改革，首先是对商事登记制度进行改革，最开始的举措是由注册资本实缴登记制改为注册资本认缴登记制，取消了原有的对公司注册资本、出资方式、出资额、出资时间等硬性规定，取消了经营范围的登记和审批，从"重审批轻监管"转变为"轻审

---

① 《习近平：在民营企业座谈会上的讲话》，新华社，2018年11月1日。

② 放管服是简政放权、放管结合、优化服务的简称。

批重监管"，这些举措极大地改善了企业登记环节高昂的设立成本、复杂的程序以及法律不确定性等问题，降低了市场准入门槛，也对企业理性投资、诚信经营提出了更高的要求，随着《注册资本登记制度改革方案》印发、《中华人民共和国公司法》修改等一系列重大改革举措的落地出台，我国商事制度改革的大幕就此拉开。自此，我国不断深化改革，包括推进住所（经营场所）登记改革、试点推进商事主体登记确认制改革、深化"证照分离"改革、探索企业股权转让"一件事"改革、提升开办企业便利化服务能力、深化"一网通"系统应用、拓宽电子化应用场景、优化电商登记服务、探索科技型企业"同股不同权"、加强事中事后监管、简易注销等。2015 年 5 月 12 日，国务院召开全国推进简政放权放管结合职能转变工作电视电话会议，首次提出了"放管服"改革的概念。通过精简办事环节、简化办事材料、压缩办事时限、深化"互联网+政务服务""最多跑一次"、推进"一网通办""一窗通办"、全面推行"综合窗口"服务等改革，全面减轻企业经济负担、减免企业办事证明材料、建立企业内部安全随访制，进一步方便企业群众办事创业。2020 年 1 月 1 日《优化营商环境条例》施行，填补了我国在优化营商环境方面的立法空白；2022 年 3 月 1 日《中华人民共和国市场主体登记管理条例》施行，这是我国制定出台的第一部统一规范各类市场主体登记管理的行政法规，对各单行法律法规中关于市场主体登记管理的相关制度进行了优化和统一。同时我国持续优化法治环境，让民营企业更有安全感，2019 年 12 月 4 日《中共中央　国务院关于营造更好发展环境支持民营企业改革发展的意见》发布，指出要保护民营企业和企业家合法财产，严格按照法定程序采取查封、扣押、冻结等措施，依法严格区分违法所得、其他涉案财产与合法财产，严格区分企业法人财产与股东个人财产，严格区分涉案人员个人财产与家庭成员财产等，依法保障民营企业合法权益。同时放宽民营资本投资领域，坚持权利平等、机会平等、规则平等，鼓励有条件的民营企业建立现代企业制度，鼓励民营企业参与国有企业改革，鼓励发展非公有制资本控股的混合所有制企业；允许具备条件的民间资本依法发起设立中小型银行等金融机构；允许社会资本通过特许经营等方式参与城市基础设施投资和运营；允许企业和社会组织在农村兴办各类事业等，提振了民营企业家的信心，为非公有制经济的进一步发展开辟了广阔空间。随着改革的纵深推进，我国的市场准入更加便捷，市场监管机制不断完善，市场主体繁荣发展，民营经济的营商环境得到大幅改善，改革取得显著成效，我国全球营商便利度排名大幅提升，由 2013 年的第 91 位上升到 2020 年第 31 位。

但同时社会上仍然流传一些否定、怀疑民营经济的言论。比如，"民营经济离场论"认为民营经济已经完成使命，可以退出历史舞台了；"新公私合营论"把当前的混合所有制改革曲解为新一轮的"公私合营"；有的人还说加强企业党建和工会工作就是要对民营企业进行控制，甚至个别言论直接提出要"消灭私营经济"等。这些说法是完全错误的，完全不符合党和国家的大政方针。民营企业在经营发展中确实遇到过不少困难和问题。有些是企业自身的原因，比如说一部分民营企业经营比较粗放，热衷于铺摊子、上规模，负债过高，在环保、社保、质量、安全、信用等方面存在不规范、不稳健甚至不合规合法的问题，在加强监管执法的背景下就必然会面临很大压力；还有一些是在实际工作和政策实施中，一些行政部门对民营经济和非公有制经济区别对待，不能一视同仁，体制性政策性分割现象较为明显，比如说中小企业融资难、民营企业实际经营中容易被大企业拖欠账款等。面对民营企业发展中的困难和问题，我国不断优化民营企业发展环境，针对一些重点难点问题，集中攻关，如在融资方面完善民营企业直接融资支持体系，鼓励有条件的地方政府设立中小民营企业风险补偿基金，支持发展主要服务中小民营企业的民营银行、社区银行；将政府部门及时支付民营企业、中小企业账款工作纳入地方绩效考核和营商环境评价体系等。2012~2023 年，我国民营企业从 1086 万户增加到 5300 万户[1]，数量实现了翻两番增长，民营企业在企业总量中的占比由 79% 提高到 92%[2]，民营经济在稳定增长、促进创新、增加就业、改善民生等方面发挥了越来越重要的作用，成为推动经济

---

① 曾诗阳：《保持增强民营经济发展良好势头》，《经济日报》2024 年 6 月 21 日。

② 郑备：《国务院关于促进民营经济发展情况的报告——2024 年 6 月 25 日在第十四届全国人民代表常务委员会第十次会议上》，中国人大网，2024 年 6 月 27 日。

社会发展的重要力量。

利用外资一直是我国对外开放基本国策和开放型经济体制的重要组成部分，外商直接投资以其承载的资本、技术、人才、信息、管理经验、国内外市场和资源等综合性竞争要素，不仅成为中国经济增长的重要引擎之一，同时带动了国内的科技进步和管理水平的整体提高，加速了开放型经济的形成与发展，推进了经济体制改革的深入和经济结构优化及产业升级。外资企业以占市场主体2%的比重，带动了约4000万人的就业，占全国城镇就业人口的1/10，贡献了我国1/6的税收、2/5的进出口[①]，这充分说明外资企业是我国全面建成小康社会的重要参与者、见证者和贡献者。当前，我国经济已深度融入世界，继续推进高水平对外开放是基于自身发展需要的必然选择。"开着门，世界能够进入中国，中国也才能走向世界""在开放中合作、以合作求共赢"，习近平总书记在不同场合多次强调扩大开放的重大意义，并在2018年博鳌亚洲论坛上发表题为《开放共创繁荣 创新引领未来》的主旨演讲，宣布了大幅度放宽市场准入、创造更有吸引力的投资环境、加强知识产权保护以及主动扩大进口等几项具有标志意义的重大开放举措，提出中国奉行互利共赢的开放战略。这标志着中国已从"审慎开放、渐进开放"逐步转向"扩大开放、主动开放"，体现了我国推进新一轮更大力度改革开放的决心和意志。在吸收外资方面，党的十八大以来，我国着力深化外资管理体制改革，不断放宽外资准入，扩大开放领域，营造亲商富商安商的营商环境，打造吸收外资的主阵地、改革开放的新高地。2015年5月5日，《中共中央 国务院关于构建开放型经济新体制的若干意见》发布，强调了"对外开放是我国的基本国策"，要进一步破除体制机制障碍，加快构建开放型经济新体制；2016年10月8日，《外商投资企业设立及变更备案管理暂行办法》发布实施，是对我国外商投资管理体制的一次重大变革，对于不涉及准入特别管理措施的外资企业，其设立及变更的事项由审批改为备案管理，改变了实行30多年的"逐案审批制"；2017年1月，《国务院关于扩大对外

---

① 王俊岭：《外资企业带动约4000万人就业》，《人民日报》（海外版）2021年8月24日。

开放积极利用外资若干措施的通知》发布，提出积极利用外资，营造优良营商环境，继续深化简政放权、放管结合、优化服务改革，降低制度性交易成本，实现互利共赢；同年 8 月《国务院关于促进外资增长若干措施的通知》发布，提出要进一步提升我国外商投资环境法治化、国际化、便利化水平，提高利用外资质量，为进一步促进外国（地区）投资企业发展奠定基础。同时我国在 2018 年中央经济工作会议上明确要求全面实施准入前国民待遇加负面清单制度，保护外商在华合法权益特别是知识产权，允许更多领域施行独资经营。自 2017 年起《外商投资准入特别管理措施（负面清单）》定期进行修订，负面清单条款逐年缩减，2021 年的全国外资准入负面清单缩减至 31 条，压缩比例为 6.1%；在 2023 年第三届"一带一路"国际合作高峰论坛开幕式上，我国宣布全面取消制造业领域外资准入限制措施，进一步扩大开放领域。2020 年 1 月 1 日实施的《中华人民共和国外商投资法》对"准入前国民待遇加负面清单管理制度"赋予法治保障，从法律层面进一步确保了外商来华投资的权利义务，推动我国外资准入更加自由、投资活动更加便利。同时，我国一直在探索自由贸易试验区①制度，自 2013 年 9 月 29 日中国（上海）自由贸易试验区正式挂牌成立开始，我国已经先后批准设立 22 家自贸试验区，自贸试验区的建设布局逐步完善，形成了覆盖东西南北中的改革开放创新格局，在投资贸易自由化便利化、金融服务实体经济、政府职能转变等领域进行了大胆探索，各自贸试验区复制推广了大量制度创新成果，并不断推行准入前国民待遇加负面清单管理模式，负面清单不断"瘦身"，2021 年自贸试验区的外资准入负面清单进一步缩减至 27 条，较上年压缩了 10%，极大地激发了外商投资企业在中国投资的积极性，自贸试验区也成为外商投资"热土"。2022 年 21 家②自贸试验区实际使用外资 2225.2 亿元，实现进出口总额 7.5 万亿元，用不到 4‰的国土面积实

---

① 自由贸易试验区（Free Trade Zone，FTZ）是指在贸易和投资等方面比世贸组织有关规定更加优惠的贸易安排，在主权国家或地区的关境以外，划出特定的区域，准许外国商品豁免关税自由进出。

② 不包含新疆自贸试验区。

现了占全国 18.1% 的外商投资和 17.8% 的进出口额①。除此之外，我国支持海南全岛建设自由贸易试验区，并探索建立海南自由贸易港②，先后印发了《海南自由贸易港建设总体方案》《海南自由贸易港鼓励类产业目录（2024年本）》《海南自由贸易港外商投资准入特别管理措施（负面清单）（2020 年版）》《海南自由贸易港自用生产设备"零关税"政策海关实施办法（试行）》等制度政策，并于 2021 年 6 月 10 日颁布施行《中华人民共和国海南自由贸易港法》，从国家层面单独为一个地区立法，这在我国还是比较少见的，充分说明了海南自由贸易港的特殊性和重要性，赋予海南更大的改革开放自主权，围绕贸易投资自由化便利化推进开放发展，为外商提供稳定的、可预期的、透明的法治化营商环境，为外商投资海南提供法律保障。但同时，随着我国经济发展的转型、对外资结构的优化调整，围绕外资在华的"环境恶化论"，如劳动力成本攀升、失去"超国民待遇"、监管环境恶化等负面声音始终存在，这些言论认为中国已经开始排挤外资。实际上自 2008 年金融危机后，美欧等西方国家为扭转国际投资流向，为本国的"再平衡"和"再工业化"争取时间，借贸易摩擦、新冠疫情等理由打出了"制造业回归"等旗号，进一步来遏制我国产业结构的调整。面对这些荒诞言论，我国不断改善投资环境，加快转变政府职能，促进投资便利化，营造公平的市场环境，同时，引导外资企业了解中国的投资政策，适应投资环境的变化。2023 年我国新设外商投资企业 5.4万户，同比增长 39.7%，高于同期新设企业总体增速 24.1 个百分点；实际利用外资超过 1.1 万亿元人民币，处于历史第三高，利用外资结构持续优化，其中高技术产业引资占比为 37.4%，较上年提高 1.3 个百分点；制

① 《国新办举行 2022 年商务工作及运行情况新闻发布会》，中华人民共和国国务院新闻办公室网站，2023 年 2 月 2 日。

② 自由贸易港是指设在国家与地区境内、海关管理关卡之外的，允许境外货物、资金自由进出的港口区。对进出港区的全部或大部分货物免征关税，并且准许在自由港内，开展货物自由储存、展览、拆散、改装、重新包装、整理、加工和制造等业务活动。

造业领域引资占比达 27.9%，提升 1.6 个百分点①，外商投资的重点逐步从劳动密集型行业转向高技术领域，充分显示出我国营商环境持续改善和超大规模市场的极强吸引力。

总体来说，进入高质量发展阶段，面临新形势新任务，我国闯急流、涉险滩、破藩篱，从群众最期盼的领域改起，从制约经济社会发展最突出的问题改起，围绕处理好政府和市场关系整体推进、重点突破，扎实推动供给侧结构性、财税金融、混合所有制、"放管服"等领域改革，不断完善优化营商环境，宣扬企业家精神，加大对企业家，尤其是民营企业家的产权保护，激发发展动力和创新活力。我国在新冠疫情的冲击下，在全球经济形势复杂多变的局势下，实现了第一个百年奋斗目标，小康社会已于2020 年底全面建成、完成了近 1 亿人的脱贫攻坚任务，经济总量在 2020年突破 100 万亿元大关，20 年的时间经济总量规模扩大了 10 倍，成就举世瞩目，综合国力不断增强。在这一阶段，我国各级政府部门聚焦为各类市场主体发展提供必要的制度供给，打造良好的公平公开公正的市场竞争环境，同时加强对各类市场主体经营行为的监管，并将与生产经营有关的具体决策权交还给市场主体，让市场主体，尤其是企业真正成为自主经营、自负盈亏、自我发展、自我约束的"四自"主体，激发微观主体活力。尤其是自商事制度改革以来，我国各类市场主体的创新创业热情加倍释放，数量不断增加，按照类型主要还是分为国有企业（包括其控股企业）、集体企业、私营企业、个体工商户、外商投资企业、农民专业合作社等，所涉及的行业分类参照《国民经济行业分类》（GB/T 4754-2017），包括农、林、牧、渔业，采矿业，制造业，电力、热力、燃气及水生产和供应业，建筑业，批发和零售业，交通运输、仓储和邮政业，住宿和餐饮业，信息传输、软件和信息技术服务业，金融业，房地产业，租赁和商务服务业，科学研究和技术服务业，水利、环境和公共设施管理业，居民服

---

① 黄玉玲：《国家发展改革委：2023 年中国实际利用外资超过 1.1 万亿元人民币 处于历史第三高》，央广网，2024 年 3 月 20 日。

务、修理和其他服务业，教育，卫生和社会工作，文化、体育和娱乐业等。同时，新产业、新业态、新商业模式不断涌现，原有的传统分类方法不能完全适应新的需求，国家统计局对部分领域制定了更为专业、细分的产业分类办法，如《新产业新业态新商业模式统计分类（2018）》《战略性新兴产业分类（2018）》《生产性服务业统计分类（2019）》《生活性服务业统计分类（2019）》《数字经济及其核心产业统计分类（2021）》等，但是在各级部门进行统计、计划、财政、税收、市场监管等国家宏观管理活动以及政务信息公开时，大部分还是按照《国民经济行业分类》标准进行分类。

这一时期，全球正在发生深刻复杂的变化，世界多极化、经济全球化深入发展，文化多样化、社会信息化持续推进，科技革命孕育新突破，各国相互依存达到前所未有的程度，新兴市场国家和发展中国家整体实力增强。同时，世界正经历百年未有之大变局。数字生产力革命正以前所未有的速度、广度和宽度，推动世界范围内的社会生产方式向数字化转型，对整个经济体系产生渗透；国际金融危机的影响还未消除，自 2008 年经济危机后，全球经济就一直在曲折中复苏，但是复苏之路仍然较漫长、不平衡且充满不确定性；霸权主义、强权政治和新干涉主义等有所上升，尤其是美国等一些国家保护主义升温，国际经贸合作受阻、产业链受到干扰，叠加新冠疫情影响因素，使得强调成本效益的供应链"紧平衡"被打破，部分环节"断链"，导致国际产业链供应链布局开始深刻调整，给世界经济增长带来不稳定不确定因素。从国内看，党的十八大以来，我国经济处于速度换挡、结构调整、动力转换"三期叠加"和深层次矛盾凸显阶段，面临结构调整压力、资源环境约束压力、支撑增长的需求乏力等因素，潜在增长速度下降。面对经济社会发展中的矛盾和问题，党的十八届三中全会提出全面深化改革，从之前的以经济体制改革为主到全面深化经济、政治、文化、社会、生态文明体制和党的建设制度改革，并把经济体制改革作为全面深化改革的重头，对其他领域改革具有牵引作用，表明了在新时代将改革开放进行到底的坚定决心。经济发展进入新常态后，在外部环境更趋复杂严峻和不确定的背景下，发展面临需求收缩、供给冲击、预期转弱三重压力，我国沉着应对百年变局和世纪疫情，全面贯彻"创新、协调、绿色、开放、共享"的新发展理念，构建以国内大循环为主体、国内国际双循环相互促进的新发展格局，改革开放向纵深推进，解决各类"卡脖子"和瓶颈问题，打通堵点，畅通国民经济循环，国内市场潜力不断释放，科技创新能力持续增强，产业链韧性得到提升，新产业新业态新商业模式不断涌现，数字经济与实体经济融合加速，驱动产业结构向中高端迈进，推动经济发展质量变革、效率变革、动力变革。在这一阶段，我国已经成功完成了"十二五"规划（2011~2015 年）的后半段、"十三五"规划（2016~2020 年），正在实施"十四五"规划（2021~2025 年），经济社会发展基本面长期趋好，社会主义市场经济体制机制不断完善，在圆满完成全面建成小康社会和脱贫攻坚任务后，开启向第二个百年奋斗目标进军的新征程，经济社会不断向高质量发展迈进。我国国内生产总值从 2013 年的 59.3 万亿元增长到 2023 年的 126.1 万亿元，年均增长 7.8%，10 年时间翻了一番；人均国内生产总值从 2013 年的 43497 元增长到 2023 年的 89358 元，年均增长 7.5%；财政收入从 2013 年的 12.9 万亿元增长到 2023 年的 21.7 万亿元，年均增长 5.3%；社会消费品零售总额从 2013 年的 23.2 万亿元增加到 2023 年的 47.1 万亿元，年均增长 7.3%；货物进出口额从 2013 年的 25.8 万亿元增长至 2023 年的 41.8 万亿元，年均增长 4.9%；能源消费总量从 2013 年的 41.7 亿吨标准煤增加到 2023 年的 57.2 亿吨标准煤，年均增长 3.2%；货运量从 2013 年的 409.9 亿吨增加到 2023 年的 556.8 亿吨，年均增长 3.1%（见表 5）。

表 5 2013~2023 年我国部分经济发展指标

指标	2013 年	2015 年	2018 年	2020 年	2023 年
国内生产总值（亿元）	592963.2	688858.2	919281.1	1015986.2	1260582.1
人均国内生产总值（元）	43497	49922	65534	71828	89358

续表

指标	2013 年	2015 年	2018 年	2020 年	2023 年
第一产业增加值（亿元）	53208.1	57774.6	64745.2	77754.1	89755.2
第二产业增加值（亿元）	261951.6	281338.9	364835.2	384255.3	482588.5
第三产业增加值（亿元）	277983.5	349744.7	489700.8	553976.8	688238.4
工业企业单位数（个）	352546	383148	374964	399375	482000
国有控股工业企业数量（个）	18574	19273	19250	22072	—
私营工业企业数量（个）	208409	216506	235424	286430	—
外商及港澳台投资工业企业数量（个）	57368	52758	44624	43026	—
财政收入（亿元）	129209.64	152269.23	183359.84	182913.88	216784
财政支出（亿元）	140212.1	175877.77	220904.13	245679.03	274574
就业人员（万人）	76977	77451	78653	78392	74041
社会消费品零售总额（亿元）	232252.6	286587.8	377783.1	391980.6	471495
货物进出口额（亿元）	258168.89	245502.93	305008.1	322215.2	417568
居民消费价格指数（%）	2.6	1.4	2.1	2.5	0.2
能源消费总量（万吨标准煤）	416913	434113	471925	498000	572000
货运量（亿吨）	409.9	417.6	515.3	473.0	556.8

资料来源：中国统计年鉴、国家统计局网站。

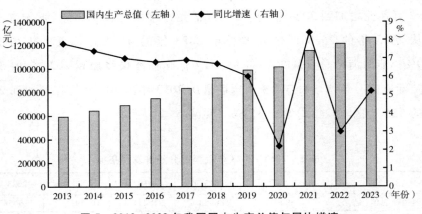

图 5 2013~2023 年我国国内生产总值与同比增速

第三章
我国市场主体商事制度改革进程分析

营商环境是企业、个体工商户等市场主体在市场经济活动中所涉及的体制机制性因素和条件，其优劣直接影响市场主体的兴衰、生产要素的聚散、发展动力的强弱。经济社会发展的动力，源于市场主体的活力和社会创造力，很大程度上取决于营商环境。因此了解我国营商环境的优化改善历程是非常必要的，但由于营商环境涵盖面广、内容庞杂，不易梳理总结，而市场主体登记管理制度是我国商事制度的重要组成部分，其发展进程是我国营商环境改善行动的一个缩影，同时也是商事制度改革和"放管服"改革的"最前沿战场"，因此本章通过梳理分析我国市场主体登记管理制度的历史变迁来了解我国商事制度改革、营商环境优化改善的进程。

第一节　我国市场主体登记管理制度的历史沿革

市场主体登记管理制度[①]是我国经济制度的重要组成部分，也是市场主体产生、存续、退出市场以及从事市场经济活动的基础。市场主体登记管理制度的形成和发展，决定于经济社会发展水平和国家基本经济制度，并随着社会发展而不断地创新发展。

我国的市场主体登记管理制度在社会主义过渡时期、社会主义建设时期、改革开放初期、社会主义市场经济体制建立和完善期、高质量发展跨越

---

① 市场主体登记管理制度也称商事登记管理制度。

期等历史发展阶段均发挥了重要作用，在保护消费者权益、促进市场公平竞争、规范市场秩序等方面起到了不可替代的作用，不仅成为我国经济社会不断完善发展的见证，更为激发市场主体活力、促进就业创业和高质量发展作出了突出贡献。

一 社会主义过渡时期（1949~1956年）

新中国成立初期，为使工商业重新焕发活力，中央人民政府成立了中央私营企业局，其职责主要是制定私营企业政策、管理和规范私营工商业经营活动。

1949~1952年是国民经济恢复时期。这一时期，市场主体登记管理工作主要围绕没收官僚资本、清查敌伪财产、扶持指导企业生产经营活动、重新登记发证、协调公私关系、严格规范经营范围、稳定市场物价等方面展开。其中，突出开展以下几项工作：一是通过强化企业登记管理，规范市场、稳定主业；二是加强对商品贩运者的管理，严厉打击就地套购、转手倒卖的不法行为；三是加强对从事居间活动的登记管理；四是严格控制物价波动；五是取缔有不法经营行为企业的经营资格。

1953~1956年是社会主义改造时期。这一时期，工商行政管理部门积极开展对市场的管理工作，参与对资本主义工商业和个体工商业的社会主义改造。具体到登记管理方面，采取了以下措施：一是对在流通领域中从事粮、棉、油、布等重要行业经营活动的私营企业，停止办理开业登记；二是对其他一些私营工商业和在整顿中不合格的企业，在登记机关的指导下，进行了关、迁、并、转整改；三是落实第一个五年计划目标，充分激发私营企业的生产积极性；四是基本完成了全国各行业公私合营工作。

二 社会主义建设时期（1957~1977年）

经过社会主义改造后，我国国营企业的比重非常高，私营工商业所占比重很小，也不允许再重新登记，工商企业登记工作实际已被取消，也就是说我国不再发展新的私营市场主体。直到党的八届九中全会（1961年）提出

"调整、巩固、充实、提高"八字方针后，才又开始加强工商企业登记工作。1962 年 12 月 30 日国务院颁布《工商企业登记管理试行办法》，明确了企业登记主管机关就是中央和地方的各级工商行政管理总局。

1957～1966 年是社会主义建设探索时期。这一时期，工商行政管理部门在企业登记管理方面主要采取以下措施：一是取缔非法经营，处理了一批违法企业；二是清理了一批无照经营户，同时在审查中发现确有必要保留的经营户，指导其依法补办登记手续；三是为经常性的企业登记管理工作打下基础。不少地方在全面清查完成后建立了企业登记档案，催办和补办了一批企业的变更登记，还开展了定期抽查验证工作。

1967～1977 年，这一阶段我国经济发展依然是以公有制为主，私营经济、外资经济几乎不存在，而中央工商行政管理局的登记管理工作主要是针对私营企业，公有制企业不用在工商行政管理局登记，实质上的企业登记管理工作变得可有可无，1969 年中央和地方各级工商行政管理机构相继被撤并，1970 年中央工商行政管理局并入成立的商业部中，不再单独存在。这十年，工商企业登记管理工作处于停顿状态。主要表现为：一是工商行政管理部门停止办理各类市场主体登记手续，登记管理被视为"管、卡、压"遭到冲击，办厂办店无须政府主管部门批准；二是工商行政管理部门正常的登记管理职能无法履行。[①]

三　改革开放初期（1978～1991年）

党的十一届三中全会的召开，实现了历史性转折，我国经济社会发展重新步入正轨。认识到市场主体登记管理的重要性和必要性、是国家对市场主体进行监督管理的一项重要手段后，1978 年 9 月，国务院发出《关于成立工商行政管理总局的通知》，中央工商行政管理局重新恢复，并改称为工商行政管理总局，逐步恢复了中断多年的登记注册工作，企业登记管理作为工商行政管理的基本职能得以确定，并将公有制企业和外资企业也纳入登记管

---

① 叶尤刚、韩陆晋：《我国市场主体登记管理制度历史沿革》，《中国工商报》2014 年 3 月 1 日。

理工作中，至此我国各类经营性市场主体的登记管理均被纳入工商行政管理工作中，实现了历史重大突破，也进一步规范了我国的市场主体准入管理工作。市场主体登记管理工作从逐步恢复到全面确立，为我国经济发展起到了基础性作用。

在公有制企业登记管理方面，1979 年 6 月，工商行政管理总局会同有关部门联合发出《关于特种行业企业进行登记管理的通知》，这是工商管理部门恢复建立以来第一次参与制定发布有关企业登记管理工作的部门规章，也是第一次就某些行业开展登记管理制定部门规章。以此为标志，企业登记管理工作进入法治化、规范化建设的轨道。同年 12 月 26 日，工商行政管理总局会同有关部门联合发出通知，要求对全民所有制和集体所有制工业企业进行一次全面登记。1982 年 8 月，国务院颁布了《工商企业登记管理条例》，这是新中国成立以来第一个比较完善和系统的针对企业登记管理工作而制定的行政法规，也是我国专项经济立法中的一件大事。1984 年，《中共中央关于经济体制改革的决定》提出："要使企业真正成为相对独立的经济实体，成为自主经营、自负盈亏的社会主义商品生产者和经营者，具有自我改造和自我发展的能力，成为具有一定权利和义务的法人"。为在全国经济领域建立企业法人制度，国务院于 1988 年颁布了《中华人民共和国企业法人登记管理条例》，第一次明确了企业法人的条件、登记事项、开业、变更、注销、公告、年检、证照管理、监督处罚等重要事项。各级登记管理机关根据《中华人民共和国企业法人登记管理条例》的规定，开始对符合条件、具有法人资格的企业进行登记和换发企业法人营业执照，企业法人登记管理为在全国建立企业法人制度奠定了基础。1991 年 7 月 22 日，国家工商行政管理局①发布了《企业名称登记管理规定》，这是企业法人登记由综合性管理向事由性管理过渡的一次飞跃。

在改革开放初期，我国民营经济市场主体主要是指个体工商户和私营企业。在民营经济市场主体登记管理方面，个体工商户的登记管理制度是自

---

① 1982 年 8 月国家行政机构改革后，工商行政管理总局调整为国家工商行政管理局。

1987 年发布的《城乡个体工商户管理暂行条例》开始建设；私营企业的登记管理制度建设主要依据 1988 年发布的《中华人民共和国私营企业暂行条例》，同年底国家工商行政管理局开始对私营企业进行注册登记。

我国施行改革开放政策后，通向世界的大门逐步打开，在这一时期，外商投资企业从零开始发展。在外资企业登记管理方面，1979 年 7 月 1 日，我国颁布《中华人民共和国中外合资经营企业法》，首次将外商投资企业的设立程序、组织原则等用法律的方式加以明确，标志着中国向世界敞开怀抱。随后又陆续出台了一系列相关法律法规，如《中华人民共和国中外合资经营企业登记管理办法》《中华人民共和国中外合资经营企业法实施条例》《中华人民共和国外资企业法》《中华人民共和国中外合作经营企业法》《中华人民共和国外资企业法实施细则》等。这些法律法规的制定颁布，让外资企业的设立和登记管理有了比较完备的法律体系依据，逐步做到有法可依、依法管理。

这一阶段，我国各类经营性市场主体的登记工作全部被纳入国家以及地方工商行政管理局，实现了历史重大突破，也进一步规范了我国市场主体准入管理工作。至此，我国各类经营性市场主体的登记管理工作逐渐形成了与我国经济体制转轨时期相适应并以所有制为主要标准的法规体系。

四　社会主义市场经济体制建立和完善期（1992~2012年）

这一时期，我国市场主体登记管理工作的重点逐步转移到对市场主体资格依法确认，规范、监督管理市场主体行为的轨道上，各类市场主体的登记制度逐步建立，为市场主体登记管理工作打下良好的制度基础。

1992 年 11 月，为加快改革开放、进一步改进企业登记管理工作，国家工商行政管理局发布《关于改进企业登记管理工作促进改革开放和经济发展的若干意见》，拉开了市场主体登记管理工作改革的序幕。1993 年，随着改革开放的不断深化，党的十四届三中全会审议通过的《中共中央关于建立社会主义市场经济体制若干问题的决定》提出："以公有制为主体的现代企业制度是社会主义市场经济体制的基础""建立现代企业制度是发展社会化大生产和市场经济的必然要求""国有企业实行公司制是建立现代企业制度的有益探索"。我国首先针对国有企业、私营企业等企业类市场主体的登记管理事宜进行了一系列改革，改革举措主要涉及登记条件、登记事项、登记程序、审批制度等方面，尤其是对企业登记注册增加了前置审批①制度，这是此次企业类市场主体登记管理工作改革的重点。随着 1993 年底《中华人民共和国公司法》的颁布、1994 年《中华人民共和国公司登记管理条例》的发布，以及《企业名称登记管理规定》《企业法人法定代表人登记管理规定》《企业登记代理机构管理暂行办法》等规章制度的陆续出台，与企业登记管理相关的制度和法规体系进一步得到完善和补充。

进入 2000 年以后，社会主义市场经济体制加快建设，我国进一步对各类市场主体的登记管理制度法规进行补充完善。为加强对企业登记公告工作的管理，2000 年 3 月国家工商行政管理局印发《关于企业登记公告有关问题的通知》；为增强中小企业信用意识，加强中小企业信用管理工作，2001年 4 月国家经贸委、国家工商行政管理总局②等 10 部门联合印发《关于加强中小企业信用管理工作的若干意见》；为进一步加强对企业登记材料的审查，进一步明确企业登记审核责任制，2001 年 10 月国家工商行政管理总局出台《关于加强企业登记审查工作的通知》；为建立完善企业信用分类监管制度，2003 年 10 月国家工商行政管理总局印发《关于对企业实行信用分类监管的意见》；为进一步完善企业类市场主体的相关登记管理制度，国家工商行政管理总局先后出台《企业登记程序规定》《企业名称登记管理实施办法》《公司注册资本登记管理规定》《企业经营范围登记管理规定》等规章；为规范对个体工商户登记管理行为，进一步促进个体经济发展，2005 年 2月国家工商行政管理总局印发《个体工商户分层分类登记管理办法》；为加强对企业的监督管理，维护市场经济秩序，2006 年 2 月，国家工商行政管理总局重新修改制定《企业年度检验办法》③；2007 年 7 月国家工商行政管

---

① 前置审批是指在办理营业执照前需要审批的项目，即在核对公司名称后，需要到相关部门进行审批，审批通过后再办理工商营业执照。

② 2001 年 4 月国家行政机构改革后，国家工商行政管理局调整为国家工商行政管理总局。

③ 1996 年 12 月国家工商行政管理局发布《企业年度检验办法》。

理总局发布《关于改进和加强企业登记管理工作的意见》，提出 20 条改进和加强企业登记管理的具体措施。

在外资企业登记管理改革方面，我国逐步填补外资企业相关登记管理制度的多项空白，为外资企业登记管理工作的开展打下扎实基础。1993 年 5 月国家工商行政管理局先后下发《外商投资企业授权登记管理办法》《关于外商投资企业名称登记管理有关问题的通知》，1994 年 11 月国家工商行政管理局联合对外贸易经济合作部印发《关于进一步加强外商投资企业审批和登记管理有关问题的通知》，简化外商投资企业登记程序中不必要的前置手续，将外商投资企业的登记权限下放到地方，进一步规范了外商投资企业的登记注册工作；为在实践上统一各级登记管理机关在外商投资企业登记管理工作上的操作程序，1995 年 7 月国家工商行政管理局印发《关于外商投资企业登记管理适用公司登记管理法规有关问题的执行意见》，同年 9 月对外贸易经济合作部发布《中华人民共和国中外合作经营企业法实施细则》；1997~2001 年，国家工商行政管理局与对外贸易经济合作部先后联合发布《外商投资企业投资者股权变更的若干规定》《关于外商投资企业境内投资的暂行规定》《关于外商投资企业合并与分立的规定》，2002 年 12 月国家工商行政管理总局出台《外商投资企业授权登记管理办法》，次年又出台《关于进一步做好外商投资企业授权登记管理工作的通知》，为外资企业的设立发展提供了有力的保证；2006 年，国家工商行政管理总局与商务部、海关总署、外汇管理局联合发布《关于外商投资的公司审批登记管理法律适用若干问题的执行意见》，2010 年以后国家工商行政管理总局相继发布《外商投资合伙企业登记管理规定》《关于充分发挥工商行政管理职能作用进一步做好服务外商投资企业发展工作的若干意见》等。

这一阶段，我国逐步确立并完善了市场主体登记管理制度，并将"严把市场准入关"作为市场主体登记管理的第一环节，把好市场主体准入关和强化市场监管成为我国市场主体登记管理工作的重要内容。同时我国各类市场主体的登记管理制度法规不断完善，依法管理和规范管理工作不断得到强化。

五 高质量发展跨越期（2013年至今）

改革开放以来，我国的商事制度在计划经济时代和由计划经济向市场经济转变的过程中，赋予了登记注册把关的功能越来越多，逐步形成了以实收资本制、审批制与准则制并存、年检为主要特点的商事制度。随着社会主义市场经济体制的建立和完善，面对经济全球化进程的加快和信息技术的迅猛发展，我国当时的商事制度已经不太适应经济社会发展的需求，特别是政府与市场的关系还没有理顺，对微观市场主体的行政干预较多，比如前置审批多、登记难度大，从市场主体的登记设立到投资发展，需要经过多个政府部门的大量行政审批，烦琐的审批许可已经成为我国经济社会发展的一大障碍，抑制了市场机制的有效发挥，阻碍了微观市场主体的发展。从国际趋势看，随着全球化的深入发展，发挥市场力量、减少政府干预、打造更为宽松便利的营商环境，已经成为世界潮流。相较而言，我国的市场主体管理体制机制还有待进一步改进和完善。商事制度是规范市场主体和商事活动的法律规章和政策总和，是对市场主体准入、交易和退出等市场活动的制度和政策规定，是社会主义市场经济体系的重要组成部分。但我国的商事制度脱胎于计划经济体制，带有浓厚的计划经济色彩，阻碍了当时市场经济的顺畅运行，因此开展商事制度改革势在必行。

推进商事制度改革是按照发展市场经济的需要，以改革工商登记为切入点，通过工商系统的自我革命、主动放权，带动相关部门审批制的改革，减少行政审批，转变政府职能，降低市场主体准入门槛，还权于企业、还权于市场，激发全社会的创造力和市场经济的内在活力，为公平竞争搭好舞台，为经济发展提供有力支撑。在开展全国范围内的商事制度改革之前，我国已经发现和认识到当时施行的市场主体登记管理制度存在的不足和问题，但提出一项重大改革不是一蹴而就的，首先要从基层探索商事制度改革做起，不断积累探索的经验，最后形成系统性的改革举措，在全国进行推广。2006年以来，国家工商行政管理总局先后制定出台了多个支持地方经济发展的政策意见，鼓励地方政府进行商事制度改革探索。2009 年广东省工商局率先在佛山市顺德区、东莞市启动商事登记制度改革试点，随后 2012 年 3 月扩大到深圳、珠海等地，从改革试点的绩效评估看，2013 年深圳、珠海、东莞、顺德四个试点地区，新设市场主体增幅分别达到 129.4%、53.0%、21.5% 和 17.8%，高于同期广东省其他地区 10.1% 的平均增幅①，这说明商事制度改革有效释放了市场主体的活力。同一时期，北京、天津、浙江、重庆等地区也在积极推动传统登记方式改革，推进工商注册制度便利化，在提高市场主体登记注册效率方面进行了大胆尝试，为推行商事制度改革提供了有益经验、打下了良好的基础。

2013 年党的十八届二中全会提出"改革工商登记制度"，正式拉开了我国商事制度改革的序幕。同年党的十八届三中全会决定对商事登记制度进行改革，改革的具体内容包括：注册资本由实缴登记制改为注册资本认缴登记制；取消原有对公司注册资本、出资方式、出资额、出资时间等硬性规定；取消了经营范围的登记和审批；从以往的"重审批轻监管"转变为"轻审批重监管"等方面。随后几年，商事制度改革逐步深入，涉及范围不断扩大：改"先证后照"为"先照后证"；"多证合一"；个体工商户"两证整合"；"一照一码"；改企业年检制为年报公示制；改市场巡查为随机抽查；简化市场主体住所（经营场所）登记手续；推行电子营业执照和全程电子化登记管理；简化登记注销流程等，落实外商投资准入前国民待遇加负面清单管理制度，外商投资市场准入门槛持续降低，我国市场主体制度性交易成本持续下降。同时，我国坚持重大改革必须于法有据，先后修订了《中华人民共和国公司法》《企业信息公示暂行条例》《中华人民共和国公司登记管理条例》《中华人民共和国企业法人登记管理条例》，出台《优化营商环境条例》《中华人民共和国市场主体登记管理条例》《促进个体工商户发展条例》等，废止《中外合资经营企业合营各方出资的若干规定》《〈中外合资经营企业合营各方出资的若干规定〉的补充规定》等行政法规。

---

① 张茅：《深化商事制度改革 激发经济发展活力》，《行政管理改革》2015 年第 5 期。

在改革商事制度的同时，我国也在不断深化推进"放管服"改革。2015 年 5 月 12 日，国务院召开全国推进简政放权放管结合职能转变工作电视电话会议，首次提出了"放管服"改革的概念。"放管服"，就是简政放权、放管结合、优化服务的简称，"放"即简政放权，降低准入门槛；"管"即创新监管，促进公平竞争；"服"即高效服务，营造便利环境。其后，我国不断深化"放管服"改革，转变政府职能，减少政府对市场的干预，将市场的事推向市场来决定，减少对市场主体过多的行政审批等行为，降低市场主体运行的行政成本，用权力的"减法"换市场主体获得感的"加法"，提升市场主体的活力和创新能力。

党的十八大以来，我国把工商登记制度、证照分离等商事制度改革事项纳入全面深化改革的"总盘子"，不断优化营商环境，稳定增长的市场主体在中国经济的"大海"中"如鱼得水"，不断实现"水大鱼多""水大鱼大"的良性循环。我国各级政府部门通过不断深化商事制度改革和"放管服"改革，各级市场监管、公安、税务、银行等多部门组团实行"一站式服务""一网通办""帮办助办""评议督办"等，持续创新的服务成了企业创业的"服务器"，全国企业开办平均时间不断压缩，从改革前的 20 多个工作日缩减到现在的 4 个工作日以内，部分省份甚至已将企业开办平均时间压缩至 1 个工作日以内，如北京创新开展"不见面""容缺受理"服务等举措，企业开办平均时间缩短至 0.5 个工作日；浙江省基本实现开办企业"一个环节、一天办结、零费用"，企业开办手续办理仅需 1 个工作日。世界银行发布的《营商环境报告 2020》显示，我国营商环境整体排名第 31 位，其中开办企业指标上升 1 位，位列全球第 27 位。

这一时期，商事制度改革把改善市场准入环境、市场竞争环境和市场消费环境作为供给需求两端发力的重要着力点，提高了企业办事的效率、降低了交易成本、推动了政府机构的职能转变、充分激发了市场的活力和创造力，市场准入环境、竞争环境和消费环境不断改善，为经济结构持续优化、经济社会平稳健康发展创造了条件。商事制度改革后，我国登记在册的市场主体由 2012 年的 5500 万户增长到 2023 年的 1.84 亿户，市场主体数量增加了 2 倍多，年均增长 12%（见图 1）。不断壮大的市场主体不仅成为稳住经济基本盘的底气和韧性所在，更为经济高质量发展提供了源源不断的内生动力。

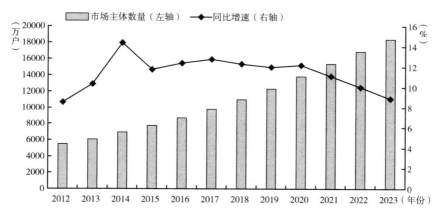

图 1　2012～2023 年商事制度改革后我国市场主体数量与同比增速变化情况

资料来源：根据国家市场监督管理总局网站、中国政府网、人民网、新华网资料整理。

第二节　我国市场主体登记管理制度发展的成效分析

回顾 70 多年来我国市场主体登记管理制度沿革，市场主体登记管理制度始终围绕经济中心、服务发展大局，为建立统一开放、竞争有序的市场体系发挥了重要作用。同时这也是我国工商行政管理机构职责变迁的历史。工商行政管理机关承担着市场主体登记和管理的重要职责，在不同历史时期对建立和维护市场秩序、促进经济社会又好又快发展发挥了重要的作用。70 多年来我国工商行政管理机构经历了 5 次大的变革，职责越来越明晰，越来越适应社会主义市场经济发展的需求。

一 注册类型从单一制到多样化，满足市场多元化需求

1978 年 9 月开始我国中断十多年的市场主体登记注册工作逐步得到恢复。从对旅店业等特种行业登记开始，首先对全民所有制工业企业进行全面登记；其次对乡镇企业按照集体所有制企业登记注册。改革开放初期对于来华投资，多数外资企业持观望试探态度，数量较少；而私营企业政策也还没有明确，处于是否属于"投机倒把""姓资姓社"的争议之中，民营经济发展微乎其微，主要形式为个体工商户，多数集中在修理、服务和手工业经营等行业，因此，改革开放初期登记注册针对的主要是公有制企业。经过 40 多年的发展，现如今登记注册在所有制性质方面，从单一的公有制企业一枝独秀，到私营企业异军突起、外资企业初露萌芽，再到深化国有企业改革、发展混合所有制经济、支持多种所有制经济共同发展，各类市场主体百花齐放、百舸争流，先后登上发展的舞台；在组织形式方面，从政企不分的传统企业法人形式，到联营、合伙、私营企业形式的各种尝试，再到现代企业制度的公司制出现，以及合伙企业、个人独资企业、农民专业合作社，外商投资的独资、合资、合作以及外商投资合伙企业等形式；在产业类别方面，高新技术产业、新兴服务业、"互联网+"快速发展，新产业、新动能、新技术、新模式等产业形态不断涌现，为经济发展新常态下新旧动能转换提供了新的动力，激发了市场创新创业活力。国家市场监督管理总局发布数据显示，2023 年底我国登记在册市场主体为 1.84 亿户，较 2022 年底增长8.9%。其中企业 5826.8 万户，个体工商户 1.24 亿户，农民专业合作社 223万户。[①]

二 登记原则从审批制到准则制，赋予各类主体自主选择权

改革开放之初，设立市场主体需要到各级政府和各个行业主管部门层层审批，市场主体没有办法不经过任何审批直接到工商行政部门申请营业执

---

① 林丽鹏：《2023 年新设经营主体 3273 万户》，《人民日报》2024 年 3 月 14 日。

照。随着社会主义市场经济体制的逐步建立，登记注册原则也从审批核准制变为核准制与准则制并行，再到设定为行政许可，再到商事制度改革以来的还权于市场主体、还权于社会，真正赋予市场主体依法自主选择、自主经营的权利。改革之前，市场主体的注册资本、经营范围等事项都要经过严格审批核准，对注册资本的数额、出资方式、出资时间等都有严格要求。例如在2000年前后，如果需要成立一个商品批发公司，按照当时的注册管理要求，注册资本不能低于50万元，成立股份公司的注册资本则不能低于1000万元，并且注册资本需要在成立之前一次缴足；如果市场主体的经营范围发生变化，需要经过审批核准之后才可以变更，否则将按照"超范围经营"予以处罚。诸如此类的规定，阻碍了市场的投资热情，在一定程度上限制了市场主体的经营自由。商事制度改革后，充分赋予了市场主体投资经营自主选择权，"非禁即入"让设立市场主体不再有注册资本、经营范围、经营场所等要求限制，释发了市场的活力和热情。

三　法律法规从欠缺到健全，逐步建立完备的制度体系

1979年6月，工商行政管理总局会同有关部门联合发出《关于特种行业企业进行登记管理的通知》，这是改革开放以来第一个有关企业登记管理工作的部门规章，标志着登记注册工作开始进入法治化、规范化建设的轨道。1988年6月，国务院发布《中华人民共和国企业法人登记管理条例》《中华人民共和国私营企业暂行条例》，标志着我国企业法人登记制度的建立，登记注册工作开始进入制度细分、科学引导、操作规范、有法可依的局面，对私营企业的基本政策也有了明确的法规规定。20世纪90年代《中华人民共和国公司法》《中华人民共和国合伙企业法》《中华人民共和国个人独资企业法》等相继出台，企业类型不断丰富，满足了国有企业和民营企业发展的组织类型需求。现在，登记注册法律制度方面，已经形成了以《中华人民共和国公司法》《中华人民共和国合伙企业法》《中华人民共和国农民专业合作社法》等法律、《中华人民共和国市场主体登记管理条例》《促进个体工商户发展条例》等行政法规以及一系列部门规章、规范性文件组成的系统的制度体系。

四　办理方式上从窗口到智能化，打造登记注册全程电子化

在信息化时代来临之前，登记注册工作全部为手工操作，市场主体从登记窗口现场提交手写的纸质材料，登记人员经过人工查询和审查后，发放手写的营业执照。随着数字化、智能化、信息化数据的应用，传统登记注册模式发生改变，现在全国大部分地区已经实现了登记注册的全程电子化，甚至"无纸化"登记，申请人可以足不出户在网上提交申请材料，"零见面"领取营业执照。有的地方还创新"微信办照""自助办照"等模式。营业执照的样式也发生了巨大的变化，从人工书写的营业执照到电子营业执照，满足了市场主体的个性化需求。与现代信息技术和互联网应用发展相适应，登记注册监管制度以及与之配套的执法体制得以健全、规范和发展，以市场主体信用分类管理为标志的监督管理方式创新取得突破性进展，登记注册信息数据的公示和综合利用的价值被逐步发现和挖掘。

五　办事成本从较高到基本免费，破除市场准入壁垒

商事制度改革之前，我国开办市场主体的时间和经济成本都较高。例如，改革之前，设立公司要满足最低注册资本要求，实缴的注册资本要转入专门的银行账户，要由专业机构进行验资并出具验资报告；每个年度要进行年检，年检时要由专业机构出具审计报告；设立时要按照注册资本数额缴纳千分之一到千分之五的注册费，超过1亿元的部分不予缴纳。开办企业是世界银行营商环境评价体系中的第一个一级指标，在2017年以前的世界银行营商环境报告中，由于我国开办设立企业环节多，时间长，我国的开办企业指标全球排名一直在100名以外，登记注册花费的各种成本较高。认识到改善营商环境的迫切性，我国开始推行"放管服"改革和深化商事制度改革，免去市场主体登记注册费、注册资本验资费、年检的审计报告费用等，降低企业办事成本、减少企业办事环节、压缩企业开办时间，将企业平均开办时间从29.4天压缩至4天，市场准入门槛和制度性成本显著降低。通过一系列大刀阔斧的改革，开办企业这一指标在世界银行《营商环境报告2020》

中，上升到全球第 27 位，成效斐然，这同时也证明了我国改善营商环境的决心和信心。

六　监管模式从运动式到常态化，开创市场监管新局面

市场监管职能是政府在经济领域十分重要的职能，市场监管职能发挥的好坏与否直接关系到市场经济能否健康发展。商事制度改革之前，我国政府部门履行市场监管职能主要是通过各种专项整治行动，被称为运动式市场监管模式，即按照传统思维定式和做法，用临时性的突击整治的方式方法解决市场经济运行过程中存在的各种问题，具有被动型、临时性、成效不确定性等特征。但是，随着数量多、类别广的市场主体的出现，市场问题更加纷繁复杂，运动式市场监管模式已经难以适应市场自身的运行规律，监管理念和方式需要不断创新。近年来，我国探索建立常态化市场监管模式，即在市场监管过程中，强调对综合信息进行定性定量分析并尽可能形成制度化管理，建立一整套事前预防、事中处理、事后补救的管理机制。如强化信用分级分类监管，建立以"双随机、一公开"监管为基本手段、以重点监管为补充、以信用监管为基础的新型监管机制；秉持包容审慎监管原则，探索实施"沙盒监管""触发式监管"等创新监管模式；推进"综合监管一件事"改革，整合跨部门、跨领域、跨行业相关联的多个监管事项，推动实现"进一次门、查多项事"，以期实现"登记无界限，管理有辖区"的目标，切实做到把市场管活管优等。市场监管体制不断完善，监管机制、监管方式方法不断创新，开创了市场监管新局面，更加适应经济社会高质量发展的需要。

表 1　新中国成立以来国家工商行政管理机构的历史变迁

时期	名称	主要职责
1952 年 11 月至 1970 年 6 月	中央工商行政管理局	根据第一届全国人大常委会第二次会议决定,成立中央工商行政管理局,为国务院直属机构,负责对资本主义工商业进行社会主义改造的第八办公室承担中央工商行政管理局的工作。1956 年 6 月改造完成后由国务院财贸办公室负责中央工商行政管理局的工作

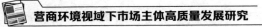

续表

时期	名称	主要职责
1970 年 6 月至 1978 年 9 月	—	中央工商行政管理局并入商业部中,不再单独存在
1978 年 9 月至 1982 年 8 月	工商行政管理总局	根据 1978 年 9 月 25 日国务院发布的《关于成立工商行政管理总局的通知》,恢复成立工商行政管理总局,直属国务院,由国务院财贸小组代管。主要职责是保卫社会主义公有制,维护国家计划,保护正当的经营活动,打击资本主义势力,防止资本主义倾向的发展。打击投机倒把活动,处理投机倒把案件;管理全民和集体企业的购销合同、加工订货合同,调解仲裁纠纷,管理外地采购、推销人员;管理集市贸易,保护正当交易,取缔黑市活动;对工商企业进行登记管理、检查、制止工商企业违反国家政策、法令的行为,取缔无证经营;管理商标等
1982 年 8 月至 1988 年 4 月	国家工商行政管理局	根据 1982 年 8 月 23 日的五届全国人大五次会议批准改称国家工商行政管理局。主要任务是贯彻执行党和国家的经济政策、法律、法令,研究拟订有关工商行政管理的法律、法令和规章制度,对工商企业实行经济监督,保护合法经营,取缔非法经营,维护社会经济秩序,促进生产,活跃流通,保证国家计划的实现。主要职责是维护城乡市场秩序,管理城乡集贸市场和三类工业品、旧货等专业市场;组织办理工商企业的登记,建立经济户口,通过登记实现监督管理;管理经济合同;对商标实行管理;管理广告;管理个体经济
1988 年 5 月至 1993 年 3 月		根据 1988 年 5 月 3 日发布的《国务院确定行政机构设置》,保留国家工商行政管理局为国务院直属机构。主要职责是依法确定各类工商企业和个体工商业的合法地位;监督管理或参与监督管理市场上的各种经济活动,检查处理经济违法违章行为,保护合法经营,取缔非法经营,维护正常的市场秩序,保证社会主义商品经济的健康发展
1993 年 4 月至 1998 年 3 月		根据国发〔1993〕25 号文件,保留国家工商行政管理局为国务院直属机构
1998 年 3 月至 2001 年 4 月		根据国发〔1998〕5 号文件,保留国家工商行政管理局为国务院直属机构。主管市场监督管理和行政执法工作:研究拟订工商行政管理的方针、政策和有关规定,拟订、发布工商行政管理的规章制度;组织管理工商企业和从事经营活动的单位、个人的注册,依法核定注册单位名称,审定、批准、办理有关证照,实行监督管理;组织监督检查市场竞争行为,查处垄断和不正当竞争案件,依照法律、法规打击流通领域的走私贩私行为和经济违法违章行为等
2001 年 4 月至 2018 年 3 月	国家工商行政管理总局	根据国发〔2001〕13 号文件调整为国家工商行政管理总局,是全国工商行政管理系统的最高职能部门,是经济监督机关,也是行政执法机关

续表

时期	名称	主要职责
2018 年 3 月至今	国家市场监督管理总局	根据国发〔2018〕6 号文件,将国家工商行政管理总局的职责与国家质量监督检验检疫总局的职责、国家食品药品监督管理总局的职责、国家发展和改革委员会的价格监督检查与反垄断执法职责,商务部的经营者集中反垄断执法以及国务院反垄断委员会办公室等职责整合,组建国家市场监督管理总局,作为国务院直属机构。主要职责是负责市场综合监督管理;负责市场主体统一登记注册;负责组织和指导市场监管综合执法工作;负责反垄断统一执法;负责监督管理市场秩序等

第四章
营商环境评价分析

营商环境是一个国家或地区有效开展国际交流与合作、参与国际竞争的重要依托，是一个国家或地区经济软实力的重要体现，是提高国际竞争力的重要内容。世界银行发布的一项报告表明：良好的营商环境会使投资率增长0.3个百分点，地区生产总值（GDP）增长率增加0.36个百分点。当前全球各个国家或地区都把营商环境建设作为提高区域经济实力和综合竞争力的切入点和突破口。

第一节　营商环境的内涵和评价原则

营商环境是指影响市场主体经营活动的各种制度性安排，涵盖市场主体的准入、生产经营、退出等过程，涉及体制机制、法律法规、规则程序等方面因素和条件。

一　营商环境的内涵

1. 从性质来看

营商环境属于一种制度性环境。如市场主体开办需要注册登记、融资需要抵押担保、破产则需要清理债权债务等都属于市场主体在生产经营活动中应当遵循的制度规则。为此市场主体需付出经济、时间和机会等成本，即所谓的制度性交易成本。

2. 从领域来看

营商环境涉及市场主体准入、生产经营和退出等生命周期全过程和各个领域。如市场主体的创业活动，必然涉及开办市场主体领域的办事制度，如市场准入条件、政府办事流程、监管规则以及相关法律规定等。

3. 从作用来看

营商环境事关市场主体兴衰、生产要素聚散、发展动力强弱。营商环境直接影响到市场主体的成长、创新和发展，以及就业机会、生产效率、投资信心等，最终对经济发展和民生改善产生影响。

二　营商环境评价的原则

好的营商环境是增强一个国家、地区、城市核心竞争力的关键因素。那怎样来评价营商环境？什么是好的营商环境？本书认为营商环境应遵循以下评价原则。

1. 便利性

营商环境的便利性是指市场主体从事营商活动的难易程度。办事的手续越少、时间越短、成本越低，意味着便利度越高。便利化的营商环境，可使市场主体营商活动更加容易。

2. 公平性

营商环境的公平性是指对各类市场主体一视同仁、平等对待，市场主体无论大小，属于何种类型，在市场经济活动中都能获得平等待遇、公平竞争。公平性强的营商环境，可保证市场公平竞争，优胜劣汰，激发各类市场主体的活力和创造力，提高资源配置效率。

3. 透明度

营商环境的透明度是指有关政策法规制度信息的公开透明程度，包括市场环境、政务服务、监管执法和法律法规等方面信息的公开知晓。透明度高的营商环境，可使各类市场主体都能充分获得相关信息，及时把握政策走向和市场机会，平等参与市场竞争。

4. 法治化

营商环境的法治化是指营商法律制度的完备程度，包括法律法规健全，法律面前各类市场主体一律平等，政府依法行政、市场监管统一，依法保护市场主体权益，司法保护公正等。法治是最好的营商环境，可为各类市场主体投资兴业提供法治保障，体现公平正义。

当前国际上很多机构组织都对全球国别（或地区）之间的营商环境、营商竞争力等开展了相关评价，如世界银行的《营商环境报告》，经济学人智库的《营商环境排名》，世界经济论坛的《全球竞争力报告》《促进贸易报告》、《华尔街日报》和美国传统基金会的经济自由度指数等。本章主要介绍了世界银行《营商环境报告》、世界经济论坛《全球竞争力报告》和经济学人智库《营商环境排名》三种不同的国际评价方法。

第二节　世界银行的营商环境评价

"营商环境"一词，起源于世界银行集团国际金融公司（International Finance Corporation，IFC）的"Doing Business"项目调查（以下简称 DB 体系），该项目调查始于 2002 年，旨在对各国（或地区）中小企业进行考察，对企业存续周期内使用的法规进行评估，通过收集全面的定量数据并分析，对各经济体在不同时期的商业监管环境进行比较，定期发布《营商环境报告》，目的是鼓励各经济体竞相提高监管效率、为改革提供可衡量的基准指标以及为学术界、媒体、政府部门、研究者及其他关注各国（或地区）营商环境的人士提供参考。

第一份《营商环境报告 2004》于 2003 年发布，当时的营商环境调查共包括 5 项一级指标，即开办企业、员工聘用与解聘、合同保护、获得信贷和企业倒闭。随着经济社会的发展，营商环境指标逐步完善到 12 项，分别是开办企业、雇佣工人、办理施工许可、获得电力、登记财产、获得信贷、保护少数投资者、缴纳税款、跨境贸易、政府采购、执行合同、办理破产，其中雇佣工人和政府采购 2 项指标并没有被纳入营商环境指标评价最终的排名结果中，也就是说计算排名的指标有 10 项。

营商环境指标最初涉及 133 个经济体，发展到 2020 年已经包含 190 个经济体。大多数指标采集自各经济体中最大的商业城市，但对 11 个人口超过 1 亿的经济体（中国、美国、俄罗斯、日本、印度、巴西、墨西哥、孟加拉国、印度尼西亚、尼日利亚和巴基斯坦）将数据采集范围扩大到第二大商业城市，这 11 个经济体的数据是对两个最大商业城市的人口做加权平均计算。除营商环境全球报告外，世界银行还提供详细的地方报告，介绍一个国家不同城市和地区的营商监管和改革情况，地方报告提供营商环境指标方面的数据，对各个地区进行排名，提出各指标领域提升绩效的改革建议。评价所选城市可以与本经济体内其他城市进行营商法规比较，也可以与被列入《营商环境报告》排名榜的 190 个经济体进行比较。

表 1　DB2004~DB2020 年世界银行营商环境报告主题

年度	报告主题	年度	报告主题
2004	企业生命周期的环境	2013	对中小企业实行更为明智的管制
2005	登记物权、税制环境、对投资者保护	2014	了解针对中小企业的法规
2006	知识产权保护、跨国贸易、治安环境	2015	监管效率与质量并重
2007	如何改革	2016	衡量监管质量和有效性
2008	办理许可、雇佣工人与执行合同	2017	人人机会平等
2009	增强商业活动的监管规则和限制商业活动的监管规则	2018	改革以创造就业
2010	在困难时期进行改革	2019	强化培训，促进改革
2011	改变企业家的营商环境	2020	鼓励效率并支持经商自由的法规
2012	在一个更加透明化的世界里经营		

一　指标选取

相关研究表明，《营商环境报告》指标体系的理论依据来自经济学和法学交叉研究的一个重要流派"法金融学"（Law and Finance），《营商环境报告》所衡量的法律法规对诸多经济结果有重要影响，成为世界银行支持发展中国家与地区改革的理论依据。

（一）开办企业（Starting A Business）

开办企业指标是指企业家要开办和正式运营一个企业时，政府官方机构所要求的所有手续，包括办理程序、办理时间和办理成本以及最低实缴资本四个二级指标。开办企业指标的设立是用来检验各个经济体开办企业的难易程度。

1. 办理程序

企业登记所需办理的程序总数，即企业与外部人员之间的任何互动。如公司名称的核准、所在地区的登记注册、社保登记、企业公章的办理、开立银行账户等。在《营商环境报告 2020》中监管表现最佳的经济体为格鲁吉亚、新西兰，仅有 1 项程序；监管表现差的经济体有 18 项程序需要完成。

2. 办理时间

企业登记所需的总天数，以日历日天数计算。但是不包含搜集办理程序所耗费的时间，并且其中两项程序不能同一天开始（可在线办理的程序不受此项限制）。在《营商环境报告 2020》中监管表现最佳的经济体为新西兰，仅需 0.5 天；监管表现差的经济体需要 100 天完成登记。

3. 办理成本

以开办企业所花费用占该经济体人均收入的百分比来计算。该成本中仅包含政府官方费用，不包含贿赂费用和聘请专业人员费用，比如代办费用等。在《营商环境报告 2020》中监管表现最佳的经济体为卢旺达、斯洛文尼亚，办理费用为 0；监管表现差的经济体所需费用达到人均收入的 2 倍。

4. 最低实缴资本

用企业家在企业登记之前必须存入银行或经公证的金额占该经济体人均收入的百分比来计算。在《营商环境报告 2020》中有 117 个经济体已经对最低实缴资本不做要求，但是仍有部分经济体对实缴资本的最低要求为人均纯收入的 4 倍。

（二）办理施工许可（Dealing with Construction Permits）

办理施工许可指标是指建筑行业的企业建设一个仓库需要完成的所有手续，包含办理程序、办理时间、办理成本以及建筑质量控制（2018 年新增指标）四个二级指标。办理施工许可指标的设立用于反映企业建设标准化厂房的难度。

1. 办理程序

新建仓库所需办理的程序总数，即企业与外部人员之间的任何互动。如与土地审批登记、颁发许可、聘请外部第三方监督员、咨询师、工程师或检查员的互动等。在《营商环境报告 2020》中，最佳表现为 5 项程序，但是由于数据修正，截至 2019 年 5 月 1 日没有一个经济体表现最佳；监管表现差的经济体有 30 项程序需要完成。

2. 办理时间

新建仓库所需的总天数，以日历日天数计算。但是不包含搜集办理程序所耗费的时间，并且其中两项程序不能同一天开始（可在线办理的程序不受此项限制）。在《营商环境报告 2020》中，最佳表现为 26 天，但是由于数据修正，截至 2019 年 5 月 1 日没有一个经济体表现最佳；监管表现差的经济体需要 373 天完成登记。

3. 办理成本

以完成仓库建设的费用占仓库价值（假定仓库价值为该经济体人均收入的 50 倍）的百分比来计算。比如获得土地审批的费用、接受检查的费用、接通电力水利的费用等。在《营商环境报告 2020》中，最佳表现为 0，但是由于数据修正，截至 2019 年 5 月 1 日没有一个经济体表现最佳；监管表现差的经济体所需费用占仓库价值的 20%。

4. 建筑质量控制

该指数由建筑法规质量（0~2 分）、施工前质量控制（0~1 分）、施工中质量控制（0~3 分）、施工后质量控制（0~3 分）、责任和保险制度（0~2 分）以及专业认证（0~4 分）等六个方面构成，指数范围为 0~15 分，分值越高表明建筑许可制度方面的质量控制和安全机制越出色。在《营商环境报告 2020》中监管表现最佳的经济体为中国、卢森堡、阿联酋等 6 个经济体，建筑质量控制指数获得满分 15 分。

（三）获得电力（Getting Electricity）

获得电力指标是指一个企业为一个标准化仓库获得永久性电力连接所需要经历的过程，包含办理程序、办理时间、办理成本以及供电可靠性和电费透明度四个二级指标。

1. 办理程序

企业办理的程序总数，即企业与外部各方之间的任何互动。如与公共电力配送公司、供电公司、政府机构、电力承包商的互动等。在《营商环境报告 2020》中监管表现最佳的为德国、肯尼亚、韩国等 25 个经济体，需要完成 3 项程序；监管表现差的经济体有 9 项程序需要办理。

2. 办理时间

企业完成电力手续所需的总天数，以日历日天数计算，并且其中两项程序不能同一天开始（可在线办理的程序不受此项限制）。在《营商环境报告 2020》中监管表现最佳的经济体为韩国、圣基茨、尼维斯、阿联酋，需要 18 天；监管表现差的经济体需要 248 天完成。

3. 办理成本

以完成电力手续所花费用占该经济体人均收入的百分比来计算，不包含增值税。如政府机构审批手续、申请电力连接、现场和内部布线检查、采购材料、实施实际接线作业等。在《营商环境报告 2020》中监管表现最佳的经济体为中国、日本、阿联酋，办理费用为 0；监管表现差的经济体所需费用达到人均收入的 81 倍。

4. 供电可靠性和电费透明度

该指数由停电的持续时间和频率（0～3 分）、输配电公用事业公司检测停电所使用的工具（0～1 分）、输配电公用事业公司恢复电力供应所使用的工具（0～1 分）、监管机构（0～1 分）、是否有财务上的遏制措施来限制停电（0～1 分）、电费是否透明且易于获得（0～1 分）等六个方面组成，指数范围为 0～8 分。在《营商环境报告 2020》中监管表现最佳的为哥斯达黎加、爱尔兰、马来西亚等 26 个经济体，获得满分 8 分。

（四）登记财产（Registering Property）

登记财产指标是指企业购买一个财产，实现产权交易所需要完成的步骤，包括办理程序、办理时间、办理成本以及用地管理系统质量四个二级指标，用于反映企业获得产权保护的程度。

1. 办理程序

企业办理的程序总数，即企业与外部各方之间的任何互动。如与政府机构、检查人员、公证人员、建筑师、测量师的往来等。在《营商环境报告2020》中监管表现最佳的为格鲁吉亚、挪威等5个经济体，需要完成1项程序；监管表现差的经济体有13项程序需要办理。

2. 办理时间

企业完成财产转移手续所需的总天数，以日历日天数计算，并且其中两项程序不能同一天开始（可在线办理的程序不受此项限制）。在《营商环境报告2020》中监管表现最佳的经济体为格鲁吉亚、卡塔尔，仅需1天；监管表现差的经济体需要210天完成。

3. 办理成本

以完成财产转移手续所花费用占财产价值（假定财产价值为该经济体人均收入的50倍）的百分比来计算。如转让税、印花税，公证人员、公共机构或律师的费用等。在《营商环境报告2020》中监管表现最佳的经济体为沙特阿拉伯，办理费用为0；监管表现差的经济体所需费用占财产价值的15%。

4. 用地管理系统质量

该指数由设施可靠性指数（0~8分）、信息透明度指数（0~6分）、地理覆盖指数（0~8分）、土地争议解决指数（0~8分）以及平等获得财产权指数（-2~0分）等五个方面组成，指数范围为0~30分。在《营商环境报告2020》中没有监管表现最佳的经济体。

（五）获得信贷（Getting Credit）

获得信贷指标是反映企业获得信贷支持的法律保护力度及便利程度，包含合法权利指数、信贷信息深度指数、信贷机构覆盖率、信用机构覆盖率四个二级指标，其中信贷机构覆盖率和信用机构覆盖率指标数据不计入《营商环境报告2020》指标体系内。

1. 合法权利指数

衡量法律保护借款人和贷款人并因此促进贷款的程度，指数范围为0~12分。在《营商环境报告2020》中监管表现最佳的为文莱、黑山、新西兰等 5 个经济体，获得满分 12 分。

2. 信贷信息深度指数

衡量信贷登记部门的信贷信息覆盖范围，以及信贷信息获取的法治保障程度，指数范围为 0~8 分。在《营商环境报告 2020》中监管表现最佳的为厄瓜多尔、以色列、英国等 53 个经济体，获得满分 8 分。

3. 信贷机构覆盖率

衡量在信贷机构登记的个人和公司的数量，用此数量占成年人口的百分比来表示。在信贷机构登记的个人和公司数量越多，信贷社覆盖面越广。

4. 信用机构覆盖率

衡量在信用局登记的个人和公司的数量，用此数量占成年人口的百分比来表示。在信用局登记的个人和公司数量越多，信贷登记处覆盖面越广。

（六）保护少数投资者（Protecting Minority Investors）

保护少数投资者指标是反映企业股东权益保护的力度，包含纠纷调解指数、股东治理指数两个二级指标以及披露程度指数、董事责任程度指数、股东诉讼便利度指数、股东权利保护指数、所有权和管理控制指数、公司透明度指数等六个三级指标。

1. 纠纷调解指数

该指标是衡量利益冲突的调控能力，指数范围为 0~10 分，是基于披露程度指数、董事责任程度指数以及股东诉讼便利度指数三个指数的算数平均值获取，数值越高说明利益冲突调控能力越强。

（1）披露程度指数。指数范围为 0~10 分，分值越高，说明披露程度越大。在《营商环境报告 2020》中监管表现最佳的为中国、马来西亚、英国等 13 个经济体，获得满分 10 分。

（2）董事责任程度指数。指数范围为 0~10 分，数值越高，说明董事担负的法律责任越大。在《营商环境报告 2020》中监管表现最佳的经济体为柬埔寨、肯尼亚、阿联酋，获得满分 10 分。

（3）股东诉讼便利度指数。指数范围为 0~10 分，数值越高说明股东挑战交易的权力越大。在《营商环境报告 2020》中监管表现最佳的经济体为吉布提，获得满分 10 分。

2. 股东治理指数

该指标衡量股东在公司治理中的权力大小，是股东权利保护指数、所有权和管理控制指数、公司透明度指数三个指数相加而得，指数范围为 0~20 分（2020 年以前指数范围为 0~30 分，即各指标指数分别为 0~10 分，2020 年调整为 0~20 分），数值越高说明股东在公司治理中拥有更大的权力。

（1）股东权利保护指数。用来衡量进行公司重大决策时股东的权力大小，指数范围为 0~6 分，在《营商环境报告 2020》中监管表现最佳的为印度、哈萨克斯坦、马耳他等 19 个经济体，获得满分 6 分。

（2）所有权和管理控制指数。用于衡量防止不适当的董事会控制的保障措施和管理防御能力，指数范围为 0~7 分，在《营商环境报告 2020》中监管表现最佳的为巴林、哥伦比亚、乌兹别克斯坦等 9 个经济体，获得满分 7 分。

（3）公司透明度指数。用于衡量公司所有权、薪酬、审计和财政的透明度，指数范围为 0~7 分，在《营商环境报告 2020》中监管表现最佳的为中国、法国、挪威、中国台湾等 14 个经济体，获得满分 7 分。

（七）缴纳税款（Paying Taxes）

缴纳税款指标用于反映企业所需承担的税赋，以及缴付税款过程中的行政负担，包含纳税次数、纳税所需时间、总税率、报税后程序指数四个二级指标。

1. 纳税次数

是指公司运营第二年期间所缴纳的税项和派款的总数、支付方法、支付频率、申报频率以及所涉及的机构数量。如果有 2 种或 2 种以上的税项或派款用同一申报表合并申报和缴纳，则每次联合缴税按一次计算。在《营商环境报告 2020》中监管表现最佳的经济体为中国香港特别行政区，需要纳税 3 次；监管表现差的经济体需要纳税 63 次。

2. 纳税所需时间

是指公司编制企业所得税、增值税和社保缴费报表，将其归档以及缴纳这些税费所需的时间，以在线缴税或现场缴税所需要的小时数计算。在

《营商环境报告 2020》中监管表现最佳的经济体为新加坡，纳税需要花费 49 个小时；监管表现差的经济体纳税需要花费 696 个小时。

3. 总税率

是指企业在运营第二年所负担的税项和强制性派款的额度，以占商业利润的份额表示。在《营商环境报告 2020》中监管表现最佳的为加拿大、丹麦、新加坡等 33 个经济体，总税率低于 26.1%；监管表现差的经济体总税率高达 84.0%。

4. 报税后程序指数

该指数由增值税退税合规的时间（小时）、获得增值税退税的时间（周）、企业所得税申报修正合规的时间（小时）、完成企业所得税申报修正时间（周）四个部分组成。指数范围为 0~100 分。在《营商环境报告 2020》中没有监管表现最佳的经济体。

（八）跨境贸易（Trading Across Borders）

跨境贸易指标是记录与进出口货物的物流过程相关的时间和成本，反映企业在进出口贸易方面的便利程度和费用负担情况。包括出口单证合规①时间和费用、出口边界合规②时间和费用、进口单证合规时间和费用、进口边界合规时间和费用八个二级指标。

1. 出口单证合规时间

政府机构对出口单证合规的要求所需的时间，以小时为单位。在《营商环境报告 2020》中监管表现最佳的为加拿大、波兰、西班牙等 26 个经济体，出口单证合规耗费时间小于 1 个小时；监管表现差的经济体需要花费 170 个小时。

2. 出口边界合规时间

政府机构对出口边界合规的要求所需的时间，以小时为单位。在《营

---

① 单证合规是指来源经济体、目的地经济体以及任何过境经济体的所有政府机构对单证的要求。

② 边界合规是指为了让货物通过经济体边界而强制要求的其他检查相关的规定，也包括经济体港口或边界装卸的时间和成本、其他机构进行的通关和检查程序。例如，进行植物检疫的时间和成本将会被纳入计算。

商环境报告 2020》中监管表现最佳的为奥地利、比利时、丹麦等 19 个经济体，出口边界合规耗费时间小于 1 个小时；监管表现差的经济体需要花费 160 个小时。

3. 出口单证合规费用

政府机构对出口单证合规的要求所需的成本，以美元计算。在《营商环境报告 2020》中监管表现最佳的为匈牙利、卢森堡、挪威等 20 个经济体，出口单证合规花费为 0 美元；监管表现差的经济体需要花费 400 美元。

4. 出口边界合规费用

政府机构对出口边界合规的要求所需的成本，以美元计算。在《营商环境报告 2020》中监管表现最佳的为法国、荷兰、葡萄牙等 19 个经济体，出口边界合规花费为 0 美元；监管表现差的经济体需要花费 1060 美元。

5. 进口单证合规时间

政府机构对进口单证合规的要求所需的时间，以小时为单位。在《营商环境报告 2020》中监管表现最佳的为韩国、拉脱维亚、新西兰等 30 个经济体，进口单证合规耗费时间小于 1 个小时；监管表现差的经济体需要花费 240 个小时。

6. 进口边界合规时间

政府机构对进口边界合规的要求所需的时间，以小时为单位。在《营商环境报告 2020》中监管表现最佳的为爱沙尼亚、法国、德国等 25 个经济体，进口边界合规耗费时间小于 1 个小时；监管表现差的经济体需要花费 280 个小时。

7. 进口单证合规费用

政府机构对进口单证合规的要求所需的成本，以美元计算。在《营商环境报告 2020》中监管表现最佳的为冰岛、拉脱维亚、英国等 30 个经济体，进口单证合规花费为 0 美元；监管表现差的经济体需要花费 700 美元。

8. 进口边界合规费用

政府机构对进口边界合规的要求所需的成本，以美元计算。在《营商环境报告 2020》中监管表现最佳的为比利时、丹麦、爱沙尼亚等 28 个经济体，进口边界合规花费为 0 美元；监管表现差的经济体需要花费 1200 美元。

（九）执行合同（Enforcing Contracts）

执行合同指标主要测评企业间争议从原告向法院提交诉讼，到最终获得解决所花费的时间、费用和步骤，反映合同执行的效率，包含商业纠纷解决时间及成本、司法程序质量指数三个二级指标。

1. 商业纠纷解决时间

是指解决争端所需时间，即从原告提起诉讼到实际解决所花费的时间，包括采取行动的天数和等待时间，以日历日天数计算。在《营商环境报告2020》中监管表现最佳的经济体为新加坡，商业纠纷解决时间最短，为 120天；监管表现差的经济体需要耗费 1340 天。

2. 商业纠纷解决成本

是指法院费用、辩护律师费和执行费用的合计成本，以其占索赔金额（假定为该经济体人均收入的 2 倍或者 5000 美元，两者取较大数值）的百分比计算。在《营商环境报告 2020》中监管表现最佳的经济体为不丹，商业纠纷解决成本仅占索赔金额的 0.1%；监管表现差的经济体成本占索赔金额的 89.0%。

3. 司法程序质量指数

该指数是由法院结构和诉讼程序（0~5 分）、案件管理（0~6 分）、法院自动化（0~4 分）和替代性纠纷解决（0~3 分）四个方面组成，指数范围为 0~18 分。在《营商环境报告 2020》中没有监管表现最佳的经济体。

（十）办理破产（Resolving Insolvency）

办理破产指标反映破产程序的时间和成本，以及破产法规中存在的程序障碍，包含关闭企业平均所需时间、办理破产手续的成本、回收率、破产法律框架保护指数四个二级指标，其中关闭企业平均所需时间和办理破产手续的成本不计入《营商环境报告 2020》指标体系内。

1. 关闭企业平均所需时间

是指债权人收回贷款的时间，以日历年数计算。

2. 办理破产手续的成本

是指法庭费用和政府税费、破产管理费、拍卖费、评估费和律师费，以及其他一切费用和成本，按其占债务人不动产价值的百分比计算。

3. 回收率

是指债权人通过重组、清算或债务执行（抵押物没收或破产接管）等法律行动收回的债务占债务额的百分比。在《营商环境报告2020》中监管表现最佳的经济体为挪威，回收率达到92.9%；监管表现差的经济体回收率为0。

4. 破产法律框架保护指数

该指数由启动程序指数（0~3分）、债务人管理资产指数（0~6分）、重组程序指数（0~3分）和债权人参与指数（0~4分）四个方面组成，指数范围为0~16分，数值越高，表示破产立法设计越有利于恢复可存活的企业和清算不可存活的企业。在《营商环境报告2020》中没有监管表现最佳的经济体。

表2　世界银行营商环境评价指标体系

一级指标	二级指标和三级指标		前沿水平	最差水平
	指标名称	单位		
1. 开办企业	1.1 办理程序	项	1	18
	1.2 办理时间	天	0.5	100
	1.3 办理成本（占人均收入百分比）	%	0	200
	1.4 最低实缴资本（占人均收入百分比）	%	0	400
2. 办理施工许可	2.1 办理程序	项	5	30
	2.2 办理时间	天	26	373
	2.3 办理成本（占人均收入50倍的百分比）	%	0	20
	2.4 建筑质量控制（0~15）	分	15	0
3. 获得电力	3.1 办理程序	项	3	9
	3.2 办理时间	天	18	248
	3.3 办理成本（占人均收入百分比）	%	0	8100
	3.4 供电可靠性和电费透明度（0~8）	分	8	0
4. 登记财产	4.1 办理程序	项	1	13
	4.2 办理时间	天	1	210
	4.3 办理成本（占人均收入50倍的百分比）	%	0	15
	4.4 用地管理系统质量（0~30）	分	30	0

续表

一级指标	二级指标和三级指标		前沿水平	最差水平
	指标名称	单位		
5. 获得信贷	5.1 合法权利指数(0~12)	分	12	0
	5.2 信贷信息深度指数(0~8)	分	8	0
6. 保护少数投资者	6.1 纠纷调解指数(0~10)	分	10	0
	6.1.1 披露程度指数(0~10)	分	10	0
	6.1.2 董事责任程度指数(0~10)	分	10	0
	6.1.3 股东诉讼便利度指数(0~10)	分	10	0
	6.2 股东治理指数(0~20)	分	20	0
	6.2.1 股东权利保护指数(0~6)	分	6	0
	6.2.2 所有权和管理控制指数(0~7)	分	7	0
	6.2.3 公司透明度指数(0~7)	分	7	0
7. 缴纳税款	7.1 纳税次数	次/年	3	63
	7.2 纳税所需时间	小时/年	49	696
	7.3 总税率(占利润百分比)	%	26.1	84
	7.4 报税后程序指数(0~100)	分	100	0
8. 跨境贸易	8.1 出口单证合规时间	小时	1	170
	8.2 出口边界合规时间	小时	1	160
	8.3 出口单证合规费用	美元	0	400
	8.4 出口边界合规费用	美元	0	1060
	8.5 进口单证合规时间	小时	1	240
	8.6 进口边界合规时间	小时	1	280
	8.7 进口单证合规费用	美元	0	700
	8.8 进口边界合规费用	美元	0	1200
9. 执行合同	9.1 商业纠纷解决时间	天	120	1340
	9.2 商业纠纷解决成本(占索赔金额百分比)	%	0.1	89
	9.3 司法程序质量指数(0~18)	分	18	0
10. 办理破产	10.1 回收率(回收债务占债务额百分比)	%	92.9	0
	10.2 破产法律框架保护指数(0~16)	分	16	0

资料来源：根据世界银行《营商环境报告 2020》整理。

二　指标分类

（一）从便利化和法治化角度划分

从便利化和法治化角度出发，可以将指标分为两类。

（1）第一类指标反映在一个经济体内企业开办、建设、运营过程中的便利程度，包括开办企业、雇佣工人、办理施工许可、获得电力、登记财产、缴纳税款、跨境贸易等7项指标。

（2）第二类指标反映经济体的法律用于保障企业合法权益的程度，包括获得信贷、保护少数投资者、政府采购、执行合同、办理破产等5项指标。

（二）按企业生命周期阶段划分

从企业生命周期的启动、建设、融资、日常运营、退出五个阶段出发，可以将指标分为五类。

（1）启动阶段包括开办企业、雇佣工人2项指标。

（2）建设阶段包括办理施工许可、获得电力、登记财产3项指标。

（3）融资阶段包括获得信贷、保护少数投资者2项指标。

（4）日常运营包括缴纳税款、跨境贸易、政府采购、执行合同4项指标。

（5）退出阶段包含办理破产1项指标。

三　数据的获取

营商环境各项指标数据的获取是通过世界银行专家对指标的打分来获得，打分的方法分为"问"和"查"两种。

（一）"问"

"问"是指世界银行专家通过向企业以及与企业运营相关的律师事务所、会计师事务所、建筑设计公司、报关公司等专业人士发放调查问卷来获取数据。主要是面向各类计分指标来收集数据。

（二）"查"

世界银行评估中关于法律的相关问题是通过采取客观评价法"查"来完成，"查"是指世界银行专家需要查阅各个经济体的法律法规或规范性文件，以便确认每一个指标问题都能找到相关的举措来对应，并存在约束力，可以普遍适用和反复适用。主要是针对各类法治化指标来收集结果。

四　评价体系的计算方法

世界银行评价营商环境指标分值的计算方法分别使用了前沿距离法和加权平均法。

（一）前沿距离法

该方法可用于环节和时间计算。

其公式为：

$$DTF = (w - d)/(w - f)$$

其中，DTF 为前沿距离值，w 为该指标的最差值数据，d 为被测评对象的实际值数据，f 为该指标的最优值数据（营商环境评价中选择排序第一的数据）。

（二）加权平均法

世界银行营商环境报告中各经济体的一级指标和经济体最终的营商环境得分均采用加权平均法来计算。

五　世界银行营商环境评价的特点

（一）评价体系的优点

1. 指标评价的对象以企业为主

世界银行营商环境评价体系主要是围绕企业，尤其是中小企业展开，用于衡量各经济体企业运营的客观环境，在企业生命周期的每个阶段都会有一些因素影响企业的正常运营，这些影响因素主要涉及经济、社会、政治、法律等方面。

2. 所有指标均以量化形式表现

世界银行营商环境主要是衡量在一个经济体内开办和经营企业的难易程度，量化了企业在各个环节需要遵循各项法规政策所需要花费的时间和成本，以及受到法律保护的程度。可量化的指标客观地评价了各经济体营商环境的优劣。

3. 指标评价结果具有可比较性和可借鉴性

世界银行营商环境评价体系作为一个较为完备、涵盖面广的评价体系，在全球多数国家（或地区）取得了广泛的认可，成为衡量各国（或地区）营商环境优劣的标准，同时也是投资者制定投资决策时的依据。并且世界银行发布《营商环境报告》时会摘录部分经济体优化营商环境实施改革的案例，为其他经济体改善营商环境提供了借鉴和参考。

4. 对法律和政策的作用高度重视

世界银行认为政策制定者能够直接影响企业运营的便利程度，而政府作为政策制定者，要承担营商环境改善的职责，降低企业运营时外部环境的不确定性和制度性交易成本，所以世界银行营商环境评价体系中指标的选取偏向法规政策。

（二）评价体系存在的不足

营商环境是一个综合性的概念，由于各国（或地区）国情和发展阶段不同，以及受世界银行人员不足、预算有限、调研范围存在局限性等因素影响，世界银行营商环境评价体系仍存在诸多不足。

1. 指标选取存在一定的局限性

营商环境评价体系只关注与营商者利益直接相关的环境指标，并将其分解到极度微观再赋值、排序。那些受到公认但与营商不直接相关的投资评估宏观指标并不被纳入考量范围，例如宏观经济稳定性、政治风险、安全、工人的劳动技能、基础设施质量、金融风险监管体系等，没有涵盖在世界银行营商环境指标体系内。

2. 评价忽视政府监管的积极方面

世界银行营商环境评价体系虽然重视法律和政策的作用，但没有体现政府对企业的有效监管以及监管的质量，企业在运营过程中，政府对其进行干预有时候是必要的。

3. 评估数据存在多渠道、有可能不真实等问题

世界银行营商环境评估的数据主要来自被调查人员的反馈、相关的法律法规、政府工作人员和世界银行的工作人员。数据渠道的多源化可能会导致数据不一致，可能引发数据误差。

鉴于营商环境评价体系中存在的不足，世界银行不断优化迭代指标体系，于 2023 年正式发布新的营商环境评价体系 B-READY（Business Ready），从微观经济层面的监管框架、公共服务和办事便利度（效率）三个维度进行评估，新的评估体系仍然以企业生命周期为基础，在原有指标体系的基础上，共包括 10 个一级指标、30 个二级指标、82 个三级指标和 245 个四级指标，衡量营商法规给企业带来的监管负担、法规质量以及向企业提供相关公共服务的情况。从 2023 年开始世界银行对主要经济体分三批开展首轮评价，首轮评价将耗时三年，每年都会出一份营商环境报告。

第三节　世界经济论坛的营商环境评价

自 1979 年起，世界经济论坛（World Economic Forum）开始对每个国家或者地区的竞争力进行评判，是国际上从事竞争力评价最著名的机构之一，认为营商环境就是城市竞争力，通过对一个国家或者地区进行综合因素考评，推出《全球竞争力报告》。

一　指标选取

《全球竞争力报告》以全球竞争力指数（The Global Competitiveness Index，GCI）为基础，包括营商环境、人力资本、市场、创新生态系统四个竞争力一级指标，制度、基础设施、信息通信技术采用、宏观经济稳定、健康、教育和技能、产品市场、劳动力市场、金融体系、市场规模、商业活力和创新能力等 12 个竞争力二级指标，世界经济论坛称之为竞争力的 12 根支柱。

（一）营商环境

营商环境指标是市场主体在生命周期中所涉及的政务环境、市场环境、法治环境、人文环境等有关外部因素和条件的总和。包括制度、基础设施、信息通信技术采用、宏观经济稳定四个二级指标。

（二）人力资本

人力资本指标是指体现在劳动者身上的资本，如劳动者的知识技能、文化技术水平与健康状况等。包括健康、教育和技能两个二级指标。

（三）市场

市场指标是指为市场主体的生产和发展提供各类物质条件。包括产品市场、劳动力市场、金融体系、市场规模四个二级指标。

（四）创新生态系统

创新生态系统指标是指整合人力、技术、信息、资本等创新要素，实现创新价值创造的创新生态体系。包括商业活力、创新能力两个二级指标。

《全球竞争力报告》还将 12 个竞争力二级指标细分为 103 个三级指标，因篇幅有限，本书不再一一赘述。

表 3　世界经济论坛《全球竞争力报告》指标体系

一级指标	二级指标
1. 营商环境	1.1 制度
	1.2 基础设施
	1.3 信息通信技术采用
	1.4 宏观经济稳定
2. 人力资本	2.1 健康
	2.2 教育和技能
3. 市场	3.1 产品市场
	3.2 劳动力市场
	3.3 金融体系
	3.4 市场规模
4. 创新生态系统	4.1 商业活力
	4.2 创新能力

二 评价体系的计算方法

世界经济论坛《全球竞争力报告》的评价体系计算方法与世界银行《营商环境报告》的方法基本一致。即赋予每项指标 0～100 分的计分制度，用于反映实际经济与理想状态（又称"竞争力前沿"）之间的差距，并采用加权平均法得到竞争力指数。

三 评价结果

世界经济论坛发布《2024 全球竞争力报告》，对全球 140 多个经济体的生产力和长期经济增长的驱动因素进行了年度评估，旨在为政策制定者和其他利益相关者提供全球竞争力水平评价与排名。排名前十的经济体分别是瑞士、新加坡、美国、荷兰、德国、中国香港、瑞典、英国、日本和丹麦。这些国家（地区）在经济、创新、人力资源、基础设施等方面表现出色，展现了较强的竞争力。

第四节　经济学人智库的营商环境评价

经济学人智库（Economist Intelligence Unit）作为全球有影响力的《经济学人》旗下一家研究和咨询公司，每 5 年编制一次营商环境排名，对象是全球 82 个国家及地区。排名是根据这些地区营商环境的质素和吸引力，不仅考虑过往表现，还会分析该地区未来 5 年的营商环境转变。经济学人智库的营商环境评价重在考察区域发展的市场化程度，综合了宏观环境和市场重点要素领域的政策评价指标，对政治环境、宏观经济环境、市场竞争政策、投融资政策等进行系统评价。

一 指标选取

（一）政治环境

政治环境指标主要是指企业市场营销活动的外部政治形势、国家方针政策及其变化，比如说政府是否经常换动、政策是否经常变动等。包括政治稳定性、政策有效性两个二级指标。

（二）宏观经济环境

宏观经济环境指标主要是指宏观经济运行的周期性波动等规律性因素和政府实施的经济政策等环境。包括通货膨胀率、财政支出占 GDP 比重、宏观经济决策质量三个二级指标。

（三）市场机遇

市场机遇指标主要是指企业在国内发展成熟后，转向外部市场寻求新的商业机会、外部市场的环境等。包括以购买力平价计的 GDP、占世界货物贸易额比重、区域一体化程度三个二级指标。

（四）自由市场及竞争政策

自由市场及竞争政策指标主要是指政府对市场干预较少，企业可以自由竞争，企业权益受到相应的法律保护。包括私有财产保护、对民营企业的进入限制、知识产权保护三个二级指标。

（五）外资政策

外资政策指标主要是指企业对于境外投资所处的政策环境。包括国家文化开放度、对境外投资者的保护两个二级指标。

（六）外贸及汇率管制

外贸及汇率管制指标主要是指企业在对外贸易领域的政策环境。包括资本项目的开放、贸易保护政策两个二级指标。

（七）税率

税率指标主要是指企业所需承担的税赋、所享受到的优惠及缴纳税款过程的复杂程度等。包括企业赋税、对投资的补贴与鼓励、税收系统复杂度三个二级指标。

（八）融资

融资指标主要是指企业所在金融市场获取融资的机会等。包括金融部门开放度、金融监管体系两个二级指标。

（九）劳动力市场及基础建设

劳动力市场及基础建设指标主要是指企业所需劳动力市场及其他基础设施环境。包括劳动法规制度，网络通信设施、交通及其他基础设施两个二级指标。

表 4　经济学人智库营商环境评价指标

一级指标	二级指标
1. 政治环境	1.1 政治稳定性
	1.2 政策有效性
2. 宏观经济环境	2.1 通货膨胀率
	2.2 财政支出占 GDP 比重
	2.3 宏观经济决策质量
3. 市场机遇	3.1 以购买力平价计的 GDP
	3.2 占世界货物贸易额比重
	3.3 区域一体化程度
4. 自由市场及竞争政策	4.1 私有财产保护
	4.2 对民营企业的进入限制
	4.3 知识产权保护
5. 外资政策	5.1 国家文化开放度
	5.2 对境外投资者的保护
6. 外贸及汇率管制	6.1 资本项目的开放
	6.2 贸易保护政策
7. 税率	7.1 企业赋税
	7.2 对投资的补贴与鼓励
	7.3 税收系统复杂度
8. 融资	8.1 金融部门开放度
	8.2 金融监管体系
9. 劳动力市场及基础建设	9.1 劳动法规制度
	9.2 网络通信设施、交通及其他基础设施

资料来源：根据新京报网、经济学人网站搜集整理。

二　评价结果

该机构公布了 2014~2018 年全球最佳营商环境排名，前 3 位分别是新加坡、瑞士和中国香港，中国大陆排名第 50 位，经济学人智库指出亚洲不同地区间营商环境的差异较大，其中，表现较好的国家或地区都有多项共通点，比如有利于营商的金融及外资政策等。

综上，由于经济学人智库关于全球营商环境的评估每 5 年一次，时间周期太长，不能对中国营商环境的变化进行跟踪分析；世界经济论坛《全球竞争力报告》部分数据不易获取；而世界银行新的营商环境评价体系 B-READY 报告还未发布。因此，本书将根据世界银行基于 DB 体系发布的《营商环境报告》来分析中国营商环境的变化和改善进程。

第五节　基于世界银行《营商环境报告》的中国营商环境变化分析①

一　总体表现

根据营商环境 DB 体系，世界银行选取了开办企业、雇佣工人、办理施工许可、获得电力、登记财产、获得信贷、保护少数投资者、缴纳税款、跨境贸易、政府采购、执行合同、办理破产等 12 个指标进行营商环境评估，但雇佣工人和政府采购 2 项指标最终并没有被纳入营商环境指标评价排名中。另外，由于中国人口超过 1 亿，世界银行《营商环境报告》监测了北京、上海两个城市，最终中国营商环境的得分是根据这两个城市的人口加权平均值所得，即北京占比为 45%、上海占比为 55%。

因此，从 10 项指标综合得分排名来看，DB2005～DB2015，中国营商环境排名呈现波浪式变动，全球排名最低值出现在 DB2006，为第 108 位（共 175 个经济体），最高值出现在 DB2008，为第 83 位（共 178 个经济体），其他年份的排名均在第 90 位左右徘徊，这说明我国在这一阶段营商环境改善步伐较小。自 DB2016 开始，我国开始高度关注营商环境的改善，在世界银行历年的《营商环境报告》中，中国营商环境全球

---

① 本小节数据资料均来自历年世界银行发布的《营商环境报告》。

排名呈逐年上升趋势，尤其是 DB2019 和 DB2020，中国营商环境改善力度加大、步伐加快、效果显著，DB2019 排名大幅提升 32 位，升至全球第 46 位（共 190 个经济体）（见图 1）；DB2020 时，排名又前进 15 位，跃升至第 31 位（共 190 个经济体），在营商环境方面的改善使得中国连续两年跻身世界银行全球优化营商环境改善幅度最大的十大经济体，并成为大型经济体中自 DB2005 以来营商环境改善幅度最大的经济体①。

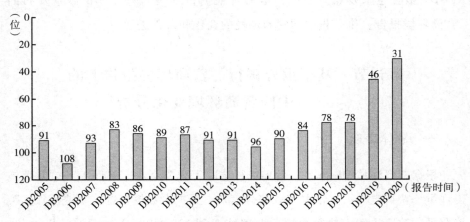

图 1　DB2005~DB2020 中国营商环境排名变化情况

从《营商环境报告 2020》中我国营商环境各分项指标排名来看，开办企业（第 27 位）、获得电力（第 12 位）、登记财产（第 28 位）、保护少数投资者（第 28 位）、执行合同（第 5 位）等 5 项指标排名均高于我国综合排名，其中执行合同指标的全球排名最高，为第 5 位，表现亮眼，说明我国对企业合同执行时处理商业纠纷的时间较短、花费的成本较低、总体司法程序质量较高。办理施工许可（第 33 位）、获得信贷（第 80 位）、缴纳税款（第 105 位）、跨境贸易（第 56 位）、办理破产（第 51 位）等 5 项指标排名均低于我国综合排名，尤其是纳税缴款，仅排到全球 190 个经济体中的第 105 位，虽然这项指标的排名也在逐年上升，但是上升速度相对较慢（见图 2）。

---

① 世界银行：《中国优化营商环境的成功经验——改革驱动力与未来改革机遇》，2020 年 7 月。

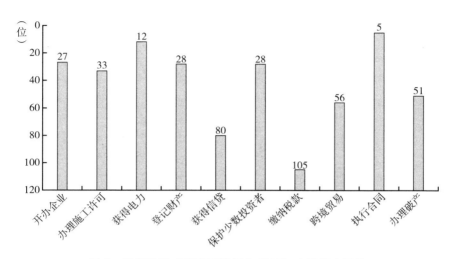

**图 2 世界银行《营商环境报告 2020》中国营商环境
各分项指标排名**

表 5 中国在《营商环境报告 2020》中各项指标评估结果和一级指标排名情况

指标		评估结果	排名（位）
指标名称	单位		
1. 开办企业		94.1	27
1.1 办理程序	项	4	／
1.2 办理时间	天	9	／
1.3 办理成本（占人均收入百分比）	％	1.1	／
1.4 最低实缴资本（占人均收入百分比）	％	0	／
2. 办理施工许可		77.3	33
2.1 办理程序	项	18	／
2.2 办理时间	天	111	／
2.3 办理成本（占人均收入 50 倍的百分比）	％	2.8	／
2.4 建筑质量控制（0~15）	分	15	／
3. 获得电力		95.4	12
3.1 办理程序	项	2	／
3.2 办理时间	天	32	／
3.3 办理成本（占人均收入百分比）	％	0	／
3.4 供电可靠性和电费透明度（0~8）	分	7	／

续表

指标		评估结果	排名（位）
指标名称	单位		
4. 登记财产		81.0	28
4.1 办理程序	项	4	／
4.2 办理时间	天	9	／
4.3 办理成本（占人均收入 50 倍的百分比）	％	4.6	／
4.4 用地管理系统质量（0~30）	分	24	／
5. 获得信贷		60	80
5.1 合法权利指数（0~12）	分	4	／
5.2 信贷信息深度指数（0~8）	分	8	／
6. 保护少数投资者		72	28
6.1 纠纷调解指数（0~10）	分	6.3	／
6.1.1 披露程度指数（0~10）	分	10	／
6.1.2 董事责任程度指数（0~10）	分	4	／
6.1.3 股东诉讼便利度指数（0~10）	分	5	／
6.2 股东治理指数（0~20）	分	17	／
6.2.1 股东权利保护指数（0~6）	分	5	／
6.2.2 所有权和管理控制指数（0~7）	分	6	／
6.2.3 公司透明度指数（0~7）	分	6	／
7. 缴纳税款		70.1	105
7.1 纳税次数	次/年	7	／
7.2 纳税所需时间	小时/年	138	／
7.3 总税率（占利润百分比）	％	59.2	／
7.4 报税后程序指数（0~100）	分	50	／
8. 跨境贸易		86.5	56
8.1 出口单证合规时间	小时	9	／
8.2 出口边界合规时间	小时	21	／
8.3 出口单证合规费用	美元	74	／
8.4 出口边界合规费用	美元	25.6	／
8.5 进口单证合规时间	小时	13	／
8.6 进口边界合规时间	小时	36	／
8.7 进口单证合规费用	美元	77	／
8.8 进口边界合规费用	美元	241	／

指标		评估结果	排名（位）
指标名称	单位		
9. 执行合同		80.9	5
9.1 商业纠纷解决时间	天	496	/
9.2 商业纠纷解决成本（占索赔金额百分比）	%	16.2	/
9.3 司法程序质量指数（0~18）	分	16.5	/
10. 办理破产		62.1	51
10.1 回收率（回收债务占债务额百分比）	%	36.9	/
10.2 破产法律框架保护指数（0~16）	分	13.5	/

资料来源：根据世界银行《营商环境报告2020》整理。

二 各分项指标分析

（一）开办企业

按照世界银行的做法，把调查问卷分为企业登记注册前、登记注册以及登记注册后三个阶段，对不同阶段企业开办时所需的程序、时间、成本等进行梳理，通过加权平均计算出开办企业下各指标的得分和排名[①]。

自2013年起我国开始部署推进公司注册资本登记制度改革，减少企业登记环节高昂的设立成本、复杂的程序等，降低市场准入门槛，"十三五"期间我国继续对市场主体登记注册各方面工作进行了大刀阔斧的改革，如国务院办公厅2018年发布《关于进一步压缩企业开办时间的意见》等，我国的开办企业指标呈逐年好转趋势，全球排名显著提高。办理程序从9项减少到DB2019的4项；办理时间从29.4天减少到DB2019的8.6天，DB2020略有上升；办理成本从0.9%降至0.4%，DB2020世界银行将税控盘（又称"税控服务器"）费用计入开办企业成本中，我国这一指标再次升高至1.1%；最低实缴资本自2014年我国"注册资本实缴改认缴"后就降低为0

---

① 世界银行根据部分国家或地区风俗习惯不同，开展调查问卷的时候还进行了男女区分，此处不再赘述。

（见表6）。因此我国开办企业指标全球排名已经在 DB2020 跃升至第 27 位，与 DB2015 相比提高了 101 位，成绩傲人（见图 3）。

表6　DB2015~DB2020 我国开办企业指标评估结果

指标	DB2015	DB2016	DB2017	DB2018	DB2019	DB2020
办理程序（项）	9	9	7	7	4	4
办理时间（天）	29.4	29.4	26.9	22.9	8.6	9.0
办理成本（%）	0.9	0.7	0.7	0.6	0.4	1.1
最低实缴资本（%）	0	0	0	0	0	0

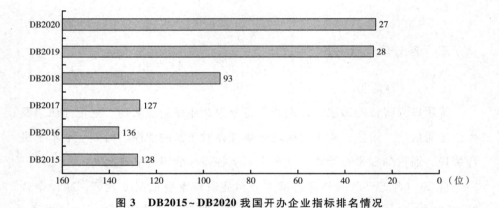

图3　DB2015~DB2020 我国开办企业指标排名情况

（二）办理施工许可

办理施工许可指标是世界银行营商环境考察指标体系中涉及部门最多、办理环节繁琐、时间跨度长、质量要求高的一项评价指标，同时也是最复杂的一项指标。从我国办理施工许可指标来看，DB2018 之前，我国的排名都在 170 位之后，较为靠后，应该说是 10 项指标中表现较差的一项，严重影响了我国营商环境的整体表现。但是自 DB2018 开始我国推进工程建设项目审批制度改革，国务院办公厅发布《关于全面开展工程建设项目审批制度改革的实施意见》，大幅缩减流程审批程序和时间，我国办理施工许可指标排名显著提升，DB2019 同比提升了 51 位，升至第 121 位；DB2020 同比又提高了 88 位，跃升至第 33 位，更是创下了世界银行营商环境历年单项指标升幅最大纪录，尤其是在建筑质量控制方面，DB2020，我国取得了 15 分的满分成绩，成为当年全球仅有的 6 个满分经济体之一（见表 7、图 4）。

表 7　DB2015~DB2020 我国办理施工许可指标评估结果

指标	DB2015	DB2016	DB2017	DB2018	DB2019	DB2020
办理程序（项）	28.6	28.6	28.6	28	20.4	18.0
办理时间（天）	265.9	265.9	265.9	261.8	155.1	111.0
办理成本（%）	8.9	8.4	8.2	7.8	2.9	2.8
建筑质量控制（0~15 分）	9.0	9.6	9.6	9.6	11.1	15.0

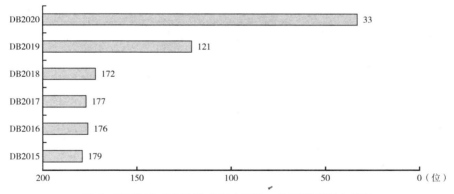

图 4　DB2015~DB2020 我国办理施工许可指标排名情况

（三）获得电力

获得电力指标除了衡量电力连通的效率外，还用于衡量电力供应的可靠性、电费及电价的透明度。DB2018 以前，我国获得电力指标排名较为靠后，甚至在 DB2015 排名在 100 位开外，DB2016~DB2018，排名刚进入 100 位序列，但是自 2019 年起我国高度重视获得电力指标的改善，2020 年 9 月 17 日国务院常务会议要求全面推广小微企业低压用电报装"零上门、零审批、零投资"，同年 9 月 25 日，国家发展和改革委员会、国家能源局出台了《关于全面提升"获得电力"服务水平 持续优化用电营商环境的意见》，

2022 年底前，在全国范围内实现小微企业低压用电报装"三零"服务、高压用户用电报装"三省"服务，用电营商环境持续优化，"获得电力"整体服务水平不断提升。对比 DB2019 与 DB2020 的营商环境报告可以看出，我国获得电力指标进步明显，DB2019 排名全球第 14 位，同比提高 84 个位次，DB2020 又向前晋级了 2 位，升至全球第 12 位（见图 5），在 DB2020 营商环境报告 10 项指标中，获得电力指标是除执行合同指标外，排名最靠前的一项指标。

表 8　DB2015～DB2020 我国获得电力指标评估结果

指项	DB2015	DB2016	DB2017	DB2018	DB2019	DB2020
办理程序（项）	5.5	5.5	5.5	5.5	3.0	2.0
办理时间（天）	143.2	143.2	143.2	143.2	34.0	32.0
办理成本（%）	459.4	413.3	390.4	356.0	0	0
供电可靠性和电费透明度（0~8 分）	5	5	5	5	6	7

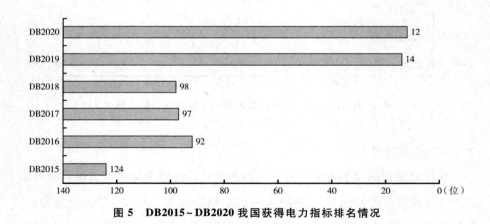

图 5　DB2015～DB2020 我国获得电力指标排名情况

（四）登记财产

登记财产指标主要用于衡量企业从二级市场购买土地、房产等不动产所耗费的时间、费用成本等多角度对土地管理质量进行评估。DB2018 之前我国登记财产指标排名一直在全球第 40 位左右，2017 年 5 月以来，中华人民共和国自然资源部（原国土资源部）先后出台了包括逐步压缩不动产登记办理时限、大力推行"一窗受理、并行办理"等一系列制度措施，确保不动产登记规范有序、便民利民。DB2015~DB2019，我国登记财产办理时间从 23.5 天压缩到 9 天，办理程序也缩减到 3.6 项，总排名从 DB2018 的第41 位上升至 DB2019 的第 27 位，提升了 14 个位次，到了 DB2020，因增加了尽职调查的环节，这一指标全球排名略微下降至第 28 位，但仍达到了全球先进水平（见表 9、图 6）。

表 9　DB2015~DB2020 我国登记财产指标评估结果

指项	DB2015	DB2016	DB2017	DB2018	DB2019	DB2020
办理程序（项）	5.0	5.0	5.0	5.0	3.6	4.0①
办理时间（天）	23.5	23.5	23.5	23.5	9.0	9.0
办理成本（%）	4.9	4.9	4.9	4.6	4.6	4.6
用地管理系统质量（0~30 分）	22.5	22.5	22.5	22.5	23.7	24.0

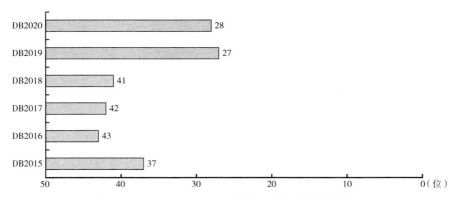

图 6　DB2015~DB2020 我国登记财产指标排名情况

---

①　2020 年办理程序增加了尽职调查。

（五）获得信贷

获得信贷指标用于衡量担保交易中借方和贷方的合法权利。由于和国际动产担保立法不同，我国相关规定分散于物权法、担保法以及有关司法解释之中，加之世界银行调研问卷关于法律的语言风格与我国存在差异，我国获得信贷指标在 DB2016 之前一直在全球第 70 位徘徊，在 DB2016 之后还呈现持续下滑态势，DB2020 全球排名下滑至第 80 位，其中合法权利指数这一指标在满分 12 分的情况下，我国一直以来的得分仅有 4 分，严重影响了我国获得信贷指标的得分和排名（见表 10、图 7）。

表 10　DB2015~DB2020 我国获得信贷指标评估结果

指标	DB2015	DB2016	DB2017	DB2018	DB2019	DB2020
合法权利指数（0~12 分）	4	4	4	4	4	4
信贷信息深度指数（0~8 分）	6	6	8	8	8	8

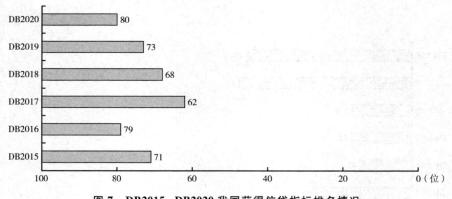

图 7　DB2015~DB2020 我国获得信贷指标排名情况

（六）保护少数投资者

保护少数投资者指标用于衡量在利益冲突的情况下少数持股者受到的保护和在公司治理结构中股份持有人的权利。我国保护少数投资者指标在 DB2018 之前基本保持在 100 位开外的名次，随着 2019 年我国最高人民法院发布《最高人民法院关于适用〈中华人民共和国公司法〉若干问题的规定（五）》、中国证监会发布《关于修改〈上市公司章程指引〉的决定》等一系列政策法规的实施，DB2019 我国保护少数投资者指标的排名同比提升了55 位至全球第 64 位，DB2020 排名又提高 36 位跃升至全球第 28 位，连续两年排名提升幅度显著，从落后于我国整体排名的水平晋升到超过我国整体排名水平，实现了逆转（见图 8）。

表 11　DB2015～DB2020 我国保护少数投资者指标评估结果

指标	DB2015	DB2016	DB2017	DB2018	DB2019	DB2020
纠纷调解指数（0～10 分）	5.0	5.0	5.0	5.0	5.3	6.3
股东治理指数（0～20 分）	18.0	18.0	18.0	18.0	20.0	17.0

注：2020 年以前股东治理指数范围为 0～30 分，2020 年经世界银行调整后改为 0～20 分。

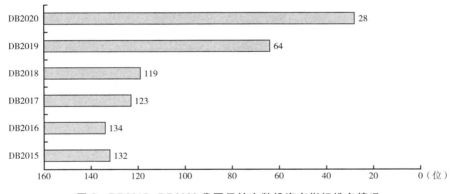

图 8　DB2015～DB2020 我国保护少数投资者指标排名情况

（七）缴纳税款

缴纳税款指标用于衡量企业一年所需支付的税赋，以及在缴纳税款过程中的行政负担。DB2015～DB2020 我国缴纳税款指标的排名虽略有上升，但是仍然排名 100 位开外，在此期间我国进行了营业税改增值税改革，开启"互联网+税收"的大数据服务纳税功能，实施简化企业所得税、劳动所得税、增值税申报和电子发票交付等，DB2020 我国的排名为第 105 位，与发达经济体相比，影响我国缴纳税款指标排名的主要因素是我国的总税率相对较高和报税后程序指数较低，DB2020 我国的总税率占商业利润的 59.2%，而国际平均水平的税率负担通常只有 40% 左右，在纳税次数、纳税所需时间等与世界其他主要发达经济体相似的情况下，高额税率和较低的报税后程序指数拖累了我国缴纳税款指标排名（见表 12、图 9）。

表 12　DB2015~DB2020 我国缴纳税款指标评估结果

指标	DB2015	DB2016	DB2017	DB2018	DB2019	DB2020
纳税次数（次/年）	9	9	9	9	7	7
纳税所需时间（小时/年）	261	261	259	207	142	138
总税率（%）	68.6	67.9	68.2	67.3	64.9	59.2
报税后程序指数（0~100 分）	48.98	48.98	48.98	49.08	50	50

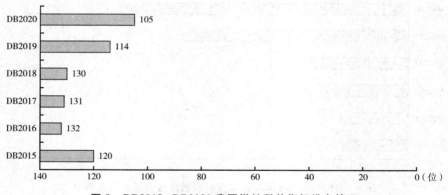

图 9　DB2015~DB2020 我国缴纳税款指标排名情况

（八）跨境贸易

跨境贸易指标衡量从企业双方签署合作协议开始到交付货物为止所涉及的成本和程序。DB2018 之前，我国跨境贸易指标全球排名在第 100 位左右，2018 年国务院发布《优化口岸营商环境促进跨境贸易便利化工作方案》，2019 年海关总署会同财政部、自然资源部、交通运输部等 10 部门联合印发

《关于加快提升通关便利化水平的通知》，主要是通过简化单证、优化流程提高通关效率、提升口岸信息化水平、降低口岸收费来压缩"跨境贸易"的时间和成本，DB2019 我国跨境贸易指标的全球排名上升 32 位至全球第65 位，DB2020 全球排名又进一步上升至第 56 位（见图 10）。

表 13　DB2015~DB2020 我国跨境贸易指标评估结果

指标	DB2015	DB2016	DB2017	DB2018	DB2019	DB2020
出口单证合规时间（小时）	21.2	21.2	21.2	21.2	8.6	9.0
出口单证合规费用（美元）	84.6	84.6	84.6	84.6	73.6	74.0
出口边界合规时间（小时）	25.9	25.9	25.9	25.9	25.9	21
出口边界合规费用（美元）	484.1	484.1	484.1	484.1	314.0	25.6
进口单证合规时间（小时）	65.7	65.7	65.7	65.7	24.0	13.0
进口单证合规费用（美元）	170.9	170.9	170.9	170.9	122.3	77.0
进口边界合规时间（小时）	92.3	92.3	92.3	92.3	48.0	36.0
进口边界合规费用（美元）	745.0	745.0	745.0	745.0	326.0	241.0

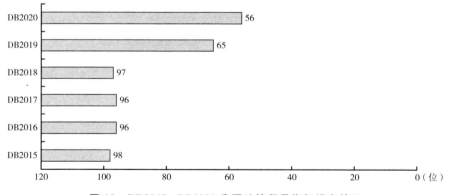

图 10　DB2015~DB2020 我国跨境贸易指标排名情况

（九）执行合同

执行合同指标用于衡量司法程序解决商业纠纷的时间消耗与经济成本，以及对司法程序的质量进行评估，也被称为法院竞争力指标，侧面反映了投资者在经济体中的"司法体验"。我国通过修改民事诉讼程序法典来简化和加快所有法庭程序，对民商事案件按照繁简进行分流，用信息化手段提升审判效率，对财产处置进行联动执法，从而使执行合同更加容易。2018 年《最高人民法院关于严格规范民商事案件延长审限和延期开庭问题的规定》施行，规范延期开庭审理问题，从司法层面营造稳定公平透明、可预期的营商环境。自 DB2016 开始，我国的这一项指标一直稳定在全球前 10 位，且在 10 项指标中排名最靠前，十分抢眼，尤其是在 DB2017、DB2018、DB2020 均排在全球第 5 位，已经迈入发达经济体行列（见图 11）。

表 14　DB2015~DB2020 我国执行合同指标评估结果

指标	DB2015	DB2016	DB2017	DB2018	DB2019	DB2020
商业纠纷解决时间（天）	496.3	496.3	496.3	496.3	496.3	496.0
商业纠纷解决成本（%）	16.2	16.2	16.2	16.2	16.2	16.2
司法程序质量指数（0~18 分）	14.0	15.0	15.5	15.5	15.5	16.5

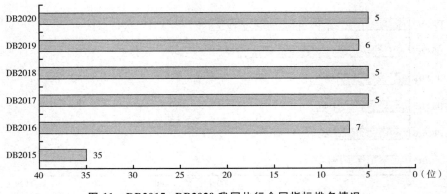

图 11　DB2015~DB2020 我国执行合同指标排名情况

（十）办理破产

办理破产指标用于衡量一个经济体破产法律制度的实施效果，以及考察经济体的破产法律框架。从 DB2015~DB2020 来看，回收率略有提高，但 DB2017~DB2020 一直保持在 36.9%，没有再提高，仅为该指标最佳经济体日本的 40% 左右；破产法律框架保护指数 DB2020 提高 2 分，为 13.5 分，综合这两项分指标，我国办理破产指标全球排名徘徊在第 50~60 位，DB2020 排全球第 51 位，较 DB2019 提升了 10 个位次，是历年来的最高位次（见表 15、图 12）。

表 15 DB2015~DB2020 我国办理破产指标评估结果

指标	DB2015	DB2016	DB2017	DB2018	DB2019	DB2020
回收率(%)	36.0	36.2	36.9	36.9	36.9	36.9
破产法律框架保护指数(0~16 分)	11.5	11.5	11.5	11.5	11.5	13.5

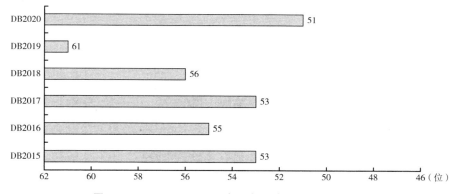

图 12 DB2015~DB2020 我国办理破产指标排名情况

2020 年 7 月 27 日，世界银行发布专题报告《中国优化营商环境的成功经验——改革驱动力与未来改革机遇》，肯定了过去几年中国在优化营商环境方面所做的努力。该报告指出随着营商环境改革的推进，中国已经成为大型经济体中自 2005 年以来营商环境改善幅度最大的经济体，尤其是 DB2019 和 DB2020 中国营商环境改革步伐加快，DB2020 排名第 31 位，改革举措面广，涵盖了《营商环境报告》中从开办企业到办理破产的大部分指标，在执行合同、获得电力等领域，中国目前已接近或位于全球最佳实践的前沿。具体包括简化开办企业、施工许可办理手续和确保建筑法规和监理质量、进一步改善跨境贸易、制定和建设为获得信贷提供便利的法规和基础设施、为办理破产建立世界一流的框架和制度等。在分析中国营商环境改善的成因时，世界银行给出六个方面的驱动因素,一是高层领导对改革议程的重视;二是各级地方政府的政策试验;三是注重国内外知识交流;四是自上而下对改革议程的强大执行力及结果问责;五是私营部门的积极参与;六是电子政务服务的广泛运用。虽然中国在营商环境改善方面取得了一定成功,但在获得信贷、缴纳税款等指标领域需进一步努力改善,促使中国的营商环境达到世界前沿,所以报告也指出在营商环境评估范围之外,中国须保持改革势头、扩大数据开放、提高私营部门反馈的数量与质量、进一步加强跨部门协调;同时还须继续解决营商环境中的其他挑战,包括加强法治建设、促进竞争、为所有企业营造公平竞争环境、开放尚未开放的其他经济部门、采取国际规范对待国有企业等。

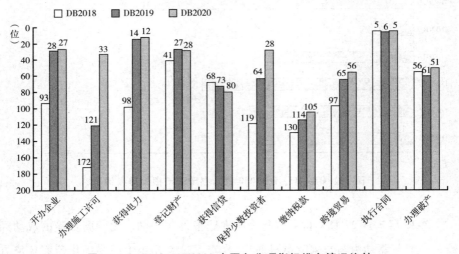

图13　DB2018～DB2020中国各分项指标排名情况比较

为了进一步促进我国营商环境提升,国务院于2019年10月22日颁布了《优化营商环境条例》(国务院令第722号)(以下简称《条例》),这是我国为进一步优化营商环境而颁布的第一部行政法规。《条例》总结了近几年来我国优化营商环境的经验和做法,将实践证明行之有效、人民群众满意、市场主体支持的改革举措用法规制度固化下来,重点针对我国营商环境的突出短板和市场主体反映强烈的痛点难点堵点问题,对标国际先进水平,从市场主体保护、市场环境、政务服务、监管执法、法治保障等方面完善相关体制机制，并作出相应规定。同时为在全国打造市场化、法治化、国际化营商环境，2021 年我国选择北京、上海、重庆、杭州、广州、深圳 6 个市场主体数量较多的城市，聚焦市场主体和群众关切，对标国际先进水平，进一步深化"放管服"改革，开展营商环境创新试点，并给试点城市开出了政策组合"大礼包"，具体举措有 6 个方面：一是进一步破除区域分割和地方保护，推动建设统一开放、竞争有序的市场体系。取消对企业跨区域经营不合理限制，破除政府采购等领域对外地企业的隐性壁垒，推进 7 类客货运输电子证照跨区域互认与核验。二是进一步方便市场主体准入和退出。在发放实体证照时同步发放电子营业执照等，便利企业网上办事；精简银行开户程序，压缩开户时间；推进市场监管、社保、税务等年报"多报合一"；探索适应新业态新模式发展的准入准营标准；破产案件受理后，允许破产管理人依法查询有关机构掌握的破产企业信息，在处置被查封财产时无须办理解封手续。三是提升投资和建设便利度。在土地供应前由政府部门开展地质灾害、水土保持等一揽子评估工作，强化责任；企业拿地后即可开工，不搞重复论证；对水电气暖等市政接入工程施工许可，实施告知承诺管理和在线并联办理。四是提升对外开放水平。推动与部分重要贸易伙伴口岸间相关单证联网核查；简化港澳投资者商事登记手续；支持开展国际航行船舶保税加油业务。五是创新和完善监管。在食品、药品、疫苗、安全等关系人民群众生命健康领域，实行惩罚性赔偿制度；健全遏制乱收费、乱罚款、乱摊派的长效机制；纠正中介机构垄断经营、强制服务等行为，清理取消企业在资质资格获取、招投标、权益保护等方面的差别化待遇，维护公平竞争。六是优化涉企服务。建立由政策变化、规划调整等造成企业合法利益受损的补偿救济机制；完善动产和权利担保统一登记制度；加快打破信息孤岛，扩大部门和地方间系统互联互通和数据共享范围，推动解决市场主体反复多处提交材料问题，促进更多事项网上办、一次办[①]。此后 6 个试点城市积极探索创新，

---

① 《国常会再释政策利好，六城市率先"入围"》，中华人民共和国中央人民政府网站，2021年 9 月 9 日。

着力为市场主体减负担、破堵点、解难题，形成了一批可复制推广的试点经验，推动了全国营商环境整体优化。随后其他地区纷纷对标国际先进，追赶超越，加大营商环境改革力度，进一步转变政府职能，一体推进简政放权、放管结合、优化服务改革，推进全链条优化审批、全过程公正监管、全周期提升服务，推动有效市场和有为政府更好地结合，促进营商环境迈向更高水平。

第五章
市场主体发展效益水平测评分析

市场主体是市场经济的微观基础，是包括企业、个体工商户、农民专业合作社等在内的参与 GDP 创造的基本经济单元。市场主体发展效益的不断增强，也在持续强化我国社会经济发展的根基和韧性。本章通过测评区域市场主体发展效益水平来衡量地区市场主体的综合实力。

第一节　市场主体发展效益水平模型构建

一　指标选取

遵循综合性、代表性、数据可获得性以及可量化等原则，本书选取经济发展水平、对外开放度、创新驱动、居民生活水平 4 个维度，筛选 13 个相关指标构建我国市场主体发展效益水平综合评价体系，建立较为合理的评价规则，进一步评估各区域市场主体的综合实力。

（1）经济发展水平。该指标测量市场主体发展带来的地区综合经济发展水平。共包含 5 个二级指标，分别为地区生产总值 X_1（亿元）、财政一般预算收入 X_2（亿元）、市场主体数量 X_3（户）、用电量 X_4（亿千瓦时）、货运量 X_5（万吨）。

（2）对外开放度。该指标测度市场主体发展为地区扩大开放做出的贡献度。共包含 2 个二级指标，分别为货物进出口额 X_6（亿元/亿美元）、外商投资企业数 X_7（户）。

（3）创新驱动。该指标测度市场主体发展对区域创新水平的提升程度。共包含 2 个二级指标，分别为专利授权数 X_8（件）、技术交易额 X_9（亿元）。

（4）居民生活水平。该指标测度市场主体的发展对居民生活水平的改善程度。共包含 4 个二级指标，分别为人均生产总值 X_{10}（元）、就业人数 X_{11}（万人）、居民人均可支配收入 X_{12}（元）、居民人均消费支出 X_{13}（元）（见表 1）。

表 1　市场主体发展效益水平综合评价体系

一级指标	序号	二级指标	单位
经济发展水平	X_1	地区生产总值	亿元
	X_2	财政一般预算收入	亿元
	X_3	市场主体数量	户
	X_4	用电量	亿千瓦时
	X_5	货运量	万吨
对外开放度	X_6	货物进出口额	亿元/亿美元
	X_7	外商投资企业数	户
创新驱动	X_8	专利授权数	件
	X_9	技术交易额	亿元
居民生活水平	X_{10}	人均生产总值	元
	X_{11}	就业人数	万人
	X_{12}	居民人均可支配收入	元
	X_{13}	居民人均消费支出	元

二　模型构建

因子分析法是用较少的公共因子反映原始数据大部分信息，把一些错综复杂的变量归纳为少数几个综合因子的一种多变量统计分析方法。为全面、多角度地评价多年来我国市场主体发展成效，本章使用因子分析法测度区域市场主体发展效益水平。

三　数据来源

依托国家统计局网站、《中国统计年鉴》、各省（区、市）统计局网站、各省（区、市）统计年鉴等，选取我国 31[①] 个省（区、市）不同年度的相关经济社会发展数据作为样本数据，采用 SPSS 统计分析软件进行综合测评分析。

四　数据处理

由于各指标的性质不同、计量单位不同，具有不同的量纲和数量级，各指标间的水平差异很大，如果直接用原始数据进行分析，就会突出数值水平较高的指标在综合分析中的作用，相对削弱数值水平较低指标的作用。因此，为了保证结果的可靠性，本书使用离差标准化，即 Min－Max 归一化（Min－Max Normalization）对原始指标数据进行标准化处理，使数据范围在 ［0，1］。公式为：

$$X_i^* = \frac{X_i - X_{min}}{X_{max} - X_{min}}$$

五　测评结果分类

根据市场主体发展效益水平测评结果，将我国省（区、市）划分为四个梯队，即市场主体发展效益水平高，划分为第一梯队；市场主体发展效益水平较高，划分为第二梯队；市场主体发展效益水平一般，划分为第三梯队；市场主体发展效益水平低，划分为第四梯队。

第二节　区域市场主体发展效益水平测评分析

由于 1952~2022 年的数据范围太广，再加上统计指标体系的不断更新变化，根据数据可获取性，本书选取 1995 年、2000 年、2005 年、2010 年、2012 年、2015 年、2020 年、2022 年等重要时间节点开展市场主体发展效益水平比较分析。

---

① 本章分析不包括香港、澳门、台湾地区。

一　1995年测评分析

（一）适用性检验

首先我们需要通过计算 KMO 值和 Bartlett 球形度检验判断 1995 年的数据是否适合因子分析，根据计算结果：KMO 统计量为 0.763，在 0.5~1.0，已经达到了进行主成分分析的条件；Bartlett 球形度检验结果显示，球状假设被拒绝，满足进行因子分析的条件（见表 2）。

表 2　KMO 和 Bartlett 检验结果

检验指标		检验结果
KMO 值		0.763
Bartlett 球形度检验	近似卡方	587.111
	自由度	78
	显著性	0.000

（二）因子分析

1. 提取公因子和方差比

根据总方差解释表 12，提取 2 个公因子后，累计方差贡献率达到 82.473%，基本覆盖了大部分因子的信息，能够较好地反映各项指标原始数据，因此提取 2 个主成分作为市场主体发展效益水平计算的公共因子。

2. 因子载荷

采用最大方差法计算得出旋转后的因子载荷矩阵表。从表 3 中可以看出：第一主成分对 X_6^*、X_7^*、X_8^*、X_9^*、X_{10}^*、X_{12}^*、X_{13}^* 有绝对值较大的载荷量；第二主成分对 X_1^*、X_2^*、X_3^*、X_4^*、X_5^*、X_{11}^* 有绝对值较大的载荷量。

表 3　旋转后的因子载荷矩阵

指标	成分 1	成分 2
X_1^*	0.462	0.833
X_2^*	0.671	0.684
X_3^*	0.212	0.892

指标	成分 1	成分 2
X_4^*	0.271	0.924
X_5^*	0.190	0.922
X_6^*	0.810	0.326
X_7^*	0.718	0.513
X_8^*	0.697	0.595
X_9^*	0.599	0.343
X_{10}^*	0.877	−0.097
X_{11}^*	−0.131	0.905
X_{12}^*	0.939	0.116
X_{13}^*	0.930	0.114

注：提取方法为主成分分析法，旋转方法为凯撒正态化最大方差法。

3. 模型公式

2 个主成分从不同的侧面反映了 1995 年各省（区、市）市场主体发展效益综合水平，从表 4 的因子得分系数矩阵得出 2 个因子分析的得分模型：

$$F_1 = 0.010X_1^* + 0.081X_2^* - 0.061X_3^* - 0.050X_4^* - 0.070X_5^* + 0.162X_6^* + 0.115X_7^* + 0.099X_8^* + 0.107X_9^* + 0.233X_{10}^* - 0.148X_{11}^* + 0.221X_{12}^* + 0.219X_{13}^*$$

$$F_2 = 0.151X_1^* + 0.086X_2^* + 0.197X_3^* + 0.198X_4^* + 0.208X_5^* - 0.021X_6^* + 0.037X_7^* + 0.061X_8^* + 0.010X_9^* - 0.136X_{10}^* + 0.244X_{11}^* - 0.091X_{12}^* - 0.090X_{13}^*$$

通过加权求和的方式，以各主成分对应的方差贡献率为权数，计算得出 1995 年市场主体发展效益水平测评模型为：

$$F = （F_1 * 41.277 + F_2 * 41.196） / 82.473$$

$$F = 0.080X_1^* + 0.083X_2^* + 0.068X_3^* + 0.074X_4^* + 0.069X_5^* + 0.071X_6^* + 0.076X_7^* + 0.080X_8^* + 0.059X_9^* + 0.049X_{10}^* + 0.048X_{11}^* + 0.065X_{12}^* + 0.065X_{13}^*$$

表 4　旋转后的因子得分系数矩阵

指标	因子 1	因子 2
X_1^*	0.010	0.151
X_2^*	0.081	0.086
X_3^*	−0.061	0.197

指标	因子1	因子2
X_4^*	-0.050	0.198
X_5^*	-0.070	0.208
X_6^*	0.162	-0.021
X_7^*	0.115	0.037
X_8^*	0.099	0.061
X_9^*	0.107	0.010
X_{10}^*	0.233	-0.136
X_{11}^*	-0.148	0.244
X_{12}^*	0.221	-0.091
X_{13}^*	0.219	-0.090

注：提取方法为主成分分析法，旋转方法为凯撒正态化最大方差法。

（三）测评结果分析

1. 总体测评结果

根据1995年市场主体发展效益水平测评结果：广东、江苏、山东、上海、浙江市场主体发展效益水平优于其他省域，划分为区域市场主体发展效益水平第一梯队。四川、辽宁、北京、河北、河南、湖南、湖北、福建、黑龙江、安徽、天津市场主体发展效益水平较高，划分为区域市场主体发展效益水平第二梯队。广西、山西、云南、陕西、吉林、江西市场主体发展效益水平整体表现一般，划分为区域市场主体发展效益水平第三梯队。贵州、新疆、内蒙古、海南、甘肃、青海、宁夏市场主体发展效益水平整体情况相对较差，划分为区域市场主体发展效益水平第四梯队（见表5）。

表5　1995年各省（区、市）市场主体发展效益水平测评分类

梯队划分	省（区、市）
第一梯队	广东、江苏、山东、上海、浙江
第二梯队	四川、辽宁、北京、河北、河南、湖南、湖北、福建、黑龙江、安徽、天津
第三梯队	广西、山西、云南、陕西、吉林、江西
第四梯队	贵州、新疆、内蒙古、海南、甘肃、青海、宁夏

注：西藏部分数据缺失，不作评价。

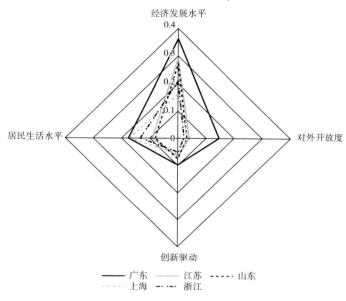

图 1　第一梯队比较

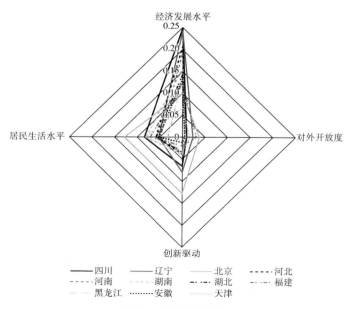

图 2　第二梯队比较

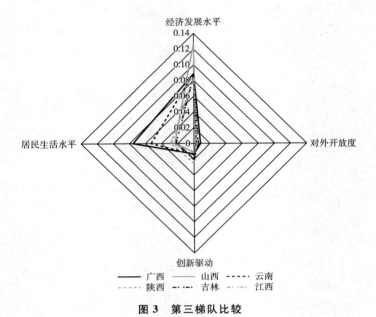

图 3　第三梯队比较

经济发展水平

0.08

0.06

0.04

0.02

0

居民生活水平　　　　　　　　　　　对外开放度

创新驱动

——　贵州　　——　新疆　　——　内蒙古　　----　海南
----　甘肃　　----　青海　　-·-·　宁夏

图 4　第四梯队比较

126

2. 分项指标测评结果

（1）经济发展水平

从分项指标经济发展水平的测评结果来看，广东、江苏、山东、四川、辽宁、浙江、河北划分为第一梯队，经济发展整体水平高；河南、上海、湖南、湖北、安徽、黑龙江、山西、福建、北京划分为第二梯队，经济发展整体水平较高；云南、广西、吉林、江西、陕西、内蒙古、天津、甘肃划分为第三梯队，经济发展整体水平一般；贵州、新疆、青海、海南、宁夏划分为第四梯队，经济发展整体水平比较落后（见表6）。

表6 1995年各省（区、市）市场主体发展效益中的经济发展水平指标测评分类

梯队划分	省（区、市）
第一梯队	广东、江苏、山东、四川、辽宁、浙江、河北
第二梯队	河南、上海、湖南、湖北、安徽、黑龙江、山西、福建、北京
第三梯队	云南、广西、吉林、江西、陕西、内蒙古、天津、甘肃
第四梯队	贵州、新疆、青海、海南、宁夏

（2）对外开放度

从分项指标对外开放度的测评结果来看，广东、江苏、北京、上海开放程度高，划分为第一梯队；山东、福建、辽宁、浙江、天津、海南、四川、湖北、河北开放程度较高，划分为第二梯队；广西、黑龙江、河南、吉林、湖南、安徽、江西、陕西开放程度不高，划分为第三梯队；云南、山西、内蒙古、甘肃、贵州、新疆、宁夏、青海开放程度较差，划分为第四梯队（见表7）。

表7 1995年各省（区、市）市场主体发展效益中的对外开放度指标测评分类

梯队划分	省（区、市）
第一梯队	广东、江苏、北京、上海
第二梯队	山东、福建、辽宁、浙江、天津、海南、四川、湖北、河北
第三梯队	广西、黑龙江、河南、吉林、湖南、安徽、江西、陕西
第四梯队	云南、山西、内蒙古、甘肃、贵州、新疆、宁夏、青海

（3）创新驱动

从分项指标创新驱动的测评结果来看，北京、广东、辽宁、山东创新水平高，划分为第一梯队；江苏、四川、上海、浙江、湖南、黑龙江、河北、河南、湖北、天津创新水平较高，划分为第二梯队；陕西、吉林、福建、云南、广西、安徽、山西、江西创新水平一般，划分为第三梯队；内蒙古、新疆、甘肃、贵州、宁夏、海南、青海创新水平较差，划分为第四梯队（见表8）。

表8　1995年各省（区、市）市场主体发展效益中的创新驱动指标测评分类

梯队划分	省（区、市）
第一梯队	北京、广东、辽宁、山东
第二梯队	江苏、四川、上海、浙江、湖南、黑龙江、河北、河南、湖北、天津
第三梯队	陕西、吉林、福建、云南、广西、安徽、山西、江西
第四梯队	内蒙古、新疆、甘肃、贵州、宁夏、海南、青海

（4）居民生活水平

从分项指标居民生活水平的测评结果来看，广东、上海、浙江、北京、江苏居民生活水平高，划分为第一梯队；四川、天津、湖南、山东、广西、福建居民生活水平较高，划分为第二梯队；海南、河北、湖北、云南、辽宁、安徽、河南、新疆、贵州居民生活水平一般，划分为第三梯队；黑龙江、江西、陕西、山西、吉林、宁夏、青海、甘肃、内蒙古居民生活水平相对较差，划分为第四梯队（见表9）。

表9　1995年各省（区、市）市场主体发展效益中的居民生活水平指标测评分类

梯队划分	省（区、市）
第一梯队	广东、上海、浙江、北京、江苏
第二梯队	四川、天津、湖南、山东、广西、福建
第三梯队	海南、河北、湖北、云南、辽宁、安徽、河南、新疆、贵州
第四梯队	黑龙江、江西、陕西、山西、吉林、宁夏、青海、甘肃、内蒙古

表 10 1995 年各省（区、市）指标的原始数据

省（区、市）	X_1	X_2	X_3	X_4	X_5	X_6	X_7	X_8	X_9	X_{10}	X_{11}	X_{12}	X_{13}
北京	1516.2	115.3	9636	261.74	32150	370.34	9691	4025	41.17	12762	671.7	6235	5020
天津	932.0	61.9	10767	178.99	22257	80.44	8959	1034	12.12	9769	493.0	4930	4064
河北	2701.2	120.0	24376	602.68	72535	39.18	5368	1580	8.43	4212	3384.8	3921	3162
山西	1076.0	72.2	11476	399.16	65821	14.02	1364	569	1.85	3515	1467.8	3306	2641
内蒙古	857.1	43.7	9496	186.83	32724	9.93	1074	415	1.26	3772	1041.7	2863	2482
辽宁	2793.4	184.4	29497	622.81	84057	131.86	11284	2745	22.86	6880	2066.9	3707	3113
吉林	1137.2	63.3	13140	267.60	26717	26.07	2990	824	5.12	4402	1267.2	3175	2598
黑龙江	1790.2	101.3	19006	409.38	33461	23.87	4388	1403	11.05	4856	1580.9	3375	2776
上海	2518.1	219.6	16729	403.27	29965	243.57	14487	1436	23.04	17910	782.4	7192	5868
江苏	5155.3	172.6	42676	684.80	74712	163.10	22950	2413	18.16	7319	3786.6	4634	3772
浙江	3563.9	116.8	35256	439.59	58287	115.10	11237	2131	9.78	8144	2720.9	6221	5263
安徽	1891.2	83.8	24276	288.97	40827	20.08	2949	574	2.19	3202	3226.7	3795	3161
福建	2094.9	117.4	19166	261.28	29193	144.46	16527	933	3.06	6536	1578.0	4507	3848
江西	1169.7	64.1	18699	181.21	22263	13.23	3016	509	2.16	2896	2070.0	3377	2712
山东	4953.4	179.0	27392	741.07	74833	139.44	17988	2861	18.59	5701	4660.2	4264	3286
河南	2988.4	124.6	23440	571.48	53488	22.29	4382	1145	12.28	3297	4720.9	3299	2674
湖北	2109.4	99.7	21021	414.99	36667	34.04	5758	1017	12.59	3671	2735.6	4029	3434
湖南	2132.1	108.2	23931	374.76	49847	20.39	3263	1515	10.54	3359	3535.4	4699	3886
广东	5940.3	382.5	35258	787.66	93422	1039.24	59582	4611	12.60	8139	3686.8	7439	6254
广西	1497.6	79.4	12603	220.77	26066	30.91	4876	665	2.06	3304	2398.1	4792	4046
海南	363.3	28.5	1330	32.00	8613	23.56	8606	108	—	5063	341.1	4770	3760

续表

省（区、市）	X_1	X_2	X_3	X_4	X_5	X_6	X_7	X_8	X_9	X_{10}	X_{11}	X_{12}	X_{13}
四川	2443.2	167.1	38351	582.85	90077	34.80	5897	2019	22.19	3043	6379.2	4003	3429
贵州	636.2	38.8	7512	203.70	11738	6.64	997	274	0.96	1826	1873.7	3931	3251
云南	1222.2	98.3	6389	223.71	38648	21.48	1286	569	3.91	3083	2196.9	4085	3448
陕西	1036.9	51.3	13122	239.68	28897	16.84	1894	1085	5.55	2965	1790.8	3310	2838
甘肃	557.8	33.9	7182	241.06	20514	6.00	1037	257	2.52	2312	1175.8	3153	2618
青海	167.8	8.6	7464	69.02	3419	1.54	97	65	0.14	3513	231.9	3320	2870
宁夏	175.2	9.0	1724	92.38	5019	2.20	361	111	0.18	3448	249.1	3383	2866
新疆	814.9	38.3	5160	119.67	19294	11.71	656	312	2.01	4701	675.0	4163	3187

注：1. 1995年西藏多项数据缺失不作分析。1995年重庆还未成为直辖市。海南1995年技术交易额数据缺失。2. 由于统计指标变化，按照数据的可获取性，各省（区、市）市场主体数量用工业企业法人单位数量近似替代；各省（区、市）居民人均可支配收入和居民人均消费支出用城镇居民人均可支配收入和城镇居民人均消费支出近似替代。

资料来源：国家统计局网站、《中国统计年鉴》（1996）。

表11 1995年各省（区、市）数据标准化后的结果

省（区、市）	X_1^*	X_2^*	X_3^*	X_4^*	X_5^*	X_6^*	X_7^*	X_8^*	X_9^*	X_{10}^*	X_{11}^*	X_{12}^*	X_{13}^*
北京	0.2336	0.2855	0.2009	0.3040	0.3192	0.3554	0.1613	0.8711	1.0000	0.6799	0.0715	0.7369	0.6728
天津	0.1324	0.1426	0.2282	0.1945	0.2093	0.0760	0.1490	0.2132	0.2920	0.4938	0.0425	0.4516	0.4194
河北	0.4389	0.2981	0.5574	0.7552	0.7679	0.0363	0.0886	0.3333	0.2020	0.1483	0.5129	0.2313	0.1803
山西	0.1573	0.1702	0.2454	0.4859	0.6933	0.0120	0.0213	0.1109	0.0417	0.1050	0.2010	0.0968	0.0420
内蒙古	0.1194	0.0939	0.1975	0.2049	0.3256	0.0081	0.0164	0.0770	0.0273	0.1210	0.1317	0	0
辽宁	0.4548	0.4704	0.6813	0.7818	0.8959	0.1256	0.1881	0.5895	0.5537	0.3142	0.2985	0.1843	0.1674

续表

省（区，市）	X_1^*	X_2^*	X_3^*	X_4^*	X_5^*	X_6^*	X_7^*	X_8^*	X_9^*	X_{10}^*	X_{11}^*	X_{12}^*	X_{13}^*
吉林	0.1679	0.1464	0.2856	0.3118	0.2589	0.0236	0.0486	0.1670	0.1214	0.1602	0.1684	0.0681	0.0307
黑龙江	0.2811	0.2481	0.4275	0.4994	0.3338	0.0215	0.0721	0.2943	0.2659	0.1884	0.2194	0.1119	0.0780
上海	0.4072	0.5646	0.3724	0.4913	0.2949	0.2332	0.2419	0.3016	0.5581	1.0000	0.0896	0.9460	0.8978
江苏	0.8640	0.4389	1.0000	0.8639	0.7921	0.1557	0.3842	0.5165	0.4392	0.3415	0.5783	0.3871	0.3421
浙江	0.5883	0.2895	0.8205	0.5394	0.6096	0.1094	0.1873	0.4545	0.2350	0.3928	0.4049	0.7340	0.7374
安徽	0.2986	0.2012	0.5550	0.3401	0.4156	0.0179	0.0479	0.1120	0.0500	0.0856	0.4872	0.2038	0.1801
福建	0.3338	0.2911	0.4314	0.3034	0.2864	0.1377	0.2762	0.1909	0.0712	0.2928	0.2190	0.3593	0.3622
江西	0.1736	0.1485	0.4201	0.1975	0.2094	0.0113	0.0491	0.0977	0.0492	0.0665	0.2990	0.1122	0.0611
山东	0.8290	0.456	0.6303	0.9383	0.7935	0.1329	0.3008	0.6150	0.4497	0.2409	0.7204	0.3062	0.2130
河南	0.4886	0.3104	0.5348	0.7139	0.5563	0.0200	0.0720	0.2376	0.2959	0.0915	0.7302	0.0954	0.0509
湖北	0.3364	0.2438	0.4762	0.5068	0.3694	0.0313	0.0952	0.2094	0.3034	0.1147	0.4073	0.2547	0.2523
湖南	0.3403	0.2665	0.5466	0.4536	0.5158	0.0182	0.0532	0.3190	0.2535	0.0953	0.5374	0.4013	0.3721
广东	1.0000	1.0000	0.8206	1.0000	1.0000	1.0000	1.0000	1.0000	0.3037	0.3925	0.5620	1.0000	1.0000
广西	0.2304	0.1895	0.2727	0.2498	0.2516	0.0283	0.0803	0.1320	0.0468	0.0919	0.3524	0.4215	0.4146
海南	0.0339	0.0533	0	0	0.0577	0.0212	0.1430	0.0095	—	0.2013	0.0178	0.4169	0.3389
四川	0.3942	0.4241	0.8954	0.7290	0.9628	0.0321	0.0975	0.4298	0.5374	0.0757	1.0000	0.2491	0.2511
贵州	0.0811	0.0808	0.1495	0.2272	0.0924	0.0049	0.0151	0.0460	0.0200	0	0.2671	0.2335	0.2037
云南	0.1827	0.2400	0.1224	0.2537	0.3914	0.0192	0.0200	0.1109	0.0919	0.0782	0.3197	0.2671	0.2562
陕西	0.1506	0.1143	0.2852	0.2748	0.2831	0.0147	0.0302	0.2244	0.1319	0.0708	0.2536	0.0976	0.0943
甘肃	0.0676	0.0677	0.1415	0.2767	0.1899	0.0043	0.0158	0.0422	0.0580	0.0302	0.1535	0.0633	0.0360
青海	0	0	0.1484	0.0490	0	0		0	0	0.1049	0	0.0998	0.1029
宁夏	0.0013	0.0011	0.0095	0.0799	0.0178	0.0006	0.0044	0.0101	0.0010	0.1008	0.0028	0.1136	0.1017
新疆	0.1121	0.0795	0.0926	0.1160	0.1764	0.0098	0.0094	0.0543	0.0456	0.1787	0.0721	0.2842	0.1868

表 12 1995 年总方差解释

成分	初始特征值			提取载荷平方和			旋转载荷平方和		
	总计	方差百分比(%)	累计(%)	总计	方差百分比(%)	累计(%)	总计	方差百分比(%)	累计(%)
1	8.082	62.167	62.167	8.082	62.167	62.167	5.366	41.277	41.277
2	2.640	20.305	82.473	2.640	20.305	82.473	5.355	41.196	82.473
3	0.974	7.492	89.965						
4	0.508	3.909	93.874						
5	0.304	2.338	96.212						
6	0.175	1.346	97.558						
7	0.139	1.073	98.630						
8	0.096	0.736	99.367						
9	0.034	0.259	99.626						
10	0.021	0.162	99.788						
'11	0.016	0.122	99.911						
12	0.009	0.068	99.978						
13	0.003	0.022	100						

二　2000年测评分析

（一）适用性检验

根据 KMO 值和 Bartlett 球形度检验计算结果：KMO 统计量为 0.811，Bartlett 球形度检验结果显示球状假设被拒绝，因此 2000 年测评数据满足进行因子分析的条件（见表 13）。

表 13　KMO 和 Bartlett 检验结果

检验指标		检验结果
KMO 值		0.811
Bartlett 球形度检验	近似卡方	700.236
	自由度	78
	显著性	0.000

（二）因子分析

1. 提取公因子和方差比

按照总方差解释表 23，提取 2 个公因子后，累计方差贡献率达到 83.075%，基本覆盖了大部分因子的信息，能够较好地反映各项指标原始数据，因此提取 2 个主成分作为市场主体发展效益水平计算的公共因子。

2. 因子载荷

采用最大方差法计算得出旋转后的因子载荷矩阵表。从表 14 中可以看出：第一主成分对 X_1^*、X_2^*、X_3^*、X_4^*、X_5^*、X_6^*、X_7^*、X_8^*、X_{11}^* 有绝对值较大的载荷量；第二主成分对 X_9^*、X_{10}^*、X_{12}^*、X_{13}^* 有绝对值较大的载荷量。

表 14　旋转后的因子载荷矩阵

指标	成分 1	成分 2
X_1^*	0.943	0.279
X_2^*	0.842	0.513
X_3^*	0.587	0.128

指标	成分 1	成分 2
X_4^*	0.952	0.180
X_5^*	0.839	0.024
X_6^*	0.656	0.606
X_7^*	0.712	0.523
X_8^*	0.839	0.469
X_9^*	0.189	0.839
X_{10}^*	0.080	0.959
X_{11}^*	0.798	-0.351
X_{12}^*	0.166	0.963
X_{13}^*	0.137	0.977

注：提取方法为主成分分析法，旋转方法为凯撒正态化最大方差法。

3. 模型公式

从表 15 的因子得分系数矩阵得出 2 个因子分析的得分模型：

$$F_1 = 0.169X_1^* + 0.124X_2^* + 0.110X_3^* + 0.181X_4^* + 0.174X_5^* + 0.076X_6^* + 0.096X_7^* + 0.128X_8^* - 0.046X_9^* - 0.081X_{10}^* + 0.203X_{11}^* - 0.063X_{12}^* - 0.071X_{13}^*$$

$$F_2 = -0.025X_1^* + 0.045X_2^* - 0.027X_3^* - 0.051X_4^* - 0.080X_5^* + 0.087X_6^* + 0.060X_7^* + 0.034X_8^* + 0.194X_9^* + 0.236X_{10}^* - 0.171X_{11}^* + 0.228X_{12}^* + 0.235X_{13}^*$$

通过加权求和的方式，以各主成分对应的方差贡献率为权数，计算得出 2000 年市场主体发展效益分值模型为：

$$F = (F_1 * 45.538 + F_2 * 37.537) / 83.075$$

$$F = 0.081X_1^* + 0.088X_2^* + 0.048X_3^* + 0.076X_4^* + 0.059X_5^* + 0.081X_6^* + 0.080X_7^* + 0.086X_8^* + 0.062X_9^* + 0.062X_{10}^* + 0.034X_{11}^* + 0.068X_{12}^* + 0.067X_{13}^*$$

表 15　旋转后的因子得分系数矩阵

指标	因子 1	因子 2
X_1^*	0.169	-0.025
X_2^*	0.124	0.045
X_3^*	0.110	-0.027

指标	因子 1	因子 2
X_4^*	0.181	-0.051
X_5^*	0.174	-0.080
X_6^*	0.076	0.087
X_7^*	0.096	0.060
X_8^*	0.128	0.034
X_9^*	-0.046	0.194
X_{10}^*	-0.081	0.236
X_{11}^*	0.203	-0.171
X_{12}^*	-0.063	0.228
X_{13}^*	-0.071	0.235

注：提取方法为主成分分析法，旋转方法为凯撒正态化最大方差法。

（三）测评结果分析

1. 总体测评结果

根据 2000 年市场主体发展效益水平测评结果：广东、上海、江苏、北京、山东、浙江市场主体发展效益水平高，划分为区域市场主体发展效益水平第一梯队。辽宁、河北、福建、河南、天津、四川、湖北、湖南、黑龙江市场主体发展效益水平较高，划分为第二梯队。山西、安徽、江西、云南、重庆、广西、吉林市场主体发展效益水平整体表现一般，划分为第三梯队。内蒙古、陕西、新疆、甘肃、贵州、海南、宁夏、青海市场主体发展效益水平整体情况相对较差，划分为第四梯队（见表 16）。

表 16　2000 年各省（区、市）市场主体发展效益水平测评分类

梯队划分	省（区、市）
第一梯队	广东、上海、江苏、北京、山东、浙江
第二梯队	辽宁、河北、福建、河南、天津、四川、湖北、湖南、黑龙江
第三梯队	山西、安徽、江西、云南、重庆、广西、吉林
第四梯队	内蒙古、陕西、新疆、甘肃、贵州、海南、宁夏、青海

注：西藏部分数据缺失，不作评价。

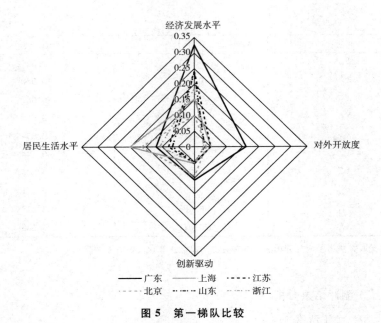

图 5 第一梯队比较

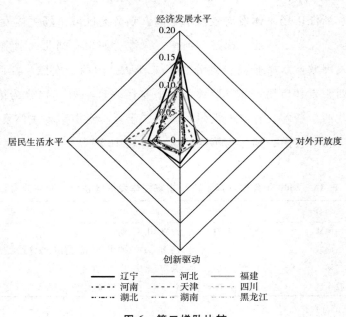

图 6 第二梯队比较

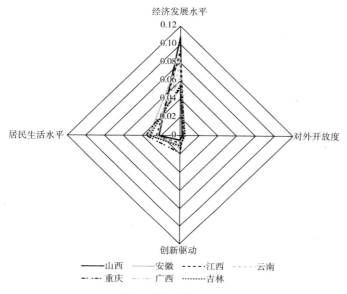

图7　第三梯队比较

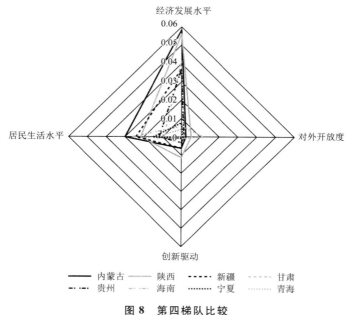

图8　第四梯队比较

2. 分项指标测评结果

（1）经济发展水平

从分项指标经济发展水平的测评结果来看，广东、江苏、山东、浙江、辽宁、河北、上海、河南划分为第一梯队，经济发展整体水平高；四川、山西、湖北、湖南、北京、福建、黑龙江、江西、安徽划分为第二梯队，经济发展整体水平较高；云南、广西、内蒙古、陕西、吉林、天津、重庆划分为第三梯队，经济发展整体水平一般；甘肃、新疆、贵州、宁夏、海南、青海划分为第四梯队，经济发展整体水平较落后（见表17）。

表17　2000年各省（区、市）市场主体发展效益中的经济发展水平指标测评分类

梯队划分	省（区、市）
第一梯队	广东、江苏、山东、浙江、辽宁、河北、上海、河南
第二梯队	四川、山西、湖北、湖南、北京、福建、黑龙江、江西、安徽
第三梯队	云南、广西、内蒙古、陕西、吉林、天津、重庆
第四梯队	甘肃、新疆、贵州、宁夏、海南、青海

（2）对外开放度

从分项指标对外开放度的测评结果来看，广东、上海、江苏、北京、福建、山东开放程度高，划分为第一梯队；辽宁、浙江、天津、海南、湖北、河北、四川、黑龙江开放程度较高，划分为第二梯队；河南、吉林、陕西、广西、安徽、湖南、江西、重庆、云南开放程度不高，划分为第三梯队；内蒙古、山西、新疆、甘肃、贵州、宁夏、青海开放程度较差，划分为第四梯队（见表18）。

表18　2000年各省（区、市）市场主体发展效益中的对外开放度指标测评分类

梯队划分	省（区、市）
第一梯队	广东、上海、江苏、北京、福建、山东
第二梯队	辽宁、浙江、天津、海南、湖北、河北、四川、黑龙江
第三梯队	河南、吉林、陕西、广西、安徽、湖南、江西、重庆、云南
第四梯队	内蒙古、山西、新疆、甘肃、贵州、宁夏、青海

（3）创新驱动

从分项指标创新驱动的测评结果来看，广东、北京、江苏、上海、浙江、山东创新水平高，划分为第一梯队；辽宁、湖南、河南、湖北、福建、四川创新水平较高，划分为第二梯队；天津、河北、重庆、黑龙江、云南、吉林、陕西、安徽创新水平一般，划分为第三梯队；江西、广西、内蒙古、新疆、山西、贵州、甘肃、海南、宁夏、青海创新水平较差，划分为第四梯队（见表19）。

表19　2000年各省（区、市）市场主体发展效益中的创新驱动指标测评分类

梯队划分	省（区、市）
第一梯队	广东、北京、江苏、上海、浙江、山东
第二梯队	辽宁、湖南、河南、湖北、福建、四川
第三梯队	天津、河北、重庆、黑龙江、云南、吉林、陕西、安徽
第四梯队	江西、广西、内蒙古、新疆、山西、贵州、甘肃、海南、宁夏、青海

（4）居民生活水平

从分项指标居民生活水平的测评结果来看，上海、北京、广东、浙江居民生活水平高，划分为第一梯队；天津、江苏、福建、山东、辽宁、湖南居民生活水平较高，划分为第二梯队；河南、四川、湖北、河北、黑龙江、重庆、安徽、吉林、广西居民生活水平一般，划分为第三梯队；内蒙古、海南、江西、新疆、云南、山西、陕西、宁夏、青海、贵州、甘肃居民生活水平相对较差，划分为第四梯队（见表20）。

表20　2000年各省（区、市）市场主体发展效益中的居民生活水平指标测评分类

梯队划分	省（区、市）
第一梯队	上海、北京、广东、浙江
第二梯队	天津、江苏、福建、山东、辽宁、湖南
第三梯队	河南、四川、湖北、河北、黑龙江、重庆、安徽、吉林、广西
第四梯队	内蒙古、海南、江西、新疆、云南、山西、陕西、宁夏、青海、贵州、甘肃

表 21　2000 年各省（区、市）指标的原始数据

省（区、市）	X_1	X_2	X_3	X_4	X_5	X_6	X_7	X_8	X_9	X_{10}	X_{11}	X_{12}	X_{13}
北京	3277.8	345.0	4572	384.43	30714	496.22	8495	5905	140.29	25014	622.1	9230	7644
天津	1591.7	133.6	5430	234.05	26026	171.54	9942	1611	26.26	16236	406.7	6728	5018
河北	4628.2	248.8	7261	809.34	75604	52.39	3812	2812	9.41	6966	3441.2	3315	2215
山西	1845.7	114.5	3275	501.99	86357	17.64	959	968	0.53	5722	1419.1	2924	2163
内蒙古	1539.1	95.0	1373	254.21	44434	26.22	874	775	6.03	6502	1016.6	3379	2648
辽宁	4669.1	295.6	6017	748.89	80663	190.31	13146	4842	34.78	11177	1812.6	4024	3216
吉林	1751.4	103.8	2728	291.37	29450	25.70	2747	1650	7.14	6646	1078.9	3388	2782
黑龙江	2855.5	185.3	2666	442.28	53550	29.86	3318	2252	15.24	7515	1635.0	3602	2772
上海	4812.2	485.4	8574	559.45	46789	547.08	15930	4050	73.90	30307	673.1	11056	8565
江苏	8553.7	448.3	18309	971.34	86266	456.36	18060	6432	44.96	11765	3558.8	4928	3667
浙江	6164.8	342.8	14575	738.05	75282	278.33	10002	7495	27.63	13467	2700.5	6719	5170
安徽	3125.3	178.7	3680	338.93	43942	33.47	2216	1482	6.10	5147	3372.9	2855	2120
福建	3764.5	234.1	6011	401.51	36110	212.20	16013	3003	17.26	11194	1660.2	4940	3842
江西	2003.1	111.6	35499	208.15	23502	16.24	2246	1072	6.93	4851	1935.3	2972	2240
山东	8278.1	463.7	11679	1000.71	92499	249.90	12389	6962	28.81	9260	4661.8	4095	2982
河南	5053.0	246.5	9930	718.52	60894	22.83	3004	2766	21.16	5450	5571.7	2649	1938
湖北	3545.4	214.3	6282	503.02	39009	32.23	5123	2198	27.60	6121	2507.8	3608	2839
湖南	3551.5	177.0	4808	406.12	50964	25.12	2316	2555	28.68	5590	3462.1	3345	2917
广东	10810.2	910.6	19695	1334.58	84626	1700.99	49865	15799	48.21	12817	3861.0	6899	5544
广西	2080.0	147.1	3155	314.44	29642	20.34	2705	1191	1.77	4652	2530.4	3013	2452
海南	526.8	39.2	596	38.37	6675	12.88	7248	320	0	6798	333.7	3479	2577

续表

省（区、市）	X_1	X_2	X_3	X_4	X_5	X_6	X_7	X_8	X_9	X_{10}	X_{11}	X_{12}	X_{13}
重庆	1822.1	87.2	2040	307.61	26716	17.86	1708	1158	29.66	6383	1636.5	3414	2866
四川	3928.2	233.9	4394	521.23	51477	25.45	3539	3218	10.42	4956	4435.8	3001	2430
贵州	1029.9	85.2	2087	287.78	15615	6.60	715	710	0.06	2759	2045.9	2290	1880
云南	2030.1	180.7	2124	273.58	52022	18.13	1634	1217	18.77	4814	2295.4	2623	2202
陕西	1804.0	115.0	2553	292.76	29201	21.40	2761	1462	9.26	4968	1812.8	2637	2241
甘肃	1052.9	61.3	2851	295.33	23070	5.70	826	493	2.64	4163	1182.1	2299	1848
青海	263.7	16.6	445	109.10	4697	1.60	113	117	0	5138	238.6	2706	2275
宁夏	295.0	20.8	409	136.17	6493	4.43	408	224	0.64	5376	274.4	2777	2338
新疆	1363.6	79.1	1455	182.98	23134	22.64	371	717	6.62	7372	672.5	3024	2375

注：1. 西藏部分数据缺失，不作分析；2. 各省（区、市）市场主体数量用规模以上工业企业单位数量近似替代。

资料来源：国家统计局网站、《中国统计年鉴》（2001）。

表 22　2000 年各省（区、市）数据标准化后的结果

省（区、市）	X_1^*	X_2^*	X_3^*	X_4^*	X_5^*	X_6^*	X_7^*	X_8^*	X_9^*	X_{10}^*	X_{11}^*	X_{12}^*	X_{13}^*
北京	0.2858	0.3673	0.1186	0.2670	0.2963	0.2911	0.1685	0.3691	1.0000	0.8079	0.0719	0.7917	0.8629
天津	0.1259	0.1309	0.1431	0.1510	0.2429	0.1000	0.1976	0.0953	0.1872	0.4892	0.0315	0.5063	0.4719
河北	0.4138	0.2597	0.1953	0.5948	0.8076	0.0299	0.0743	0.1719	0.0671	0.1527	0.6005	0.1169	0.0546
山西	0.1500	0.1095	0.0817	0.3577	0.9300	0.0094	0.0170	0.0543	0.0038	0.1076	0.2214	0.0723	0.0469
内蒙古	0.1209	0.0877	0.0275	0.1665	0.4526	0.0145	0.0153	0.0420	0.0430	0.1359	0.1459	0.1242	0.1191
辽宁	0.4177	0.3121	0.1598	0.5482	0.8652	0.1110	0.2620	0.3013	0.2479	0.3056	0.2951	0.1978	0.2037
吉林	0.1411	0.0975	0.0661	0.1952	0.2819	0.0142	0.0529	0.0978	0.0509	0.1411	0.1576	0.1253	0.1391

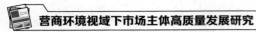

续表

省（区、市）	X_1^*	X_2^*	X_3^*	X_4^*	X_5^*	X_6^*	X_7^*	X_8^*	X_9^*	X_{10}^*	X_{11}^*	X_{12}^*	X_{13}^*
黑龙江	0.2457	0.1887	0.0643	0.3116	0.5564	0.0166	0.0644	0.1361	0.1086	0.1726	0.2618	0.1497	0.1376
上海	0.4313	0.5244	0.2327	0.4020	0.4794	0.3210	0.3179	0.2508	0.5268	1.0000	0.0815	1.0000	1.0000
江苏	0.7860	0.4829	0.5101	0.7198	0.9290	0.2676	0.3607	0.4027	0.3205	0.3269	0.6226	0.3009	0.2708
浙江	0.5595	0.3649	0.4037	0.5398	0.8039	0.1628	0.1988	0.4705	0.1969	0.3887	0.4616	0.5052	0.4946
安徽	0.2713	0.1813	0.0932	0.2319	0.4470	0.0188	0.0423	0.0870	0.0435	0.0867	0.5877	0.0645	0.0405
福建	0.3319	0.2433	0.1596	0.2802	0.3578	0.1239	0.3196	0.1840	0.1230	0.3062	0.2666	0.3023	0.2969
江西	0.1649	0.1063	1.0000	0.1310	0.2142	0.0086	0.0429	0.0609	0.0494	0.0759	0.3181	0.0778	0.0584
山东	0.7599	0.5001	0.3212	0.7424	1.0000	0.1461	0.2467	0.4365	0.2054	0.2360	0.8294	0.2059	0.1688
河南	0.4541	0.2572	0.2713	0.5247	0.6400	0.0125	0.0581	0.1689	0.1508	0.0977	1.0000	0.0410	0.0134
湖北	0.3112	0.2211	0.1674	0.3585	0.3908	0.0180	0.1007	0.1327	0.1967	0.1220	0.4255	0.1504	0.1475
湖南	0.3117	0.1794	0.1254	0.2837	0.5269	0.0138	0.0443	0.1555	0.2044	0.1028	0.6044	0.1204	0.1591
广东	1.0000	1.0000	0.5496	1.0000	0.9103	1.0000	1.0000	1.0000	0.3436	0.3651	0.6792	0.5258	0.5502
广西	0.1722	0.1460	0.0783	0.2130	0.2841	0.0110	0.0521	0.0685	0.0126	0.0687	0.4297	0.0825	0.0899
海南	0.0249	0.0253	0.0053		0.0225	0.0066	0.1434	0.0129	0	0.1466	0.0178	0.1356	0.1085
重庆	0.1478	0.0790	0.0465	0.2077	0.2508	0.0096	0.0321	0.0664	0.2114	0.1316	0.2621	0.1282	0.1516
四川	0.3475	0.2431	0.1136	0.3725	0.5328	0.0140	0.0689	0.1977	0.0743	0.0798	0.7870	0.0811	0.0866
贵州	0.0726	0.0767	0.0478	0.1924	0.1243	0.0029	0.0121	0.0378	0.0004		0.3389	0	0.0048
云南	0.1675	0.1836	0.0489	0.1815	0.5390	0.0097	0.0306	0.0701	0.1338	0.0746	0.3857	0.0380	0.0527
陕西	0.1460	0.1101	0.0611	0.1963	0.2791	0.0117	0.0532	0.0858	0.0660	0.0802	0.2952	0.0396	0.0585
甘肃	0.0748	0.0500	0.0696	0.1982	0.2093	0.0024	0.0143	0.0240	0.0188	0.0510	0.1769	0.0010	0
青海	0	0	0.0010	0.0546	0	0	0	0.0068	0	0.0864	0	0.0475	0.0636
宁夏	0.0030	0.0047	0	0.0755	0.0205	0.0017	0.0059	0.0068	0.0046	0.0950	0.0067	0.0556	0.0729
新疆	0.1043	0.0699	0.0298	0.1116	0.2100	0.0124	0.0052	0.0383	0.0472	0.1675	0.0814	0.0837	0.0785

表 23 2000 年总方差解释

成分	初始特征值			提取载荷平方和			旋转载荷平方和		
	总计	方差百分比(%)	累计(%)	总计	方差百分比(%)	累计(%)	总计	方差百分比(%)	累计(%)
1	7.830	60.232	60.232	7.830	60.232	60.232	5.92	45.538	45.538
2	2.970	22.844	83.075	2.970	22.844	83.075	4.88	37.537	83.075
3	0.813	6.252	89.328						
4	0.682	5.243	94.571						
5	0.337	2.594	97.164						
6	0.186	1.430	98.594						
7	0.057	0.438	99.032						
8	0.051	0.396	99.427						
9	0.036	0.275	99.703						
10	0.020	0.154	99.856						
11	0.009	0.069	99.925						
12	0.008	0.064	99.989						
13	0.001	0.011	100						

三 2005年测评分析

（一）适用性检验

根据 KMO 值和 Bartlett 球形度计算结果：KMO 统计量为 0.841，Bartlett 球形度检验结果显示球状假设被拒绝，因此 2005 年测评数据满足进行因子分析的条件（见表 24）。

表 24　KMO 和 Bartlett 检验结果

检验指标		检验结果
KMO 值		0.841
Bartlett 球形度检验	近似卡方	746.283
	自由度	78
	显著性	0.000

（二）因子分析

1. 提取公因子和方差比

依照总方差解释表 34，提取 2 个公因子后累计方差贡献率达到 87.715%，基本覆盖了大部分因子的信息，因此提取 2 个主成分作为市场主体发展效益水平计算的公共因子。

2. 因子载荷

采用最大方差法计算得出旋转后的因子载荷矩阵表。从表 25 中可以看出：第一主成分对 X_1^*、X_2^*、X_3^*、X_4^*、X_5^*、X_6^*、X_7^*、X_8^*、X_{11}^* 有绝对值较大的载荷量；第二主成分对 X_9^*、X_{10}^*、X_{12}^*、X_{13}^* 有绝对值较大的载荷量。

表 25　旋转后的因子载荷矩阵

指标	成分 1	成分 2
X_1^*	0.950	0.280
X_2^*	0.797	0.588
X_3^*	0.893	0.214
X_4^*	0.972	0.138

指标	成分 1	成分 2
X_5^*	0.840	0.027
X_6^*	0.699	0.586
X_7^*	0.757	0.527
X_8^*	0.792	0.493
X_9^*	0.064	0.863
X_{10}^*	0.153	0.963
X_{11}^*	0.816	−0.298
X_{12}^*	0.181	0.963
X_{13}^*	0.172	0.957

注：提取方法为主成分分析法，旋转方法为凯撒正态化最大方差法。

3. 模型公式

从表 26 的因子得分系数矩阵得出 2 个因子分析的得分模型：

$F_1 = 0.158X_1^* + 0.097X_2^* + 0.153X_3^* + 0.176X_4^* + 0.162X_5^* + 0.078X_6^* + 0.095X_7^* + 0.105X_8^* - 0.074X_9^* - 0.067X_{10}^* + 0.190X_{11}^* - 0.061X_{12}^* - 0.068X_{13}^*$

$F_2 = -0.025X_1^* + 0.068X_2^* - 0.036X_3^* - 0.063X_4^* - 0.078X_5^* + 0.078X_6^* + 0.057X_7^* + 0.045X_8^* + 0.211X_9^* + 0.228X_{10}^* - 0.157X_{11}^* + 0.225X_{12}^* + 0.230X_{13}^*$

通过加权求和的方式，以各主成分对应的方差贡献率为权数，计算得出 2005 年市场主体发展效益分值模型为：

$F = (F_1 * 49.392 + F_2 * 38.323) / 87.715$

$F = 0.078X_1^* + 0.084X_2^* + 0.070X_3^* + 0.072X_4^* + 0.057X_5^* + 0.078X_6^* + 0.078X_7^* + 0.079X_8^* + 0.051X_9^* + 0.062X_{10}^* + 0.038X_{11}^* + 0.064X_{12}^* + 0.062X_{13}^*$

表 26　旋转后的因子得分系数矩阵

指标	因子 1	因子 2
X_1^*	0.158	−0.025
X_2^*	0.097	0.068
X_3^*	0.153	−0.036

续表

指标	因子 1	因子 2
X_4^*	0.176	-0.063
X_5^*	0.162	-0.078
X_6^*	0.078	0.078
X_7^*	0.095	0.057
X_8^*	0.105	0.045
X_9^*	-0.074	0.211
X_{10}^*	-0.067	0.228
X_{11}^*	0.190	-0.157
X_{12}^*	-0.061	0.225
X_{13}^*	-0.068	0.230

注：提取方法为主成分分析法，旋转方法为凯撒正态化最大方差法。

（三）测评结果分析

1. 总体测评结果

根据 2005 年市场主体发展效益水平测评结果：广东、江苏、上海、浙江、山东市场主体发展效益水平高，划分为区域市场主体发展效益水平第一梯队。北京、辽宁、河南、河北、福建、天津、四川、湖南、山西市场主体发展效益水平较高，划分为第二梯队。湖北、安徽、黑龙江、内蒙古、重庆、云南、陕西、广西、江西、吉林市场主体发展效益水平整体表现一般，划分为第三梯队。新疆、甘肃、贵州、海南、宁夏、青海市场主体发展效益水平整体情况相对较差，划分为第四梯队（见表 27）。

表 27 2005 年各省（区、市）市场主体发展效益水平测评分类

梯队划分	省（区、市）
第一梯队	广东、江苏、上海、浙江、山东
第二梯队	北京、辽宁、河南、河北、福建、天津、四川、湖南、山西
第三梯队	湖北、安徽、黑龙江、内蒙古、重庆、云南、陕西、广西、江西、吉林
第四梯队	新疆、甘肃、贵州、海南、宁夏、青海

注：西藏部分数据缺失，不作评价。

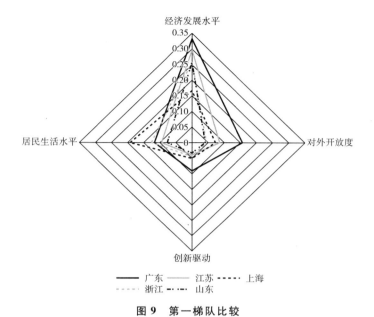

图 9　第一梯队比较

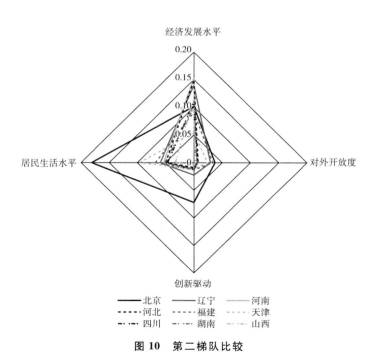

图 10　第二梯队比较

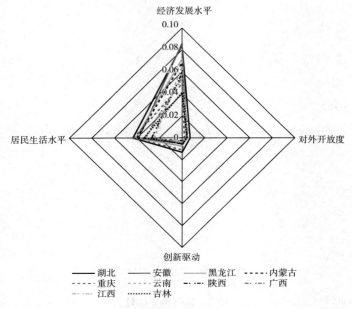

图 11　第三梯队比较

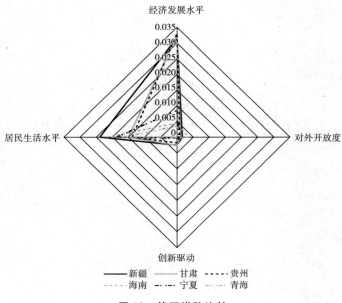

图 12　第四梯队比较

2. 分项指标测评结果

（1）经济发展水平

从分项指标经济发展水平的测评结果来看，广东、江苏、山东、浙江、上海、河南划分为第一梯队，经济发展整体水平高；河北、辽宁、山西、四川、北京、湖南、福建、安徽、湖北、黑龙江划分为第二梯队，经济发展整体水平较高；内蒙古、云南、陕西、广西、天津、江西、重庆划分为第三梯队，经济发展整体水平一般；吉林、贵州、甘肃、新疆、宁夏、海南、青海划分为第四梯队，经济发展整体水平较落后（见表28）。

表 28　2005 年各省（区、市）市场主体发展效益中的经济发展水平指标测评分类

梯队划分	省（区、市）
第一梯队	广东、江苏、山东、浙江、上海、河南
第二梯队	河北、辽宁、山西、四川、北京、湖南、福建、安徽、湖北、黑龙江
第三梯队	内蒙古、云南、陕西、广西、天津、江西、重庆
第四梯队	吉林、贵州、甘肃、新疆、宁夏、海南、青海

（2）对外开放度

从分项指标对外开放度的测评结果来看，广东、江苏、上海、浙江开放程度高，划分为第一梯队；山东、北京、福建、辽宁、天津开放程度较高，划分为第二梯队；河北、湖北、四川、江西、河南、黑龙江、湖南、陕西、安徽、吉林、广西、海南、云南开放程度不高，划分为第三梯队；重庆、内蒙古、山西、新疆、甘肃、贵州、宁夏、青海开放程度较差，划分为第四梯队（见表29）。

表 29　2005 年各省（区、市）市场主体发展效益中的对外开放度指标测评分类

梯队划分	省（区、市）
第一梯队	广东、江苏、上海、浙江
第二梯队	山东、北京、福建、辽宁、天津
第三梯队	河北、湖北、四川、江西、河南、黑龙江、湖南、陕西、安徽、吉林、广西、海南、云南
第四梯队	重庆、内蒙古、山西、新疆、甘肃、贵州、宁夏、青海

（3）创新驱动

从分项指标创新驱动的测评结果来看，广东、北京、上海、浙江创新水平高，划分为第一梯队；江苏、山东、辽宁、湖北、福建、湖南、四川、天津、重庆、河南创新水平较高，划分为第二梯队；河北、黑龙江、陕西、安徽、吉林、云南、江西、广西创新水平一般，划分为第三梯队；山西、甘肃、内蒙古、新疆、贵州、宁夏、海南、青海创新水平较差，划分为第四梯队（见表30）。

表30　2005年各省（区、市）市场主体发展效益中的创新驱动指标测评分类

梯队划分	省（区、市）
第一梯队	广东、北京、上海、浙江
第二梯队	江苏、山东、辽宁、湖北、福建、湖南、四川、天津、重庆、河南
第三梯队	河北、黑龙江、陕西、安徽、吉林、云南、江西、广西
第四梯队	山西、甘肃、内蒙古、新疆、贵州、宁夏、海南、青海

（4）居民生活水平

从分项指标居民生活水平的测评结果来看，上海、北京、浙江、广东、天津、江苏居民生活水平高，划分为第一梯队；山东、福建、辽宁、河南、湖南、河北、四川、湖北、重庆、黑龙江居民生活水平较高，划分为第二梯队；内蒙古、安徽、吉林、广西、山西、江西居民生活水平一般，划分为第三梯队；陕西、云南、新疆、海南、宁夏、青海、甘肃、贵州居民生活水平相对较差，划分为第四梯队（见表31）。

表31　2005年各省（区、市）市场主体发展效益中的居民生活水平指标测评分类

梯队划分	省（区、市）
第一梯队	上海、北京、浙江、广东、天津、江苏
第二梯队	山东、福建、辽宁、河南、湖南、河北、四川、湖北、重庆、黑龙江
第三梯队	内蒙古、安徽、吉林、广西、山西、江西
第四梯队	陕西、云南、新疆、海南、宁夏、青海、甘肃、贵州

表 32 2005 年各省（区、市）指标的原始数据

省（区，市）	X_1	X_2	X_3	X_4	X_5	X_6	X_7	X_8	X_9	X_{10}	X_{11}	X_{12}	X_{13}
北京	7149.8	919.21	31670	570.54	32113	1255.06	10980	10100	489.59	47182	920	16853	13289
天津	3158.6	331.85	25650	384.84	39219	532.77	10933	3045	50.71	30567	427	10255	8227
河北	8773.4	515.70	64630	1501.92	88342	160.70	3637	3585	10.38	12845	3467	5581	4181
山西	4079.4	368.34	28883	946.33	133662	55.46	776	1220	4.80	12195	1476	5518	3902
内蒙古	3523.7	277.46	11849	667.72	69187	48.76	914	845	10.99	14695	1041	5985	4746
辽宁	7260.8	675.28	54607	1110.56	95558	410.13	16542	6195	86.52	17210	1979	6979	5657
吉林	2776.5	207.15	16363	378.23	34162	65.28	2488	2023	12.23	10237	1099	6010	4677
黑龙江	4756.4	318.21	20303	555.85	61800	95.66	2288	2906	14.26	12456	1626	6048	4727
上海	9197.1	1417.40	55806	921.97	68636	1863.37	28978	12603	231.73	49377	856	17738	14135
江苏	18121.3	1322.68	188841	2193.45	111233	2279.23	33321	13580	100.83	23984	3878	8712	6451
浙江	13028.3	1066.60	188919	1642.31	126903	1073.90	19009	19056	38.70	26277	3203	12093	9740
安徽	5675.9	334.02	39265	582.16	67125	91.19	2165	1939	14.26	9193	3485	4777	3742
福建	6415.5	432.60	49838	756.59	41200	544.11	17854	5147	17.20	18107	1869	8042	6290
江西	3941.2	252.92	29467	391.38	33996	40.65	3980	1361	11.12	9172	2108	5223	4011
山东	15947.5	1073.13	120672	1911.61	144701	767.36	20153	10743	98.36	17308	5111	6860	4740
河南	10243.5	537.65	76895	1352.74	78699	77.25	2877	3748	26.37	10978	5662	4668	3294
湖北	6469.7	375.52	29262	788.91	46766	90.55	4284	3860	50.18	11342	2676	5628	4442
湖南	6369.9	395.27	43925	674.43	77534	60.00	2712	3659	41.74	10200	3658	5664	4805
广东	21963.0	1807.20	137650	2673.56	119287	4279.65	58762	36894	112.47	23997	4702	10150	8221
广西	3742.1	283.04	19081	510.15	38226	51.82	2441	1225	9.41	8069	2703	4870	3983
海南	884.9	68.68	2066	81.61	10182	25.42	2456	200	1.00	10753	378	5322	3888

续表

省（区、市）	X_1	X_2	X_3	X_4	X_5	X_6	X_7	X_8	X_9	X_{10}	X_{11}	X_{12}	X_{13}
重庆	3448.4	256.81	20509	347.68	39329	42.93	1315	3591	35.71	12335	1721	5942	5117
四川	7195.9	479.66	43759	942.59	67351	79.02	4075	4606	19.08	8828	4604	4703	3926
贵州	1939.9	182.50	11121	486.97	21770	14.04	649	925	1.05	5218	2216	3625	2872
云南	3497.7	312.65	14403	557.25	62015	47.43	1817	1381	15.92	7890	2461	4197	3379
陕西	3817.2	275.32	25785	516.43	41551	45.77	2890	1894	18.90	10357	1883	4395	3735
甘肃	1864.6	123.50	11663	489.48	26653	26.30	658	547	17.27	7332	1348	3962	3392
青海	499.4	33.82	2199	206.56	6816	4.13	138	79	1.18	9233	268	4587	4105
宁夏	579.9	47.72	4019	302.88	8529	9.67	463	214	1.41	9796	300	4918	3996
新疆	2520.5	180.32	5807	310.14	30041	79.40	345	921	8.00	12687	764	4707	3777

注：1. 西藏部分数据缺失，不作评价。2. 各省（区、市）市场主体数量用工业企业单位数量近似替代。

资料来源：国家统计局网站、《中国统计年鉴》(2006)。

表33 2005年各省（区、市）数据标准化后的结果

省（区、市）	X_1^*	X_2^*	X_3^*	X_4^*	X_5^*	X_6^*	X_7^*	X_8^*	X_9^*	X_{10}^*	X_{11}^*	X_{12}^*	X_{13}^*
北京	0.3098	0.4993	0.1584	0.1886	0.1835	0.2926	0.1849	0.2722	1.0000	0.9503	0.1209	0.9373	0.9249
天津	0.1239	0.1681	0.1262	0.1170	0.2350	0.1236	0.1841	0.0806	0.1017	0.5740	0.0295	0.4698	0.4755
河北	0.3855	0.2717	0.3348	0.5480	0.5913	0.0366	0.0597	0.0952	0.0192	0.1727	0.5931	0.1386	0.1162
山西	0.1668	0.1886	0.1435	0.3336	0.9199	0.0120	0.0109	0.0310	0.0078	0.1580	0.2240	0.1341	0.0914

续表

省（区，市）	X_1^*	X_2^*	X_3^*	X_4^*	X_5^*	X_6^*	X_7^*	X_8^*	X_9^*	X_{10}^*	X_{11}^*	X_{12}^*	X_{13}^*
内蒙古	0.1409	0.1374	0.0524	0.2261	0.4523	0.0104	0.0132	0.0208	0.0204	0.2146	0.1433	0.1672	0.1664
辽宁	0.3150	0.3617	0.2812	0.3970	0.6436	0.0950	0.2798	0.1661	0.1750	0.2716	0.3171	0.2377	0.2473
吉林	0.1061	0.0977	0.0765	0.1144	0.1983	0.0143	0.0401	0.0528	0.0230	0.1137	0.1541	0.1690	0.1603
黑龙江	0.1983	0.1604	0.0976	0.1830	0.3988	0.0214	0.0367	0.0768	0.0271	0.1639	0.2517	0.1717	0.1647
上海	0.4052	0.7802	0.2876	0.3242	0.4483	0.4349	0.4919	0.3402	0.4722	1.0000	0.1090	1.0000	1.0000
江苏	0.8210	0.7268	0.9996	0.8148	0.7573	0.5321	0.5660	0.3667	0.2043	0.4250	0.6692	0.3604	0.3178
浙江	0.5837	0.5824	1.0000	0.6021	0.8709	0.2502	0.3219	0.5155	0.0772	0.4769	0.5441	0.6000	0.6098
安徽	0.2412	0.1693	0.1991	0.1931	0.4374	0.0204	0.0346	0.0505	0.0271	0.0900	0.5963	0.0816	0.0772
福建	0.2756	0.2249	0.2557	0.2604	0.2494	0.1263	0.3022	0.1377	0.0332	0.2919	0.2967	0.3130	0.3035
江西	0.1604	0.1235	0.1466	0.1195	0.1971	0.0085	0.0655	0.0348	0.0207	0.0895	0.3410	0.1132	0.1011
山东	0.7197	0.5861	0.6348	0.7060	1.0000	0.1785	0.3414	0.2897	0.1993	0.2738	0.8978	0.2292	0.1659
河南	0.4540	0.2841	0.4005	0.4904	0.5213	0.0171	0.0467	0.0997	0.0519	0.1304	1.0000	0.0739	0.0375
湖北	0.2782	0.1927	0.1455	0.2729	0.2897	0.0202	0.0707	0.1027	0.1007	0.1387	0.4465	0.1419	0.1394
湖南	0.2735	0.2038	0.2240	0.2287	0.5129	0.0131	0.0439	0.0972	0.0834	0.1128	0.6285	0.1445	0.1716
广东	1.0000	1.0000	0.7256	1.0000	0.8157	1.0000	1.0000	1.0000	0.2281	0.4253	0.8220	0.4623	0.4749
广西	0.1511	0.1405	0.0911	0.1653	0.2278	0.0112	0.0393	0.0311	0.0172	0.0646	0.4514	0.0882	0.0986
海南	0.0180	0.0197	0	0	0.0244	0.0050	0.0395	0.0033	0	0.1253	0.0203	0.1202	0.0902
重庆	0.1374	0.1257	0.0987	0.1027	0.2358	0.0091	0.0201	0.0954	0.0710	0.1612	0.2693	0.1642	0.1993
四川	0.3120	0.2514	0.2231	0.3322	0.4390	0.0175	0.0672	0.1230	0.0370	0.0818	0.8038	0.0764	0.0936
贵州	0.0671	0.0838	0.0485	0.1564	0.1085	0.0023	0.0087	0.0230	0.0001	0	0.3611	0	0
云南	0.1397	0.1572	0.0660	0.1835	0.4003	0.0101	0.0286	0.0354	0.0305	0.0605	0.4066	0.0405	0.0450

续表

省（区、市）	X_1^*	X_2^*	X_3^*	X_4^*	X_5^*	X_6^*	X_7^*	X_8^*	X_9^*	X_{10}^*	X_{11}^*	X_{12}^*	X_{13}^*
陕西	0.1546	0.1362	0.1269	0.1678	0.2519	0.0097	0.0469	0.0493	0.0366	0.1164	0.2994	0.0546	0.0766
甘肃	0.0636	0.0506	0.0514	0.1574	0.1439	0.0052	0.0089	0.0127	0.0333	0.0479	0.2001	0.0239	0.0462
青海	0	0	0.0007	0.0482	0		0	0	0.0004	0.0909	0	0.0682	0.1095
宁夏	0.0038	0.0078	0.0105	0.0854	0.0124	0.0013	0.0055	0.0037	0.0008	0.1037	0.0059	0.0916	0.0998
新疆	0.0942	0.0826	0.0200	0.0882	0.1684	0.0176	0.0035	0.0229	0.0143	0.1691	0.0920	0.0767	0.0804

表 34　2005 年总方差解释

成分	初始特征值			提取载荷平方和			旋转载荷平方和		
	总计	方差百分比（%）	累计（%）	总计	方差百分比（%）	累计（%）	总计	方差百分比（%）	累计（%）
1	8.358	64.293	64.293	8.358	64.293	64.293	6.421	49.392	49.392
2	3.045	23.421	87.715	3.045	23.421	87.715	4.982	38.323	87.715
3	0.684	5.262	92.977						
4	0.402	3.091	96.067						
5	0.211	1.620	97.687						
6	0.125	0.963	98.650						
7	0.085	0.652	99.302						
8	0.035	0.267	99.569						
9	0.021	0.162	99.730						
10	0.016	0.124	99.854						
11	0.011	0.081	99.935						
12	0.006	0.049	99.984						
13	0.002	0.016	100.000						

四　2010年测评分析

（一）适用性检验

根据 KMO 值和 Bartlett 球形度检验计算结果：KMO 统计量为 0.723，Bartlett 球形度检验结果显示球状假设被拒绝，因此 2010 年测评数据满足进行因子分析的条件（见表 35）。

表 35　KMO 和 Bartlett 检验结果

检验指标		检验结果
KMO 值		0.723
Bartlett 球形度检验	近似卡方	786.194
	自由度	78
	显著性	0.000

（二）因子分析

1. 提取公因子和方差比

根据总方差解释表 45，提取 2 个公因子后，累计方差贡献率达到 88.391%，基本覆盖了大部分因子的信息，因此提取 2 个主成分作为市场主体发展效益水平计算的公共因子。

2. 因子载荷

采用最大方差法计算得出旋转后的因子载荷矩阵表。从表 36 中可以看出：第一主成分对 X_1^*、X_2^*、X_3^*、X_4^*、X_5^*、X_6^*、X_7^*、X_8^*、X_{11}^* 有绝对值较大的载荷量；第二主成分对 X_9^*、X_{10}^*、X_{12}^*、X_{13}^* 有绝对值较大的载荷量。

表 36　旋转后的因子载荷矩阵

指标	成分 1	成分 2
X_1^*	0.957	0.263
X_2^*	0.832	0.534
X_3^*	0.878	0.441
X_4^*	0.960	0.098

指标	成分 1	成分 2
X_5^*	0.839	−0.190
X_6^*	0.685	0.627
X_7^*	0.720	0.578
X_8^*	0.818	0.431
X_9^*	−0.041	0.809
X_{10}^*	0.206	0.951
X_{11}^*	0.883	−0.234
X_{12}^*	0.155	0.959
X_{13}^*	0.102	0.966

注：提取方法为主成分分析法，旋转方法为凯撒正态化最大方差法。

3. 模型公式

从表 37 的因子得分系数矩阵得出 2 个因子分析的得分模型：

$$F_1 = 0.155X_1^* + 0.107X_2^* + 0.124X_3^* + 0.171X_4^* + 0.174X_5^* + 0.071X_6^* + 0.082X_7^* + 0.114X_8^* - 0.081X_9^* - 0.048X_{10}^* + 0.187X_{11}^* - 0.058X_{12}^* - 0.069X_{13}^*$$

$$F_2 = -0.023X_1^* + 0.055X_2^* + 0.028X_3^* - 0.063X_4^* - 0.123X_5^* + 0.092X_6^* + 0.076X_7^* + 0.031X_8^* + 0.202X_9^* + 0.214X_{10}^* - 0.138X_{11}^* + 0.221X_{12}^* + 0.228X_{13}^*$$

通过加权求和的方式，以各主成分对应的方差贡献率为权数，计算得出 2010 年市场主体发展效益分值模型为：

$$F = (F_1 * 50.136 + F_2 * 38.255) / 88.391$$

$$F = 0.078X_1^* + 0.084X_2^* + 0.082X_3^* + 0.070X_4^* + 0.045X_5^* + 0.080X_6^* + 0.079X_7^* + 0.078X_8^* + 0.041X_9^* + 0.065X_{10}^* + 0.046X_{11}^* + 0.063X_{12}^* + 0.060X_{13}^*$$

表 37　旋转后的因子得分系数矩阵

指标	因子 1	因子 2
X_1^*	0.155	−0.023
X_2^*	0.107	0.055
X_3^*	0.124	0.028

指标	因子1	因子2
X_4^*	0.171	-0.063
X_5^*	0.174	-0.123
X_6^*	0.071	0.092
X_7^*	0.082	0.076
X_8^*	0.114	0.031
X_9^*	-0.081	0.202
X_{10}^*	-0.048	0.214
X_{11}^*	0.187	-0.138
X_{12}^*	-0.058	0.221
X_{13}^*	-0.069	0.228

注：提取方法为主成分分析法，旋转方法为凯撒正态化最大方差法。

（三）测评结果分析

1. 总体测评结果

根据2010年市场主体发展效益水平测评结果：广东、江苏、浙江、上海、山东、北京市场主体发展效益水平高，划分为区域市场主体发展效益水平第一梯队。河南、辽宁、福建、河北、四川、天津、湖北、安徽、湖南市场主体发展效益水平较高，划分为第二梯队。内蒙古、山西、陕西、重庆、广西、江西、黑龙江、云南市场主体发展效益水平整体表现一般，划分为第三梯队。吉林、新疆、贵州、甘肃、宁夏、海南、青海、西藏市场主体发展效益水平整体情况相对较差，划分为第四梯队（见表38）。

表38　2010年各省（区、市）市场主体发展效益水平测评分类

梯队划分	省（区、市）
第一梯队	广东、江苏、浙江、上海、山东、北京
第二梯队	河南、辽宁、福建、河北、四川、天津、湖北、安徽、湖南
第三梯队	内蒙古、山西、陕西、重庆、广西、江西、黑龙江、云南
第四梯队	吉林、新疆、贵州、甘肃、宁夏、海南、青海、西藏

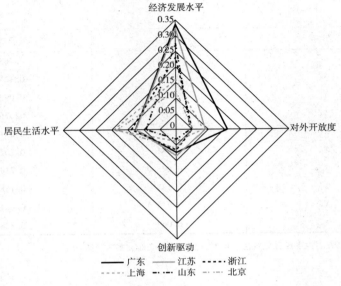

图 13　第一梯队比较

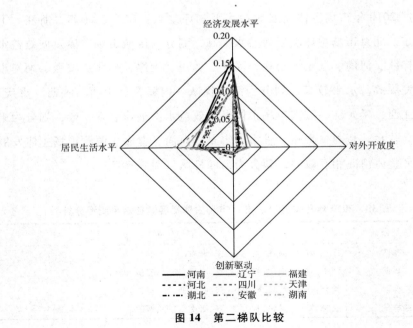

图 14　第二梯队比较

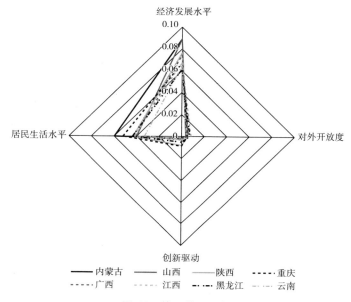

图 15 第三梯队比较

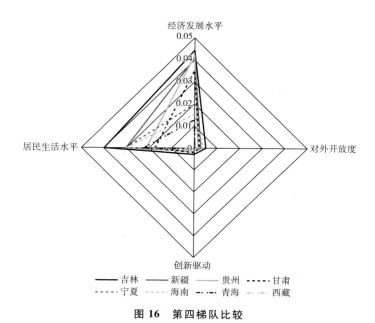

图 16 第四梯队比较

2. 分项指标测评结果

（1）经济发展水平

从分项指标经济发展水平的测评结果来看，广东、江苏、山东、浙江划分为第一梯队，经济发展整体水平高；河南、上海、河北、辽宁、四川、北京、安徽、湖北、湖南、福建划分为第二梯队，经济发展整体水平较高；山西、内蒙古、陕西、广西、江西、重庆、云南、天津、黑龙江划分为第三梯队，经济发展整体水平一般；吉林、贵州、新疆、甘肃、宁夏、海南、青海、西藏划分为第四梯队，经济发展整体水平较落后（见表39）。

表39　2010年各省（区、市）市场主体发展效益中的经济发展水平指标测评分类

梯队划分	省（区、市）
第一梯队	广东、江苏、山东、浙江
第二梯队	河南、上海、河北、辽宁、四川、北京、安徽、湖北、湖南、福建
第三梯队	山西、内蒙古、陕西、广西、江西、重庆、云南、天津、黑龙江
第四梯队	吉林、贵州、新疆、甘肃、宁夏、海南、青海、西藏

（2）对外开放度

从分项指标对外开放度的测评结果来看，广东、江苏、上海、北京、浙江开放程度高，划分为第一梯队；山东、福建、辽宁、天津、四川、河北、河南开放程度较高，划分为第二梯队；湖北、江西、黑龙江、安徽、广西、湖南、陕西、吉林、重庆开放程度不高，划分为第三梯队；云南、海南、山西、内蒙古、新疆、甘肃、贵州、宁夏、青海、西藏开放程度较差，划分为第四梯队（见表40）。

表40　2010年各省（区、市）市场主体发展效益中的对外开放度指标测评分类

梯队划分	省（区、市）
第一梯队	广东、江苏、上海、北京、浙江
第二梯队	山东、福建、辽宁、天津、四川、河北、河南
第三梯队	湖北、江西、黑龙江、安徽、广西、湖南、陕西、吉林、重庆
第四梯队	云南、海南、山西、内蒙古、新疆、甘肃、贵州、宁夏、青海、西藏

（3）创新驱动

从分项指标创新驱动的测评结果来看，江苏、广东、浙江、北京创新水平高，划分为第一梯队；上海、山东、四川、辽宁、湖北、福建、安徽创新水平较高，划分为第二梯队；河南、天津、重庆、湖南、陕西、河北、黑龙江、山西、江西、吉林创新水平一般，划分为第三梯队；云南、甘肃、广西、贵州、内蒙古、新疆、宁夏、海南、青海、西藏创新水平较差，划分为第四梯队（见表41）。

表41 2010年各省（区、市）市场主体发展效益中的创新驱动指标测评分类

梯队划分	省（区、市）
第一梯队	江苏、广东、浙江、北京
第二梯队	上海、山东、四川、辽宁、湖北、福建、安徽
第三梯队	河南、天津、重庆、湖南、陕西、河北、黑龙江、山西、江西、吉林
第四梯队	云南、甘肃、广西、贵州、内蒙古、新疆、宁夏、海南、青海、西藏

（4）居民生活水平

从分项指标居民生活水平的测评结果来看，上海、北京、浙江、广东、江苏、天津居民生活水平高，划分为第一梯队；山东、福建、辽宁、河南、湖南、四川居民生活水平较高，划分为第二梯队；湖北、内蒙古、河北、安徽、重庆、黑龙江、陕西、江西、广西居民生活水平一般，划分为第三梯队；山西、吉林、云南、宁夏、海南、新疆、青海、甘肃、西藏居民生活水平相对较差，划分为第四梯队（见表42）。

表42 2010年各省（区、市）市场主体发展效益中的居民生活水平指标测评分类

梯队划分	省（区、市）
第一梯队	上海、北京、浙江、广东、江苏、天津
第二梯队	山东、福建、辽宁、河南、湖南、四川
第三梯队	湖北、内蒙古、河北、安徽、重庆、黑龙江、陕西、江西、广西
第四梯队	山西、吉林、云南、宁夏、海南、新疆、青海、甘肃、西藏

表 43　2010 年各省（区、市）指标的原始数据

省（区、市）	X_1	X_2	X_3	X_4	X_5	X_6	X_7	X_8	X_9	X_{10}	X_{11}	X_{12}	X_{13}
北京	14964.0	2353.93	353802	809.90	21762	3017.22	24853	33511	1579.54	78307	1317.7	29228	21834
天津	6830.8	1068.81	149382	645.74	40013	821.00	12918	11006	119.34	54053	520.8	19266	14711
河北	18003.6	1331.85	234754	2691.52	156596	420.60	9531	10061	19.29	25308	3790.2	10428	7583
山西	8903.9	969.67	127218	1460.00	124367	125.76	3665	4752	18.49	25434	1665.1	10149	7011
内蒙古	8199.9	1069.98	89791	1536.83	137231	87.30	3693	2096	27.15	33262	1184.7	12538	10209
辽宁	13896.3	2004.84	293675	1715.26	158484	807.12	18377	17093	130.68	31888	2238.1	13953	10462
吉林	6410.5	602.41	75975	576.98	40729	168.45	4309	4343	18.81	23370	1248.7	10798	8176
黑龙江	8308.3	755.58	122302	747.84	59314	255.15	5814	6780	52.91	21694	1743.4	10846	8619
上海	17915.4	2873.58	375023	1295.87	87256	3689.51	55666	48215	431.44	79396	924.7	30436	24758
江苏	41383.9	4079.86	756400	3864.37	179014	4657.99	51666	138382	249.34	52787	4731.7	17006	12266
浙江	27399.9	2608.47	570258	2820.93	171038	2535.35	28769	114643	60.35	51110	3989.2	21159	15634
安徽	13249.8	1149.40	171775	1077.91	228104	242.73	5633	16012	46.15	21923	3846.8	9955	7297
福建	15002.5	1151.49	231539	1315.09	66083	1087.83	23463	18063	35.66	40773	2181.3	14566	11474
江西	9383.2	778.09	112502	700.51	100635	216.19	7574	4349	23.05	21099	2306.1	10217	7291
山东	33922.5	2749.38	592306	3298.46	301313	1891.56	29486	51490	100.68	35599	5654.7	12922	8560
河南	22655.0	1381.32	258797	2353.96	202962	178.32	10254	16539	27.20	23984	6041.6	9520	6831
湖北	16226.9	1011.23	239300	1330.44	93422	259.32	7486	17362	90.72	28359	3116.5	11069	8090
湖南	15574.3	1081.69	176147	1171.91	149540	146.56	5410	13873	40.09	24005	4007.7	10861	8308
广东	45944.6	4517.04	686522	4060.13	192343	7848.96	93756	119343	235.89	44669	5776.9	16579	12907
广西	8552.4	771.99	117828	993.24	115476	177.39	5327	3647	4.14	18070	2945.3	9739	6697
海南	2020.5	270.99	27164	159.02	22455	86.49	4171	714	3.27	23323	445.7	10342	7517

续表

省（区、市）	X_1	X_2	X_3	X_4	X_5	X_6	X_7	X_8	X_9	X_{10}	X_{11}	X_{12}	X_{13}
重庆	8065.3	952.07	132525	626.44	81377	124.27	4827	12080	79.44	28084	1912.1	10984	8810
四川	17224.8	1561.67	193641	1549.03	134305	326.94	12050	32212	54.74	21230	4997.6	9373	7490
贵州	4519.0	533.73	54865	835.38	39735	31.47	1936	3086	7.72	12882	2402.2	7226	5507
云南	7735.3	871.19	111062	1004.07	51564	134.30	3833	3823	10.88	16866	2814.1	8184	6204
西藏	512.9	36.65	3037	20.41	982	8.36	264	124	—	17209	175.0	6628	4809
陕西	9845.2	958.21	119935	859.22	104414	121.02	5378	10034	102.41	26388	1952.0	9412	7625
甘肃	3943.7	353.58	52559	804.43	30270	74.03	2116	1868	43.08	15421	1431.9	7358	5846
青海	1144.2	110.22	13225	465.18	11057	7.89	499	264	11.41	20418	294.1	8659	7713
宁夏	1571.7	153.55	21446	546.77	32325	19.60	529	1081	1.00	24984	326.0	9864	7745
新疆	5360.2	500.58	52915	661.96	48459	171.30	1751	2562	4.52	24700	852.6	9042	7126

注：1. 西藏 2010 年技术交易额数据缺失；2. 各省（区、市）市场主体数用工业企业单位数近似替代。

资料来源：国家统计局网站，《中国统计年鉴》（2011）。

表 44　2010 年各省（区、市）数据标准化后的结果

省（区、市）	X_1^*	X_2^*	X_3^*	X_4^*	X_5^*	X_6^*	X_7^*	X_8^*	X_9^*	X_{10}^*	X_{11}^*	X_{12}^*	X_{13}^*
北京	0.3181	0.5172	0.4656	0.1954	0.0692	0.3838	0.2630	0.2415	1.0000	0.9836	0.1948	0.9493	0.8534
天津	0.1391	0.2304	0.1943	0.1548	0.1300	0.1037	0.1353	0.0787	0.0750	0.6190	0.0589	0.5308	0.4964
河北	0.3850	0.2891	0.3076	0.6612	0.5181	0.0526	0.0991	0.0719	0.0116	0.1868	0.6162	0.1596	0.1391
山西	0.1847	0.2082	0.1648	0.3564	0.4108	0.0150	0.0364	0.0335	0.0111	0.1887	0.2540	0.1479	0.1104
内蒙古	0.1692	0.2306	0.1152	0.3754	0.4537	0.0101	0.0367	0.0143	0.0166	0.3064	0.1721	0.2482	0.2707

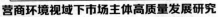

续表

省（区，市）	X_1^*	X_2^*	X_3^*	X_4^*	X_5^*	X_6^*	X_7^*	X_8^*	X_9^*	X_{10}^*	X_{11}^*	X_{12}^*	X_{13}^*
辽宁	0.2946	0.4393	0.3858	0.4195	0.5244	0.1019	0.1937	0.1227	0.0822	0.2857	0.3516	0.3077	0.2834
吉林	0.1298	0.1263	0.0968	0.1378	0.1323	0.0205	0.0433	0.0305	0.0113	0.1577	0.1830	0.1752	0.1688
黑龙江	0.1716	0.1605	0.1583	0.1801	0.1942	0.0315	0.0594	0.0481	0.0329	0.1325	0.2673	0.1772	0.1910
上海	0.3830	0.6332	0.4938	0.3157	0.2873	0.4695	0.5926	0.3478	0.2727	1.0000	0.1278	1.0000	1.0000
江苏	0.8996	0.9024	1.0000	0.9515	0.5928	0.5930	0.5498	1.0000	0.1573	0.5999	0.7767	0.4359	0.3738
浙江	0.5918	0.5740	0.7529	0.6932	0.5662	0.3223	0.3049	0.8283	0.0376	0.5747	0.6501	0.6103	0.5426
安徽	0.2804	0.2484	0.2240	0.2618	0.7562	0.0300	0.0574	0.1149	0.0286	0.1359	0.6258	0.1397	0.1247
福建	0.3189	0.2488	0.3033	0.3205	0.2168	0.1377	0.2481	0.1298	0.0220	0.4193	0.3420	0.3334	0.3341
江西	0.1952	0.1655	0.1453	0.1684	0.3318	0.0266	0.0782	0.0306	0.0140	0.1235	0.3632	0.1507	0.1244
山东	0.7354	0.6055	0.7822	0.8115	1.0000	0.2402	0.3126	0.3715	0.0631	0.3415	0.9340	0.2644	0.1880
河南	0.4874	0.3001	0.3395	0.5777	0.6725	0.0217	0.1069	0.1187	0.0166	0.1669	0.9999	0.1215	0.1014
湖北	0.3459	0.2175	0.3136	0.3243	0.3078	0.0321	0.0772	0.1247	0.0568	0.2327	0.5014	0.1865	0.1645
湖南	0.3315	0.2332	0.2298	0.2850	0.4946	0.0177	0.0550	0.0994	0.0248	0.1672	0.6533	0.1778	0.1754
广东	1.0000	1.0000	0.9072	1.0000	0.6372	1.0000	1.0000	0.8623	0.1488	0.4779	0.9548	0.4180	0.4059
广西	0.1770	0.1641	0.1524	0.2408	0.3812	0.0216	0.0542	0.0255	0.0020	0.0780	0.4722	0.1307	0.0946
海南	0.0332	0.0523	0.0320	0.0343	0.0715	0.0100	0.0418	0.0043	0.0014	0.1570	0.0461	0.1560	0.1357
重庆	0.1662	0.2043	0.1719	0.1500	0.2677	0.0148	0.0488	0.0865	0.0497	0.2286	0.2961	0.1830	0.2006
四川	0.3678	0.3404	0.2530	0.3784	0.4439	0.0407	0.1261	0.2321	0.0340	0.1255	0.8220	0.1153	0.1344
贵州	0.0882	0.1109	0.0688	0.2017	0.1290	0.0030	0.0179	0.0214	0.0043	0	0.3796	0.0251	0.0350
云南	0.1590	0.1863	0.1434	0.2435	0.1684	0.0161	0.0382	0.0268	0.0063	0.0599	0.4498	0.0654	0.0699
西藏	0	0	0	0	0	0.0001	0	0	—	0.0651	0	0	0

续表

省(区,市)	X_1^*	X_2^*	X_3^*	X_4^*	X_5^*	X_6^*	X_7^*	X_8^*	X_9^*	X_1^*0	X_{11}^*	X_{12}^*	X_{13}^*
陕西	0.2054	0.2057	0.1552	0.2076	0.3444	0.0144	0.0547	0.0717	0.0642	0.2031	0.3029	0.1169	0.1412
甘肃	0.0755	0.0707	0.0657	0.1941	0.0975	0.0084	0.0198	0.0126	0.0267	0.0382	0.2142	0.0307	0.0520
青海	0.0139	0.0164	0.0135	0.1101	0.0335	0	0.0025	0.0010	0.0066	0.1133	0.0203	0.0853	0.1456
宁夏	0.0233	0.0261	0.0244	0.1303	0.1044	0.0015	0.0028	0.0069	0	0.1819	0.0257	0.1359	0.1472
新疆	0.1067	0.1035	0.0662	0.1588	0.1581	0.0208	0.0159	0.0176	0.0022	0.1777	0.1155	0.1014	0.1161

表 45 2010 年总方差解释

成分	初始特征值			提取载荷平方和			旋转载荷平方和		
	总计	方差百分比(%)	累计(%)	总计	方差百分比(%)	累计(%)	总计	方差百分比(%)	累计(%)
1	8.284	63.726	63.726	8.284	63.726	63.726	6.518	50.136	50.136
2	3.206	24.665	88.391	3.206	24.665	88.391	4.973	38.255	88.391
3	0.630	4.850	93.241						
4	0.396	3.049	96.291						
5	0.193	1.485	97.775						
6	0.126	0.972	98.747						
7	0.083	0.635	99.382						
8	0.032	0.248	99.631						
9	0.022	0.168	99.798						
10	0.016	0.121	99.919						
11	0.005	0.042	99.961						
12	0.003	0.026	99.987						
13	0.002	0.013	100						

五 2012年测评分析

（一）适用性检验

根据 KMO 值和 Bartlett 球形度检验计算结果：KMO 统计量为 0.791，Bartlett 球形度检验结果显示球状假设被拒绝，因此 2012 年测评数据满足进行因子分析的条件（见表 46）。

表 46 KMO 和 Bartlett 检验结果

检验指标		检验结果
KMO 值		0.791
Bartlett 球形度检验	近似卡方	740.944
	自由度	78
	显著性	0.000

（二）因子分析

1. 提取公因子和方差比

通过总方差解释表 56 所示可得，提取 2 个公因子后，累计方差贡献率达到 87.762%，基本覆盖了大部分因子的信息，因此提取 2 个主成分作为市场主体发展效益水平计算的公共因子。

2. 因子载荷

采用最大方差法计算得出旋转后的因子载荷矩阵表。从表 47 中可以看出：第一主成分对 X_1^*、X_2^*、X_3^*、X_4^*、X_5^*、X_6^*、X_7^*、X_8^*、X_{11}^* 有绝对值较大的载荷量；第二主成分对 X_9^*、X_{10}^*、X_{12}^*、X_{13}^* 有绝对值较大的载荷量。

表 47 旋转后的因子载荷矩阵

指标	成分 1	成分 2
X_1^*	0.969	0.187
X_2^*	0.875	0.448
X_3^*	0.921	0.343

指标	成分 1	成分 2
X_4^*	0.960	0
X_5^*	0.789	-0.270
X_6^*	0.721	0.576
X_7^*	0.722	0.541
X_8^*	0.830	0.315
X_9^*	-0.016	0.811
X_{10}^*	0.255	0.935
X_{11}^*	0.953	0.190
X_{12}^*	0.217	0.945
X_{13}^*	0.166	0.960

注：提取方法为主成分分析法，旋转方法为凯撒正态化最大方差法。

3. 模型公式

从表 48 的因子得分系数矩阵得出 2 个因子分析的得分模型：

$$F_1 = 0.158X_1^* + 0.114X_2^* + 0.133X_3^* + 0.175X_4^* + 0.171X_5^* + 0.073X_6^* + 0.077X_7^* + 0.120X_8^* - 0.085X_9^* - 0.048X_{10}^* + 0.155X_{11}^* - 0.056X_{12}^* - 0.067X_{13}^*$$

$$F_2 = -0.046X_1^* + 0.035X_2^* + 0.002X_3^* - 0.097X_4^* - 0.154X_5^* + 0.087X_6^* + 0.077X_7^* + 0.003X_8^* + 0.226X_9^* + 0.233X_{10}^* - 0.044X_{11}^* + 0.240X_{12}^* + 0.249X_{13}^*$$

通过加权求和的方式，以各主成分对应的方差贡献率为权数，计算得出 2012 年市场主体发展效益分值模型为：

$$F = （F_1 * 52.895 + F_2 * 34.867）/87.762$$

$$F = 0.077X_1^* + 0.083X_2^* + 0.081X_3^* + 0.067X_4^* + 0.042X_5^* + 0.079X_6^* + 0.077X_7^* + 0.074X_8^* + 0.039X_9^* + 0.064X_{10}^* + 0.076X_{11}^* + 0.062X_{12}^* + 0.059X_{13}^*$$

表 48　旋转后的因子得分系数矩阵

指标	因子 1	因子 2
X_1^*	0.158	-0.046
X_2^*	0.114	0.035
X_3^*	0.133	0.002

续表

指标	因子 1	因子 2
X_4^*	0.175	−0.097
X_5^*	0.171	−0.154
X_6^*	0.073	0.087
X_7^*	0.077	0.077
X_8^*	0.120	0.003
X_9^*	−0.085	0.226
X_{10}^*	−0.048	0.233
X_{11}^*	0.155	−0.044
X_{12}^*	−0.056	0.240
X_{13}^*	−0.067	0.249

注：提取方法为主成分分析法，旋转方法为凯撒正态化最大方差法。

（三）测评结果分析

1. 总体测评结果

根据 2012 年市场主体发展效益水平测评结果：广东、江苏、浙江、上海、山东、北京市场主体发展效益水平高，划分为区域市场主体发展效益水平第一梯队。辽宁、福建、河南、河北、四川、湖北、天津、安徽市场主体发展效益水平较高，划分为第二梯队。湖南、内蒙古、重庆、陕西、山西、江西、黑龙江、广西、云南、吉林市场主体发展效益水平整体表现一般，划分为第三梯队。新疆、贵州、甘肃、宁夏、海南、青海、西藏市场主体发展效益水平整体情况相对较差，划分为第四梯队（见表 49）。

表 49　2012 年各省（区、市）市场主体发展效益水平测评分类

梯队划分	省（区、市）
第一梯队	广东、江苏、浙江、上海、山东、北京
第二梯队	辽宁、福建、河南、河北、四川、湖北、天津、安徽
第三梯队	湖南、内蒙古、重庆、陕西、山西、江西、黑龙江、广西、云南、吉林
第四梯队	新疆、贵州、甘肃、宁夏、海南、青海、西藏

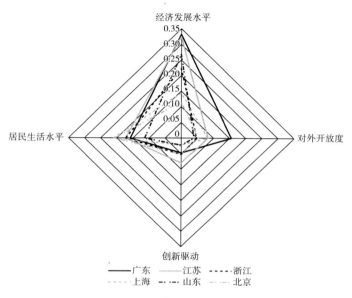

图 17 第一梯队比较

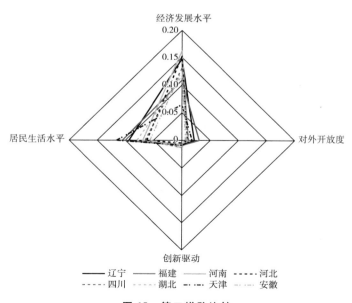

图 18 第二梯队比较

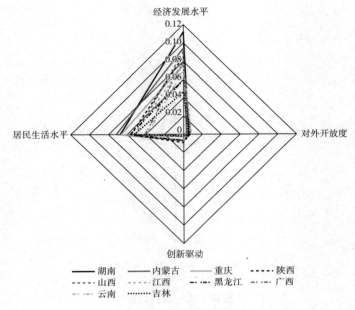

图 19　第三梯队比较

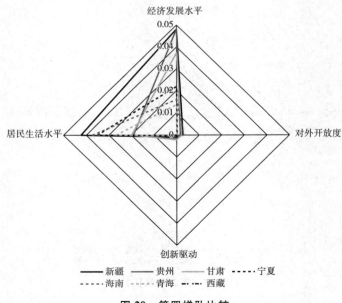

图 20　第四梯队比较

2. 分项指标测评结果

（1）经济发展水平

从分项指标经济发展水平的测评结果来看，广东、江苏、山东、浙江、河南、河北划分为第一梯队，经济发展整体水平高；辽宁、上海、四川、安徽、湖北、北京、湖南、福建划分为第二梯队，经济发展整体水平较高；内蒙古、山西、陕西、广西、江西、重庆、云南、天津、黑龙江划分为第三梯队，经济发展整体水平一般；贵州、新疆、吉林、甘肃、宁夏、海南、青海、西藏划分为第四梯队，经济发展整体水平较落后（见表50）。

表50　2012年各省（区、市）市场主体发展效益中的经济发展水平指标测评分类

梯队划分	省（区、市）
第一梯队	广东、江苏、山东、浙江、河南、河北
第二梯队	辽宁、上海、四川、安徽、湖北、北京、湖南、福建
第三梯队	内蒙古、山西、陕西、广西、江西、重庆、云南、天津、黑龙江
第四梯队	贵州、新疆、吉林、甘肃、宁夏、海南、青海、西藏

（2）对外开放度

从分项指标对外开放度的测评结果来看，广东、江苏、上海、北京开放程度高，划分为第一梯队；浙江、山东、福建、辽宁、天津、河南、四川开放程度较高，划分为第二梯队；河北、湖北、江西、重庆、黑龙江、安徽、陕西、湖南、吉林、广西开放程度不高，划分为第三梯队；云南、山西、海南、内蒙古、新疆、甘肃、贵州、宁夏、西藏、青海开放程度较差，划分为第四梯队（见表51）。

表51　2012年各省（区、市）市场主体发展效益中的对外开放度指标测评分类

梯队划分	省（区、市）
第一梯队	广东、江苏、上海、北京
第二梯队	浙江、山东、福建、辽宁、天津、河南、四川
第三梯队	河北、湖北、江西、重庆、黑龙江、安徽、陕西、湖南、吉林、广西
第四梯队	云南、山西、海南、内蒙古、新疆、甘肃、贵州、宁夏、西藏、青海

（3）创新驱动

从分项指标创新驱动的测评结果来看，江苏、浙江、北京、广东创新水平高，划分为第一梯队；山东、上海、四川、安徽、湖北、辽宁、陕西、福建创新水平较高，划分为第二梯队；天津、河南、黑龙江、湖南、重庆、河北、江西、内蒙古、山西创新水平一般，划分为第三梯队；云南、甘肃、吉林、贵州、广西、新疆、青海、海南、宁夏、西藏创新水平较差，划分为第四梯队（见表52）。

表52　2012年各省（区、市）市场主体发展效益中的创新驱动指标测评分类

梯队划分	省（区、市）
第一梯队	江苏、浙江、北京、广东
第二梯队	山东、上海、四川、安徽、湖北、辽宁、陕西、福建
第三梯队	天津、河南、黑龙江、湖南、重庆、河北、江西、内蒙古、山西
第四梯队	云南、甘肃、吉林、贵州、广西、新疆、青海、海南、宁夏、西藏

（4）居民生活水平

从分项指标居民生活水平的测评结果来看，上海、北京、江苏、浙江、广东居民生活水平高，划分为第一梯队；天津、山东、福建、辽宁、湖北、内蒙古、河南、湖南、重庆、四川、河北居民生活水平较高，划分为第二梯队；安徽、黑龙江、陕西、江西、吉林、山西、新疆、广西居民生活水平一般，划分为第三梯队；云南、海南、宁夏、青海、甘肃、贵州、西藏居民生活水平相对较差，划分为第四梯队（见表53）。

表53　2012年各省（区、市）市场主体发展效益中的居民生活水平指标测评分类

梯队划分	省（区、市）
第一梯队	上海、北京、江苏、浙江、广东
第二梯队	天津、山东、福建、辽宁、湖北、内蒙古、河南、湖南、重庆、四川、河北
第三梯队	安徽、黑龙江、陕西、江西、吉林、山西、新疆、广西
第四梯队	云南、海南、宁夏、青海、甘肃、贵州、西藏

表54　2012年各省（区、市）指标的原始数据

省（区，市）	X_1	X_2	X_3	X_4	X_5	X_6	X_7	X_8	X_9	X_{10}	X_{11}	X_{12}	X_{13}
北京	19024.7	3314.93	374051	874.28	26162	4081.07	26535	50511	2458.5	92758	1309.7	36817	26562
天津	9043.0	1760.02	187579	722.48	46015	1156.34	11491	19782	232.33	66517	437.2	24030	18542
河北	23077.5	2084.28	278564	3077.73	219130	505.63	7426	15315	37.82	31844	1261.2	13647	9773
山西	11683.1	1516.38	159461	1765.79	144608	150.43	3623	7196	30.61	32864	822.2	13592	9446
内蒙古	10470.1	1552.75	105156	2016.76	189942	112.59	3114	3084	106.1	42441	631.7	16800	13475
辽宁	17848.6	3105.38	370163	1899.88	206789	1040.90	17960	21223	230.66	40778	1405.7	18761	13489
吉林	8678.0	1041.25	90302	637.00	54808	245.63	4298	5930	25.12	32005	692.6	14395	10737
黑龙江	11015.8	1163.17	134426	827.91	65231	375.90	5039	20268	100.45	29352	975.2	14302	10750
上海	21305.6	3743.71	427928	1353.45	94038	4365.87	61461	51508	518.75	89613	1267.7	38550	28152
江苏	53701.9	5860.69	977842	4580.90	220007	5479.61	50461	269944	400.91	66533	3063.8	22432	16500
浙江	34382.4	3441.23	739030	3210.55	191817	3124.01	29595	188463	81.31	61097	2616.3	27020	18931
安徽	18341.7	1792.72	254386	1361.10	312437	392.85	4466	43321	86.16	30697	1083.0	13593	9878
福建	20190.7	1776.17	319214	1579.50	84345	1559.38	23381	30497	50.09	52959	1290.6	19141	14843
江西	12807.7	1371.99	176556	867.67	127196	334.14	7334	7985	39.78	28624	1045.7	13567	9182
山东	42957.3	4059.43	722344	3794.55	333603	2455.44	25885	75496	140.02	44348	2485.2	17127	10902
河南	28961.9	2040.33	283009	2747.75	272115	517.39	10168	26791	39.94	30497	1746.7	12772	9103
湖北	22590.9	1823.05	322331	1507.85	122945	319.64	8023	24475	196.39	39149	1509.5	14809	10756
湖南	21207.2	1782.16	221798	1345.22	191052	219.49	4882	23212	42.24	32203	1289.4	14391	10806
广东	57007.7	6229.18	884679	4619.41	256077	9840.20	98564	153598	364.94	52308	3112.9	21268	16002
广西	11303.6	1166.06	180309	1153.42	161356	294.84	3773	5900	2.52	24181	835.6	12644	8910
海南	2789.4	409.44	37505	208.08	26880	143.22	3105	1093	0.57	30993	206.9	14180	10161

续表

省(区,市)	X_1	X_2	X_3	X_4	X_5	X_6	X_7	X_8	X_9	X_{10}	X_{11}	X_{12}	X_{13}
重庆	11595.4	1703.49	224487	723.03	86474	532.04	4461	20364	54.02	39180	901.7	14924	11468
四川	23922.4	2421.27	230936	1830.70	174349	591.44	9107	42218	111.24	29627	1525.0	12753	9837
贵州	6742.2	1014.05	76025	1046.72	52655	66.32	1688	6059	9.67	18947	545.9	9850	7247
云南	11097.4	1338.15	150093	1315.86	68735	210.14	3956	5853	45.48	23992	955.7	11233	8192
西藏	710.2	86.58	3434	27.76	1127	34.24	208	133	—	22762	76.5	8568	5468
陕西	14142.4	1600.69	176977	1066.75	136727	147.99	5983	14908	334.82	37453	831.7	12885	10175
甘肃	5393.1	520.40	66817	994.56	45832	89.01	2262	3662	73.06	21141	437.3	9768	7937
青海	1528.5	186.42	17567	602.22	13484	11.57	347	527	19.30	26839	131.6	11470	10386
宁夏	2131.0	263.96	28802	741.79	41113	22.17	476	844	2.91	32609	166.3	13104	10009
新疆	7411.8	908.97	64883	1090.80	58794	251.70	1311	3439	5.39	33103	500.5	12151	10171

注:1.各省(区、市)市场主体数用企业法人单位数近似替代。2.由于统计指标变化,各省(区、市)就业人员数据用城镇单位就业人员、私营企业和个体就业人员总和近似替代。

资料来源:国家统计局网站,《中国统计年鉴》(2013)。

表55 2012年各省(区、市)数据标准化后的结果

省(区,市)	X_1^*	X_2^*	X_3^*	X_4^*	X_5^*	X_6^*	X_7^*	X_8^*	X_9^*	X_{10}^*	X_{11}^*	X_{12}^*	X_{13}^*
北京	0.3253	0.5256	0.3804	0.1844	0.0753	0.4140	0.2677	0.1867	1.0000	1.0000	0.4061	0.9422	0.9299
天津	0.1480	0.2724	0.1890	0.1513	0.1350	0.1165	0.1147	0.0728	0.0943	0.6445	0.1188	0.5157	0.5764
河北	0.3973	0.3252	0.2824	0.6642	0.6557	0.0503	0.0734	0.0563	0.0152	0.1747	0.3902	0.1694	0.1898
山西	0.1949	0.2328	0.1601	0.3785	0.4316	0.0141	0.0347	0.0262	0.0122	0.1885	0.2456	0.1676	0.1754
内蒙古	0.1734	0.2387	0.1044	0.4332	0.5679	0.0103	0.0295	0.0109	0.0429	0.3183	0.1828	0.2746	0.3530

续表

省（区，市）	X_1^*	X_2^*	X_3^*	X_4^*	X_5^*	X_6^*	X_7^*	X_8^*	X_9^*	X_{10}^*	X_{11}^*	X_{12}^*	X_{13}^*
辽宁	0.3044	0.4915	0.3764	0.4077	0.6186	0.1047	0.1805	0.0782	0.0936	0.2958	0.4378	0.3400	0.3536
吉林	0.1415	0.1554	0.0891	0.1327	0.1615	0.0238	0.0416	0.0215	0.0100	0.1769	0.2029	0.1943	0.2323
黑龙江	0.1831	0.1753	0.1344	0.1743	0.1928	0.0371	0.0491	0.0746	0.0406	0.1410	0.2960	0.1912	0.2329
上海	0.3658	0.5954	0.4356	0.2887	0.2795	0.4430	0.6228	0.1904	0.2108	0.9574	0.3923	1.0000	1.0000
江苏	0.9413	0.9400	1.0000	0.9916	0.6583	0.5563	0.5109	1.0000	0.1629	0.6447	0.9838	0.4624	0.4863
浙江	0.5981	0.5461	0.7549	0.6932	0.5735	0.3167	0.2988	0.698	0.0328	0.5711	0.8365	0.6154	0.5935
安徽	0.3132	0.2778	0.2575	0.2904	0.9363	0.0388	0.0433	0.1601	0.0348	0.1592	0.3315	0.1676	0.1944
福建	0.3460	0.2751	0.3241	0.3379	0.2503	0.1575	0.2356	0.1125	0.0201	0.4608	0.3998	0.3526	0.4133
江西	0.2149	0.2093	0.1777	0.1829	0.3792	0.0328	0.0725	0.0291	0.0160	0.1311	0.3192	0.1667	0.1637
山东	0.7504	0.6468	0.7378	0.8204	1.0000	0.2486	0.2611	0.2793	0.0567	0.3441	0.7933	0.2855	0.2396
河南	0.5018	0.3181	0.2869	0.5924	0.8151	0.0515	0.1013	0.0988	0.0160	0.1565	0.5501	0.1402	0.1602
湖北	0.3887	0.2827	0.3273	0.3223	0.3664	0.0313	0.0795	0.0902	0.0797	0.2737	0.4719	0.2082	0.2331
湖南	0.3641	0.2760	0.2241	0.2869	0.5712	0.0212	0.0475	0.0855	0.0170	0.1796	0.3995	0.1942	0.2353
广东	1.0000	1.0000	0.9044	1.0000	0.7668	1.0000	1.0000	0.5688	0.1482	0.4520	1.0000	0.4236	0.4644
广西	0.1882	0.1757	0.1815	0.2452	0.4819	0.0288	0.0362	0.0214	0.0008	0.0709	0.2500	0.1359	0.1517
海南	0.0369	0.0526	0.0350	0.0393	0.0775	0.0134	0.0295	0.0036	0	0.1632	0.0429	0.1872	0.2069
重庆	0.1934	0.2632	0.2269	0.1514	0.2567	0.0530	0.0432	0.0750	0.0217	0.2741	0.2718	0.2120	0.2645
四川	0.4123	0.3801	0.2335	0.3927	0.5210	0.0590	0.0905	0.1560	0.0450	0.1447	0.4770	0.1396	0.1926
贵州	0.1071	0.1510	0.0745	0.2219	0.1550	0.0056	0.0150	0.0220	0.0037	0	0.1546	0.0428	0.0784
云南	0.1845	0.2038	0.1505	0.2805	0.2033	0.0202	0.0381	0.0212	0.0183	0.0684	0.2896	0.0889	0.1201
西藏	0	0	0	0	0	0.0023	0	0	0	0.0517	0	0	0

续表

省(区,市)	X_1^*	X_2^*	X_3^*	X_4^*	X_5^*	X_6^*	X_7^*	X_8^*	X_9^*	X_{10}^*	X_{11}^*	X_{12}^*	X_{13}^*
陕西	0.2386	0.2465	0.1781	0.2263	0.4078	0.0139	0.0587	0.0548	0.1360	0.2507	0.2487	0.1440	0.2075
甘肃	0.0832	0.0706	0.0650	0.2106	0.1345	0.0079	0.0209	0.0131	0.0295	0.0297	0.1188	0.0400	0.1088
青海	0.0145	0.0163	0.0145	0.1251	0.0372	0	0.0014	0.0015	0.0076	0.1069	0.0181	0.0968	0.2168
宁夏	0.0252	0.0289	0.0260	0.1555	0.1203	0.0011	0.0027	0.0026	0.0010	0.1851	0.0296	0.1513	0.2002
新疆	0.1190	0.1339	0.0631	0.2315	0.1734	0.0244	0.0112	0.0123	0.0020	0.1918	0.1396	0.1195	0.2073

表 56　2012 年总方差解释

成分	初始特征值			提取载荷平方和			旋转载荷平方和		
	总计	方差百分比(%)	累计(%)	总计	方差百分比(%)	累计(%)	总计	方差百分比(%)	累计(%)
1	8.478	65.212	65.212	8.478	65.212	65.212	6.876	52.895	52.895
2	2.932	22.550	87.762	2.932	22.550	87.762	4.533	34.867	87.762
3	0.569	4.376	92.138						
4	0.396	3.044	95.183						
5	0.343	2.636	97.819						
6	0.097	0.749	98.568						
7	0.084	0.648	99.216						
8	0.038	0.296	99.512						
9	0.029	0.220	99.731						
10	0.021	0.163	99.894						
11	0.006	0.048	99.943						
12	0.004	0.031	99.974						
13	0.003	0.026	100						

六　2015年测评分析

（一）适用性检验

根据 KMO 值和 Bartlett 球形度检验计算结果：KMO 统计量为 0.793，Bartlett 球形度检验结果显示球状假设被拒绝，因此 2015 年测评数据满足进行因子分析的条件。

表 57　KMO 和 Bartlett 检验结果

检验指标		检验结果
KMO 值		0.793
Bartlett 球形度检验	近似卡方	700.618
	自由度	78
	显著性	0.000

（二）因子分析

1. 提取公因子和方差比

通过总方差解释表 67 所示，提取 2 个公因子后，累计方差贡献率达到 86.719%，基本覆盖了大部分因子的信息，因此提取 2 个主成分作为市场主体发展效益水平计算的公共因子。

2. 因子载荷

采用最大方差法计算得出旋转后的因子载荷矩阵表。从表 58 中可以看出：第一主成分对 X_1^*、X_2^*、X_3^*、X_4^*、X_5^*、X_6^*、X_7^*、X_8^*、X_{11}^* 有绝对值较大的载荷量；第二主成分对 X_9^*、X_{10}^*、X_{12}^*、X_{13}^* 有绝对值较大的载荷量。

表 58　旋转后的因子载荷矩阵

指标	成分 1	成分 2
X_1^*	0.958	0.171
X_2^*	0.867	0.465
X_3^*	0.904	0.308

指标	成分 1	成分 2
X_4^*	0.939	−0.017
X_5^*	0.810	−0.256
X_6^*	0.775	0.509
X_7^*	0.715	0.541
X_8^*	0.86	0.363
X_9^*	0.018	0.774
X_{10}^*	0.230	0.892
X_{11}^*	0.956	0.205
X_{12}^*	0.206	0.948
X_{13}^*	0.161	0.967

注：提取方法为主成分分析法，旋转方法为凯撒正态化最大方差法。

3. 模型公式

从表 59 的因子得分系数矩阵得出 2 个因子分析的得分模型：

$$F_1 = 0.156X_1^* + 0.110X_2^* + 0.132X_3^* + 0.172X_4^* + 0.174X_5^* + 0.088X_6^* + 0.074X_7^* + 0.119X_8^* - 0.077X_9^* - 0.051X_{10}^* + 0.153X_{11}^* - 0.061X_{12}^* - 0.071X_{13}^*$$

$$F_2 = -0.050X_1^* + 0.044X_2^* - 0.005X_3^* - 0.102X_4^* - 0.158X_5^* + 0.066X_6^* + 0.082X_7^* + 0.015X_8^* + 0.221X_9^* + 0.233X_{10}^* - 0.040X_{11}^* + 0.252X_{12}^* + 0.262X_{13}^*$$

通过加权求和的方式，以各主成分对应的方差贡献率为权数，计算得出 2015 年市场主体发展效益分值模型为：

$$F = (F_1 * 53.164 + F_2 * 33.555) / 86.719$$

$$F = 0.076X_1^* + 0.084X_2^* + 0.079X_3^* + 0.066X_4^* + 0.046X_5^* + 0.079X_6^* + 0.077X_7^* + 0.079X_8^* + 0.038X_9^* + 0.059X_{10}^* + 0.078X_{11}^* + 0.060X_{12}^* + 0.058X_{13}^*$$

表 59　旋转后的因子得分系数矩阵

指标	因子 1	因子 2
X_1^*	0.156	−0.050
X_2^*	0.110	0.044
X_3^*	0.132	−0.005

指标	因子 1	因子 2
X_4^*	0.172	−0.102
X_5^*	0.174	−0.158
X_6^*	0.088	0.066
X_7^*	0.074	0.082
X_8^*	0.119	0.015
X_9^*	−0.077	0.221
X_{10}^*	−0.051	0.233
X_{11}^*	0.153	−0.040
X_{12}^*	−0.061	0.252
X_{13}^*	−0.071	0.262

注：提取方法为主成分分析法，旋转方法为凯撒正态化最大方差法。

（三）测评结果分析

1. 总体测评结果

根据 2015 年市场主体发展效益水平测评结果：广东、江苏、浙江、山东、上海、北京市场主体发展效益水平高，划分为区域市场主体发展效益水平第一梯队。福建、辽宁、河南、天津、湖北、河北、四川、安徽市场主体发展效益水平较高，划分为第二梯队。湖南、内蒙古、重庆、陕西、江西、广西、山西、云南、吉林、新疆、黑龙江市场主体发展效益水平整体表现一般，划分为第三梯队。贵州、甘肃、宁夏、海南、青海、西藏市场主体发展效益水平整体情况相对较差，划分为第四梯队（见表 60）。

表 60　2015 年各省（区、市）市场主体发展效益水平测评分类

梯队划分	省（区、市）
第一梯队	广东、江苏、浙江、山东、上海、北京
第二梯队	福建、辽宁、河南、天津、湖北、河北、四川、安徽
第三梯队	湖南、内蒙古、重庆、陕西、江西、广西、山西、云南、吉林、新疆、黑龙江
第四梯队	贵州、甘肃、宁夏、海南、青海、西藏

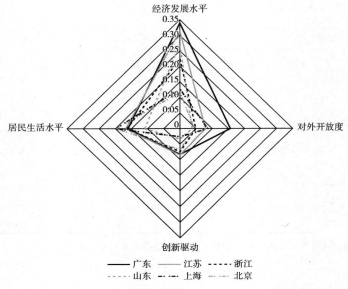

图21 第一梯队比较

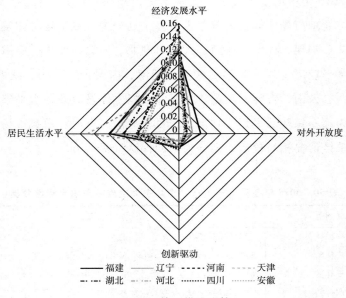

图22 第二梯队比较

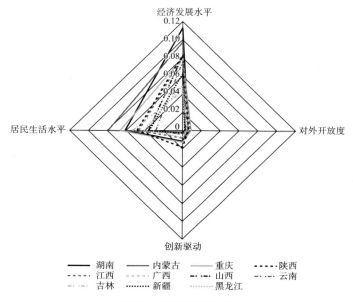

图 23　第三梯队比较

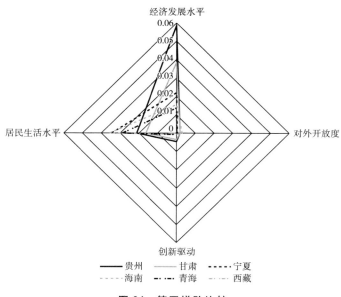

图 24　第四梯队比较

2. 分项指标测评结果

（1）经济发展水平

从分项指标经济发展水平的测评结果来看，广东、江苏、山东、浙江、河南划分为第一梯队，经济发展整体水平高；河北、安徽、上海、湖北、辽宁、四川、福建、北京、湖南划分为第二梯队，经济发展整体水平较高；内蒙古、陕西、山西、广西、江西、重庆、云南、天津、新疆、贵州划分为第三梯队，经济发展整体水平一般；黑龙江、吉林、甘肃、宁夏、海南、青海、西藏划分为第四梯队，经济发展整体水平较落后（见表61）。

表61　2015年各省（区、市）市场主体发展效益中的经济发展水平指标测评分类

梯队划分	省（区、市）
第一梯队	广东、江苏、山东、浙江、河南
第二梯队	河北、安徽、上海、湖北、辽宁、四川、福建、北京、湖南
第三梯队	内蒙古、陕西、山西、广西、江西、重庆、云南、天津、新疆、贵州
第四梯队	黑龙江、吉林、甘肃、宁夏、海南、青海、西藏

（2）对外开放度

从分项指标对外开放度的测评结果来看，广东、上海、江苏、浙江、北京开放程度高，划分为第一梯队；山东、福建、辽宁、天津、河南、四川开放程度较高，划分为第二梯队；湖北、重庆、河北、江西、安徽、广西、陕西、湖南开放程度不高，划分为第三梯队；云南、吉林、黑龙江、山西、海南、内蒙古、新疆、贵州、甘肃、宁夏、青海、西藏开放程度较差，划分为第四梯队（见表62）。

表62　2015年各省（区、市）市场主体发展效益中的对外开放度指标测评分类

梯队划分	省（区、市）
第一梯队	广东、上海、江苏、浙江、北京
第二梯队	山东、福建、辽宁、天津、河南、四川
第三梯队	湖北、重庆、河北、江西、安徽、广西、陕西、湖南
第四梯队	云南、吉林、黑龙江、山西、海南、内蒙古、新疆、贵州、甘肃、宁夏、青海、西藏

（3）创新驱动

从分项指标创新驱动的测评结果来看，江苏、广东、浙江、北京创新水平高，划分为第一梯队；山东、上海、四川、湖北、安徽、福建、陕西、天津、河南、重庆、湖南、辽宁创新水平较高，划分为第二梯队；河北、江西、黑龙江、贵州、广西、云南、山西、甘肃、吉林创新水平一般，划分为第三梯队；新疆、内蒙古、青海、海南、宁夏、西藏创新水平较差，划分为第四梯队（见表63）。

表63　2015年各省（区、市）市场主体发展效益中的创新驱动指标测评分类

梯队划分	省（区、市）
第一梯队	江苏、广东、浙江、北京
第二梯队	山东、上海、四川、湖北、安徽、福建、陕西、天津、河南、重庆、湖南、辽宁
第三梯队	河北、江西、黑龙江、贵州、广西、云南、山西、甘肃、吉林
第四梯队	新疆、内蒙古、青海、海南、宁夏、西藏

（4）居民生活水平

从分项指标居民生活水平的测评结果来看，上海、北京、江苏、浙江、广东、天津、山东居民生活水平高，划分为第一梯队；福建、辽宁、内蒙古、湖北、重庆、湖南、四川、河南、吉林、河北居民生活水平较高，划分为第二梯队；陕西、安徽、江西、黑龙江、山西、广西、海南、新疆居民生活水平一般，划分为第三梯队；宁夏、青海、云南、贵州、甘肃、西藏居民生活水平相对较差，划分为第四梯队（见表64）。

表64　2015年各省（区、市）市场主体发展效益中的居民生活水平指标测评分类

梯队划分	省（区、市）
第一梯队	上海、北京、江苏、浙江、广东、天津、山东
第二梯队	福建、辽宁、内蒙古、湖北、重庆、湖南、四川、河南、吉林、河北
第三梯队	陕西、安徽、江西、黑龙江、山西、广西、海南、新疆
第四梯队	宁夏、青海、云南、贵州、甘肃、西藏

表 65 2015 年各省（区、市）指标的原始数据

省（区，市）	X_1	X_2	X_3	X_4	X_5	X_6	X_7	X_8	X_9	X_{10}	X_{11}	X_{12}	X_{13}
北京	23014.59	4723.86	704629	952.72	20078	3194.41	29396	94031	3453.89	106497	1729.0	48458	33802.8
天津	16538.19	2667.11	320203	800.6	48779	1142.83	12278	37342	503.44	107960	478.9	31291.4	24162.5
河北	29806.11	2649.18	630137	3175.66	198024	515.14	6867	30130	39.54	40255	1448.8	18118.1	13030.7
山西	12766.49	1642.35	382169	1737.21	161765	146.81	3606	10020	51.20	34919	937.6	17853.7	11729.1
内蒙古	17831.51	1964.48	231915	2542.87	175112	127.31	2967	5522	15.39	71101	810.3	22310.1	17178.5
辽宁	28669.02	2127.39	552428	1984.89	202021	959.47	17745	25182	267.49	65354	1508.8	24575.6	17199.8
吉林	14063.13	1229.35	181344	651.96	43333	188.77	4437	8878	26.47	51086	905.5	18683.7	13763.9
黑龙江	15083.67	1165.88	225311	868.97	54478	210.12	4149	18943	127.26	39462	736.9	18592.7	13402.5
上海	25123.45	5519.5	448591	1405.55	90893	4492.41	74885	60623	663.78	103796	1720.9	49867.2	34783.6
江苏	70116.38	8028.59	1551446	5114.7	198998	5455.60	53551	250290	572.92	87995	4343.2	29538.9	20555.6
浙江	42886.49	4809.94	1346362	3553.9	201231	3467.84	32778	234983	98.10	77644	3501.0	35537.1	24116.9
安徽	22005.63	2454.3	564967	1639.79	345756	478.45	5063	59039	190.47	35997	1433.1	18362.6	12840.1
福建	25979.82	2544.24	664420	1851.86	111041	1688.46	25895	61621	52.14	67966	1576.5	25404.4	18850.2
江西	16723.78	2165.74	385517	1087.26	130349	424.00	7094	24161	64.85	36724	1345.3	18437.1	12403.4
山东	63002.33	5529.33	1269898	5117.05	261849	2406.08	27240	98101	307.55	64168	3279.1	22703.2	14578.4
河南	37002.13	3016.05	763210	2879.62	192859	737.81	8316	47766	45.04	39123	2121.0	17124.8	11835.1
湖北	29550.19	3005.53	678384	1665.16	153904	455.53	8646	38781	789.34	50654	2242.0	20025.6	14316.5
湖南	28902.21	2515.43	467954	1447.63	199716	293.02	5865	34075	105.06	42754	1642.4	19317.5	14267.3
广东	72812.55	9366.78	1397022	5310.69	339225	10224.96	111169	241176	662.58	67503	4968.4	27858.9	20975.7
广西	16803.12	1515.16	402587	1334.32	149714	510.91	4215	13573	7.31	35190	1051.8	16873.4	11401
海南	3702.76	627.7	76095	272.36	22287	139.67	3111	2061	2.19	40818	276.0	18979	13575

续表

省（区、市）	X_1	X_2	X_3	X_4	X_5	X_6	X_7	X_8	X_9	X_{10}	X_{11}	X_{12}	X_{13}
重庆	15717.27	2154.83	454877	875.37	103833	744.67	5009	38914	57.24	52321	1346.6	20110.1	15139.5
四川	30053.1	3355.44	490038	1992.4	154597	511.89	10594	64953	282.32	36775	2140.5	17221	13632.1
贵州	10502.56	1503.38	265382	1174.21	84540	122.21	1662	14115	25.96	29847	822.2	13696.6	10413.8
云南	13619.17	1808.1	372760	1438.61	107608	244.91	3901	11658	51.84	28806	1086.8	15222.6	11005.4
西藏	1026.39	137.13	26512	40.53	2125	9.14	221	198	—	31999	105.5	12254.3	8245.8
陕西	18021.86	2059.95	358073	1221.73	140900	304.99	6017	33350	721.82	47626	995.3	17395	13087.2
甘肃	6790.32	743.86	196182	1098.72	58251	79.52	2130	6912	129.70	26165	632.1	13466.6	10950.8
青海	2417.05	267.13	58654	658	15962	19.34	404	1217	46.88	41252	133.5	15812.7	13611.3
宁夏	2911.77	373.4	65679	878.33	42626	37.39	584	1865	3.52	43805	209.1	17329.1	13815.6
新疆	9324.8	1330.9	196453	2160.34	70673	196.69	1384	8761	3.03	40036	611.5	16859.1	12867.4

注：1. 各省（区、市）市场主体数用企业数用企业法人单位数近似替代；2. 由于统计指标变化，各省（区、市）就业人员数据用城镇单位就业人员、私营企业和个体就业人员总和近似替代。

资料来源：国家统计局网站，《中国统计年鉴》（2016）。

表 66 2015 年各省（区、市）数据标准化后的结果

省（区、市）	X_1^*	X_2^*	X_3^*	X_4^*	X_5^*	X_6^*	X_7^*	X_8^*	X_9^*	X_{10}^*	X_{11}^*	X_{12}^*	X_{13}^*
北京	0.3063	0.4970	0.4741	0.1731	0.0522	0.3118	0.263	0.3752	1.0000	0.9821	0.3339	0.9625	0.9630
天津	0.2161	0.2741	0.2085	0.1442	0.1358	0.1110	0.1087	0.1485	0.1452	1.0000	0.0768	0.5061	0.5998
河北	0.4009	0.2722	0.3470	0.5949	0.5701	0.0495	0.0599	0.1197	0.0108	0.1723	0.2763	0.1559	0.1803
山西	0.1635	0.1631	0.1697	0.3219	0.4646	0.0135	0.0305	0.0393	0.0142	0.1070	0.1711	0.1489	0.1313
内蒙古	0.2341	0.1980	0.1060	0.4748	0.5034	0.0116	0.0248	0.0213	0.0038	0.5494	0.1450	0.2673	0.3366

续表

省（区，市）	X_1^*	X_2^*	X_3^*	X_4^*	X_5^*	X_6^*	X_7^*	X_8^*	X_9^*	X_{10}^*	X_{11}^*	X_{12}^*	X_{13}^*
辽宁	0.3851	0.2156	0.3220	0.3689	0.5817	0.0930	0.1579	0.0999	0.0769	0.4791	0.2886	0.3276	0.3374
吉林	0.1816	0.1183	0.0830	0.1160	0.1199	0.0176	0.0380	0.0347	0.0070	0.3047	0.1645	0.1709	0.2079
黑龙江	0.1958	0.1115	0.1015	0.1572	0.1524	0.0197	0.0354	0.0750	0.0362	0.1626	0.1299	0.1685	0.1943
上海	0.3357	0.5832	0.2962	0.2590	0.2583	0.4389	0.6730	0.2416	0.1917	0.9491	0.3322	1.0000	1.0000
江苏	0.9624	0.8550	1.0000	0.9628	0.5729	0.5331	0.4807	1.0000	0.1653	0.7559	0.8714	0.4595	0.4639
浙江	0.5831	0.5063	0.8559	0.6667	0.5794	0.3386	0.2934	0.9388	0.0278	0.6294	0.6983	0.6190	0.5981
安徽	0.2922	0.2511	0.3230	0.3035	1.0000	0.0459	0.0436	0.2353	0.0545	0.1202	0.2730	0.1624	0.1731
福建	0.3476	0.2608	0.3966	0.3437	0.3170	0.1644	0.2314	0.2456	0.0145	0.5110	0.3025	0.3496	0.3996
江西	0.2187	0.2198	0.1944	0.1986	0.3731	0.0406	0.0619	0.0958	0.0182	0.1291	0.2550	0.1644	0.1567
山东	0.8633	0.5842	0.7536	0.9633	0.7558	0.2346	0.2435	0.3915	0.0885	0.4646	0.6526	0.2778	0.2386
河南	0.5012	0.3119	0.3816	0.5387	0.5551	0.0713	0.0730	0.1902	0.0124	0.1584	0.4145	0.1295	0.1353
湖北	0.3973	0.3108	0.3724	0.3083	0.4417	0.0437	0.0759	0.1543	0.2280	0.2994	0.4394	0.2066	0.2288
湖南	0.3883	0.2577	0.2264	0.2670	0.5750	0.0278	0.0509	0.1355	0.0298	0.2028	0.3161	0.1878	0.2269
广东	1.0000	1.0000	0.8671	1.0000	0.9810	1.0000	1.0000	0.9636	0.1913	0.5054	1.0000	0.4149	0.4797
广西	0.2198	0.1493	0.2042	0.2455	0.4295	0.0491	0.0360	0.0535	0.0015	0.1103	0.1946	0.1228	0.1189
海南	0.0373	0.0532	0.0335	0.0440	0.0587	0.0128	0.0260	0.0074	0	0.1791	0.0351	0.1788	0.2008
重庆	0.2046	0.2186	0.2780	0.1584	0.2960	0.0720	0.0432	0.1548	0.0159	0.3198	0.2552	0.2089	0.2598
四川	0.4043	0.3487	0.2025	0.3704	0.4437	0.0492	0.0935	0.2589	0.0812	0.1297	0.4185	0.1320	0.2030
贵州	0.1320	0.1480	0.1376	0.2151	0.2398	0.0111	0.0130	0.0556	0.0069	0.0450	0.1474	0.0383	0.0817
云南	0.1754	0.1810	0.1988	0.2653	0.3070	0.0231	0.0332	0.0458	0.0144	0.0323	0.2018	0.0789	0.1040
西藏	0	0	0	0	0	0	0	0	0	0.0713	0	0	0

续表

省（区，市）	X_1^*	X_2^*	X_3^*	X_4^*	X_5^*	X_6^*	X_7^*	X_8^*	X_9^*	X_{10}^*	X_{11}^*	X_{12}^*	X_{13}^*
陕西	0.2368	0.2083	0.1788	0.2241	0.4038	0.0290	0.0522	0.1326	0.2085	0.2624	0.1830	0.1367	0.1824
甘肃	0.0803	0.0657	0.0770	0.2008	0.1633	0.0069	0.0172	0.0268	0.0369	0	0.1083	0.0322	0.1019
青海	0.0194	0.0141	0.0193	0.1172	0.0403	0.0010	0.0016	0.0041	0.0129	0.1844	0.0058	0.0946	0.2022
宁夏	0.0263	0.0256	0.0254	0.1590	0.1179	0.0028	0.0033	0.0067	0.0004	0.2157	0.0213	0.1349	0.2099
新疆	0.1156	0.1293	0.0871	0.4022	0.1995	0.0184	0.0105	0.0342	0.0002	0.1696	0.1041	0.1224	0.1742

表 67　2015 年总方差解释

成分	初始特征值			提取载荷平方和			旋转载荷平方和		
	总计	方差百分比(%)	累计(%)	总计	方差百分比(%)	累计(%)	总计	方差百分比(%)	累计(%)
1	8.427	64.819	64.819	8.427	64.819	64.819	6.911	53.164	53.164
2	2.847	21.899	86.719	2.847	21.899	86.719	4.362	33.555	86.719
3	0.551	4.235	90.954						
4	0.418	3.212	94.166						
5	0.350	2.694	96.860						
6	0.182	1.402	98.262						
7	0.082	0.629	98.891						
8	0.077	0.595	99.486						
9	0.033	0.257	99.743						
10	0.016	0.122	99.865						
11	0.010	0.075	99.940						
12	0.005	0.035	99.975						
13	0.003	0.025	100						

七 2020年测评分析

（一）适用性检验

根据 KMO 值和 Bartlett 球形度检验计算结果：KMO 统计量为 0.800，Bartlett 球形度检验结果显示球状假设被拒绝，因此 2020 年测评数据满足进行因子分析的条件（见表 68）。

表 68 KMO 和 Bartlett 检验结果

检验指标		检验结果
KMO 值		0.800
Bartlett 球形度检验	近似卡方	783.334
	自由度	78
	显著性	0.000

（二）因子分析

1. 提取公因子和方差比

通过总方差解释表 78 所示，提取 2 个公因子后，累计方差贡献率达到88.656%，基本覆盖了大部分因子的信息，因此提取 2 个主成分作为市场主体发展效益水平计算的公共因子。

2. 因子载荷

采用最大方差法计算得出旋转后的因子载荷矩阵表。从表 69 中可以看出：第一主成分对 X_1^*、X_2^*、X_3^*、X_4^*、X_5^*、X_6^*、X_7^*、X_8^*、X_{11}^* 有绝对值较大的载荷量；第二主成分对 X_9^*、X_{10}^*、X_{12}^*、X_{13}^* 有绝对值较大的载荷量。

表 69 旋转后的因子载荷矩阵

指标	成分 1	成分 2
X_1^*	0.917	0.341
X_2^*	0.820	0.557
X_3^*	0.926	0.300

指标	成分 1	成分 2
X_4^*	0.927	0.083
X_5^*	0.875	-0.027
X_6^*	0.715	0.641
X_7^*	0.651	0.597
X_8^*	0.844	0.450
X_9^*	0.284	0.764
X_{10}^*	0.097	0.955
X_{11}^*	0.954	-0.007
X_{12}^*	0.085	0.969
X_{13}^*	0.119	0.966

注：提取方法为主成分分析法，旋转方法为凯撒正态化最大方差法。

3. 模型公式

从表 70 的因子得分系数矩阵得出 2 个因子分析的得分模型：

$$F_1 = 0.143X_1^* + 0.099X_2^* + 0.150X_3^* + 0.175X_4^* + 0.178X_5^* + 0.068X_6^* + 0.061X_7^* + 0.116X_8^* - 0.032X_9^* - 0.091X_{10}^* + 0.191X_{11}^* - 0.095X_{12}^* - 0.088X_{13}^*$$

$$F_2 = -0.013X_1^* + 0.057X_2^* - 0.025X_3^* - 0.085X_4^* - 0.109X_5^* + 0.092X_6^* + 0.088X_7^* + 0.025X_8^* + 0.176X_9^* + 0.250X_{10}^* - 0.113X_{11}^* + 0.255X_{12}^* + 0.250X_{13}^*$$

通过加权求和的方式，以各主成分对应的方差贡献率为权数，计算得出 2020 年市场主体发展效益分值模型为：

$$F = （F_1 * 51.265 + F_2 * 37.391）/88.656$$

$$F = 0.077X_1^* + 0.081X_2^* + 0.076X_3^* + 0.065X_4^* + 0.057X_5^* + 0.078X_6^* + 0.072X_7^* + 0.078X_8^* + 0.056X_9^* + 0.053X_{10}^* + 0.063X_{11}^* + 0.053X_{12}^* + 0.055X_{13}^*$$

表 70　旋转后的因子得分系数矩阵

指标	因子 1	因子 2
X_1^*	0.143	-0.013
X_2^*	0.099	0.057
X_3^*	0.150	-0.025

续表

指标	因子 1	因子 2
X_4^*	0.175	−0.085
X_5^*	0.178	−0.109
X_6^*	0.068	0.092
X_7^*	0.061	0.088
X_8^*	0.116	0.025
X_9^*	−0.032	0.176
X_{10}^*	−0.091	0.250
X_{11}^*	0.191	−0.113
X_{12}^*	−0.095	0.255
X_{13}^*	−0.088	0.250

注：提取方法为主成分分析法，旋转方法为凯撒正态化最大方差法。

（三）测评结果分析

1. 总体测评结果

根据 2020 年市场主体发展效益水平测评结果：广东、江苏、浙江、山东、上海、北京市场主体发展效益水平高，划分为区域市场主体发展效益水平第一梯队。福建、河南、四川、安徽、河北、湖北市场主体发展效益水平较高，划分为第二梯队。湖南、辽宁、天津、陕西、江西、内蒙古、重庆、广西、云南、山西市场主体发展效益水平整体表现一般，划分为第三梯队。贵州、新疆、黑龙江、吉林、甘肃、海南、宁夏、青海、西藏市场主体发展效益水平整体情况相对较差，划分为第四梯队（见表71）。

表 71　2020 年各省（区、市）市场主体发展效益水平测评分类

梯队划分	省（区、市）
第一梯队	广东、江苏、浙江、山东、上海、北京
第二梯队	福建、河南、四川、安徽、河北、湖北
第三梯队	湖南、辽宁、天津、陕西、江西、内蒙古、重庆、广西、云南、山西
第四梯队	贵州、新疆、黑龙江、吉林、甘肃、海南、宁夏、青海、西藏

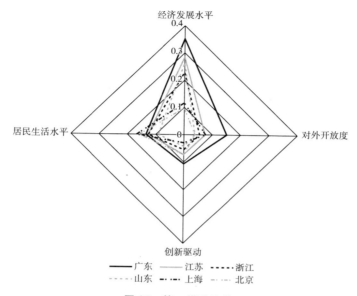

图 25　第一梯队比较

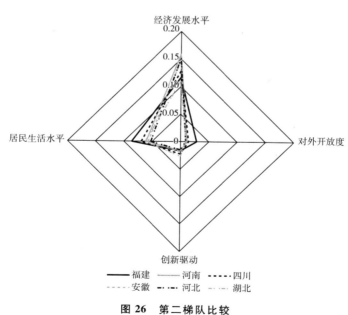

图 26　第二梯队比较

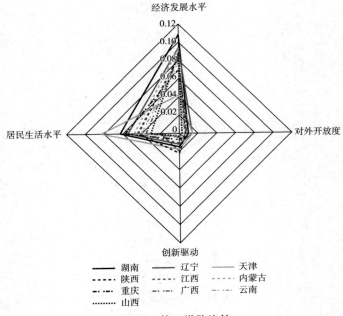

图 27　第三梯队比较

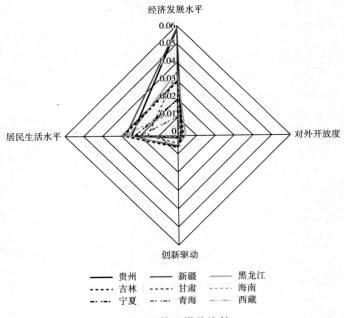

图 28　第四梯队比较

2. 分项指标测评结果

（1）经济发展水平

从分项指标经济发展水平的测评结果来看，广东、江苏、山东、浙江、河南、河北划分为第一梯队，经济发展整体水平高；安徽、四川、福建、上海、湖北、湖南、北京、辽宁、内蒙古划分为第二梯队，经济发展整体水平较高；山西、广西、江西、陕西、云南、重庆、新疆、贵州、天津划分为第三梯队，经济发展整体水平一般；黑龙江、甘肃、吉林、宁夏、海南、青海、西藏划分为第四梯队，经济发展整体水平较落后（见表72）。

表72 2020年各省（区、市）市场主体发展效益中的经济发展水平指标测评分类

梯队划分	省（区、市）
第一梯队	广东、江苏、山东、浙江、河南、河北
第二梯队	安徽、四川、福建、上海、湖北、湖南、北京、辽宁、内蒙古
第三梯队	山西、广西、江西、陕西、云南、重庆、新疆、贵州、天津
第四梯队	黑龙江、甘肃、吉林、宁夏、海南、青海、西藏

（2）对外开放度

从分项指标对外开放度的测评结果来看，广东、上海、江苏、浙江、北京、山东、福建开放程度高，划分为第一梯队；四川、天津、辽宁、河南、重庆、湖北、湖南、安徽开放程度较高，划分为第二梯队；河北、广西、江西、陕西、云南、黑龙江、吉林、山西开放程度不高，划分为第三梯队；海南、内蒙古、新疆、贵州、甘肃、宁夏、青海、西藏开放程度较差，划分为第四梯队（见表73）。

表73 2020年各省（区、市）市场主体发展效益中的对外开放度指标测评分类

梯队划分	省（区、市）
第一梯队	广东、上海、江苏、浙江、北京、山东、福建
第二梯队	四川、天津、辽宁、河南、重庆、湖北、湖南、安徽
第三梯队	河北、广西、江西、陕西、云南、黑龙江、吉林、山西
第四梯队	海南、内蒙古、新疆、贵州、甘肃、宁夏、青海、西藏

（3）创新驱动

从分项指标创新驱动的测评结果来看，广东、北京、江苏、浙江、山东创新水平高，划分为第一梯队；上海、湖北、四川、陕西、安徽、天津、福建、河南创新水平较高，划分为第二梯队；湖南、河北、辽宁、江西、重庆、吉林、贵州、黑龙江创新水平一般，划分为第三梯队；广西、甘肃、云南、山西、内蒙古、新疆、海南、宁夏、青海、西藏创新水平较差，划分为第四梯队（见表74）。

表74　2020年各省（区、市）市场主体发展效益中的创新驱动指标测评分类

梯队划分	省（区、市）
第一梯队	广东、北京、江苏、浙江、山东
第二梯队	上海、湖北、四川、陕西、安徽、天津、福建、河南
第三梯队	湖南、河北、辽宁、江西、重庆、吉林、贵州、黑龙江
第四梯队	广西、甘肃、云南、山西、内蒙古、新疆、海南、宁夏、青海、西藏

（4）居民生活水平

从分项指标居民生活水平的测评结果来看，上海、北京、广东、浙江、江苏居民生活水平高，划分为第一梯队；山东、福建、天津、四川、湖南、湖北、河南、重庆、安徽、辽宁、河北居民生活水平较高，划分为第二梯队；内蒙古、江西、陕西、云南、广西、山西居民生活水平一般，划分为第三梯队；海南、吉林、新疆、黑龙江、贵州、宁夏、青海、甘肃、西藏居民生活水平相对较差，划分为第四梯队（见表75）。

表75　2020年各省（区、市）市场主体发展效益中的居民生活水平指标测评分类

梯队划分	省（区、市）
第一梯队	上海、北京、广东、浙江、江苏
第二梯队	山东、福建、天津、四川、湖南、湖北、河南、重庆、安徽、辽宁、河北
第三梯队	内蒙古、江西、陕西、云南、广西、山西
第四梯队	海南、吉林、新疆、黑龙江、贵州、宁夏、青海、甘肃、西藏

表76　2020年各省（区、市）指标的原始数据

省（区、市）	X_1	X_2	X_3	X_4	X_5	X_6	X_7	X_8	X_9	X_{10}	X_{11}	X_{12}	X_{13}
北京	36102.55	5483.89	1127720	1140	22202.90	23313.0	32545	162824	6316.16	164158	1164	69433.5	38903.3
天津	14083.73	1923.11	341215	875	52519.24	7367.9	15151	75434	1089.56	101068	647	43854.1	28461.4
河北	36206.89	3826.46	1248654	3934	247322.64	4456.8	10088	92196	554.96	48302	3671	27135.9	18037.0
山西	17651.93	2296.57	604760	2342	190232.01	1504.3	3617	27296	44.98	51051	1738	25213.7	15732.7
内蒙古	17359.82	2051.20	320329	3900	178071.07	1054.2	3329	17958	35.95	71640	1242	31497.3	19794.5
辽宁	25114.96	2655.75	633098	2423	167340.82	6569.2	16257	60185	632.81	58629	2231	32738.3	20672.1
吉林	12311.32	1085.02	166693	805	44848.00	1282.3	4249	23951	462.15	50561	1261	25751.0	17317.7
黑龙江	13698.50	1152.51	234504	1014	48662.36	1539.2	6278	28475	265.20	42432	1473	24902.0	17056.4
上海	38700.58	7046.30	497979	1576	138839.18	34872.7	92922	139780	1583.22	156803	1374	72232.4	42536.3
江苏	102718.98	9058.99	2333775	6374	276639.72	44503.6	63031	499167	2087.85	121333	4893	43390.4	26225.1
浙江	64613.34	7248.24	2087888	4830	300276.17	33848.5	44024	391700	1403.32	100738	3857	52397.4	31294.7
安徽	38680.63	3216.01	998274	2428	374503.14	5451.5	8281	119696	659.57	62411	3243	28103.2	18877.3
福建	43903.89	3079.04	1031865	2483	140697.97	14098.1	31638	145928	163.54	105106	2206	37202.4	25125.8
江西	25691.50	2507.54	621069	1627	157148.51	4024.6	6813	80239	233.41	57065	2264	28016.5	17955.3
山东	73129.00	6559.93	2483474	6940	317023.94	22130.3	35378	238778	1903.89	71825	5510	32885.7	20940.1
河南	54997.07	4168.84	1324372	3392	219938.83	6678.8	10243	122809	379.78	54691	4884	24810.1	16142.6
湖北	43443.46	2511.54	968729	2144	160421.70	4305.2	12468	110102	1665.81	73687	3261	27880.6	19245.9
湖南	41781.49	3008.66	628510	1929	200877.51	4884.9	10715	78723	735.95	62537	3280	29379.9	20997.6
广东	110760.94	12923.85	3203987	6926	344577.78	70871.1	175397	709725	3267.21	88521	7039	41028.6	28491.9
广西	22156.69	1716.94	596654	2029	187443.63	4869.8	6577	34470	91.67	44237	2558	24562.3	16356.8
海南	5532.39	816.06	117573	363	20670.25	936.3	4234	8578	20.19	55438	541	27904.1	18971.6

续表

省（区、市）	X_1	X_2	X_3	X_4	X_5	X_6	X_7	X_8	X_9	X_{10}	X_{11}	X_{12}	X_{13}
重庆	25002.79	2094.85	566829	1186	121692.35	6513.6	6719	55377	117.79	78294	1676	30823.9	21678.1
四川	48598.76	4260.89	720525	2865	171896.07	8088.6	13545	108386	1244.59	58009	4745	26522.1	19783.4
贵州	17826.56	1786.80	431382	1586	86444.38	546.7	3184	34971	249.11	46355	1892	21795.4	14873.8
云南	24521.90	2116.69	599648	2025	121057.64	2692.8	6062	28943	49.95	52047	2806	23294.9	16792.4
西藏	1902.74	220.99	28775	82	4090.99	21.3	282	1702	0.78	52280	193	21744.1	13224.8
陕西	26181.86	2257.31	540901	1741	165260.39	3777.6	6287	60524	1758.72	65867	2105	26226.0	17417.6
甘肃	9016.70	874.55	175537	1376	67239.07	382.4	2532	20991	233.16	35848	1331	20335.1	16174.9
青海	3005.92	297.99	78106	742	14478.50	23.0	663	4693	10.56	50845	279	24037.4	18284.2
宁夏	3920.55	419.44	103540	1038	42849.61	123.4	899	7710	16.81	55021	344	25734.9	17505.8
新疆	13797.58	1477.22	239091	3099	57813.86	1483.4	1994	12763	15.11	53606	1356	23844.7	16512.1

注：各省（区、市）市场主体数用企业法人单位数近似替代。
资料来源：国家统计局网站、《中国统计年鉴》（2021）。

表77 2020年各省（区、市）数据标准化后的结果

省（区、市）	X_1^*	X_2^*	X_3^*	X_4^*	X_5^*	X_6^*	X_7^*	X_8^*	X_9^*	X_{10}^*	X_{11}^*	X_{12}^*	X_{13}^*
北京	0.3142	0.4143	0.3461	0.1543	0.0489	0.3287	0.1842	0.2276	1.0000	1.0000	0.1418	0.9461	0.8761
天津	0.1119	0.1340	0.0984	0.1156	0.1307	0.1037	0.0849	0.1041	0.1724	0.5083	0.0663	0.4532	0.5198
河北	0.3151	0.2838	0.3842	0.5617	0.6567	0.0626	0.0560	0.1278	0.0878	0.0971	0.5080	0.1310	0.1642
山西	0.1447	0.1634	0.1814	0.3295	0.5025	0.0209	0.0190	0.0361	0.0070	0.1185	0.2257	0.0940	0.0856
内蒙古	0.1420	0.1441	0.0918	0.5567	0.4697	0.0146	0.0174	0.0230	0.0056	0.2789	0.1532	0.2151	0.2241

续表

省（区，市）	X_1^*	X_2^*	X_3^*	X_4^*	X_5^*	X_6^*	X_7^*	X_8^*	X_9^*	X_{10}^*	X_{11}^*	X_{12}^*	X_{13}^*
辽宁	0.2132	0.1917	0.1903	0.3414	0.4407	0.0924	0.0912	0.0826	0.1001	0.1775	0.2977	0.2390	0.2541
吉林	0.0956	0.0680	0.0434	0.1054	0.1100	0.0178	0.0227	0.0314	0.0731	0.1147	0.1560	0.1044	0.1396
黑龙江	0.1084	0.0733	0.0648	0.1359	0.1203	0.0214	0.0342	0.0378	0.0419	0.0513	0.1870	0.0880	0.1307
上海	0.3380	0.5373	0.1478	0.2178	0.3638	0.4919	0.5290	0.1950	0.2506	0.9427	0.1725	1.0000	1.0000
江苏	0.9261	0.6957	0.7259	0.9175	0.7358	0.6278	0.3583	0.7026	0.3305	0.6662	0.6865	0.4442	0.4435
浙江	0.5761	0.5532	0.6485	0.6923	0.7996	0.4774	0.2498	0.5508	0.2221	0.5057	0.5352	0.6178	0.6165
安徽	0.3379	0.2358	0.3053	0.3421	1.0000	0.0766	0.0457	0.1667	0.1043	0.2070	0.4455	0.1497	0.1928
福建	0.3858	0.2250	0.3159	0.3501	0.3688	0.1987	0.1791	0.2037	0.0258	0.5398	0.2940	0.3250	0.4060
江西	0.2185	0.1800	0.1865	0.2253	0.4132	0.0565	0.0373	0.1109	0.0368	0.1654	0.3025	0.1480	0.1614
山东	0.6543	0.4990	0.7731	1.0000	0.8448	0.3121	0.2004	0.3348	0.3013	0.2804	0.7767	0.2418	0.2632
河南	0.4877	0.3108	0.4080	0.4826	0.5827	0.0940	0.0569	0.1710	0.0600	0.1469	0.6852	0.0862	0.0995
湖北	0.3816	0.1803	0.2960	0.3007	0.4220	0.0605	0.0696	0.1531	0.2636	0.2949	0.4481	0.1454	0.2054
湖南	0.3663	0.2195	0.1889	0.2693	0.5313	0.0686	0.0596	0.1088	0.1164	0.2080	0.4509	0.1743	0.2652
广东	1.0000	1.0000	1.0000	0.9980	0.9192	1.0000	1.0000	1.0000	0.5172	0.4105	1.0000	0.3987	0.5209
广西	0.1861	0.1178	0.1788	0.2839	0.4950	0.0684	0.0359	0.0463	0.0144	0.0654	0.3455	0.0815	0.1069
海南	0.0333	0.0468	0.0280	0.0410	0.0448	0.0129	0.0226	0.0097	0.0031	0.1527	0.0508	0.1458	0.1961
重庆	0.2122	0.1475	0.1695	0.1610	0.3175	0.0916	0.0368	0.0758	0.0185	0.3308	0.2166	0.2021	0.2884
四川	0.4290	0.3180	0.2179	0.4058	0.4530	0.1139	0.0757	0.1507	0.1969	0.1727	0.6649	0.1192	0.2238
贵州	0.1463	0.1233	0.1268	0.2193	0.2223	0.0074	0.0166	0.0470	0.0393	0.0819	0.2482	0.0281	0.0563
云南	0.2078	0.1492	0.1798	0.2833	0.3158	0.0377	0.0330	0.0385	0.0078	0.1262	0.3817	0.0570	0.1217
西藏	0	0	0	0	0	0	0	0	0	0.1281	0	0.0271	0

续表

省(区，市)	X_1^*	X_2^*	X_3^*	X_4^*	X_5^*	X_6^*	X_7^*	X_8^*	X_9^*	X_{10}^*	X_{11}^*	X_{12}^*	X_{13}^*
陕西	0.2230	0.1603	0.1613	0.2419	0.4351	0.053	0.0343	0.0831	0.2784	0.2340	0.2793	0.1135	0.1430
甘肃	0.0654	0.0514	0.0462	0.1887	0.1705	0.0051	0.0128	0.0272	0.0368	0	0.1662	0	0.1006
青海	0.0101	0.0061	0.0155	0.0962	0.0280	0	0.0022	0.0042	0.0015	0.1169	0.0126	0.0713	0.1726
宁夏	0.0185	0.0156	0.0235	0.1394	0.1046	0.0014	0.0035	0.0085	0.0025	0.1494	0.0221	0.1040	0.1461
新疆	0.1093	0.0989	0.0662	0.4399	0.1450	0.0206	0.0098	0.0156	0.0023	0.1384	0.1699	0.0676	0.1122

表 78 2020 年总方差解释

成分	初始特征值			提取载荷平方和			旋转载荷平方和		
	总计	方差百分比(%)	累计(%)	总计	方差百分比(%)	累计(%)	总计	方差百分比(%)	累计(%)
1	8.731	67.158	67.158	8.731	67.158	67.158	6.664	51.265	51.265
2	2.795	21.498	88.656	2.795	21.498	88.656	4.861	37.391	88.656
3	0.520	3.999	92.655						
4	0.432	3.324	95.979						
5	0.188	1.448	97.427						
6	0.124	0.950	98.377						
7	0.100	0.766	99.144						
8	0.052	0.404	99.547						
9	0.030	0.233	99.781						
10	0.017	0.128	99.909						
11	0.005	0.037	99.945						
12	0.004	0.030	99.975						
13	0.003	0.025	100						

八 2022年测评分析

（一）适用性检验

根据 KMO 值和 Bartlett 球形度检验计算结果：KMO 统计量为 0.805，Bartlett 球形度检验结果显示球状假设被拒绝，因此 2022 年测评数据满足进行因子分析的条件（见表 79）。

表 79 KMO 和 Bartlett 检验结果

检验指标		检验结果
KMO 值		0.805
Bartlett 球形度检验	近似卡方	763.413
	自由度	78
	显著性	0.000

（二）因子分析

1. 提取公因子和方差比

通过总方差解释表 89 可得，提取 2 个公因子后，累计方差贡献率达到 88.736%，基本覆盖了大部分因子的信息，因此提取 2 个主成分作为市场主体发展效益水平计算的公共因子。

2. 因子载荷

采用最大方差法计算得出旋转后的因子载荷矩阵表。从表 80 可以看出：第一主成分对 X_1^*、X_2^*、X_3^*、X_4^*、X_5^*、X_7^*、X_8^*、X_{11}^* 有绝对值较大的载荷量；第二主成分对 X_6^*、X_9^*、X_{10}^*、X_{12}^*、X_{13}^* 有绝对值较大的载荷量。

表 80 旋转后的因子载荷矩阵

指标	成分 1	成分 2
X_1^*	0.912	0.365
X_2^*	0.803	0.571
X_3^*	0.926	0.285

指标	成分 1	成分 2
X_4^*	0.936	0.118
X_5^*	0.868	−0.012
X_6^*	0.677	0.684
X_7^*	0.620	0.594
X_8^*	0.839	0.466
X_9^*	0.304	0.773
X_{10}^*	0.067	0.956
X_{11}^*	0.960	0.022
X_{12}^*	0.079	0.977
X_{13}^*	0.169	0.956

注：提取方法为主成分分析法，旋转方法为凯撒正态化最大方差法。

3. 模型公式

从表 81 的因子得分系数矩阵得出 2 个因子分析的得分模型：

$$F_1 = 0.144X_1^* + 0.096X_2^* + 0.157X_3^* + 0.179X_4^* + 0.181X_5^* + 0.057X_6^* + 0.056X_7^* + 0.117X_8^* - 0.032X_9^* - 0.103X_{10}^* + 0.196X_{11}^* - 0.103X_{12}^* - 0.082X_{13}^*$$

$$F_2 = -0.012X_1^* + 0.058X_2^* - 0.035X_3^* - 0.082X_4^* - 0.109X_5^* + 0.104X_6^* + 0.086X_7^* + 0.025X_8^* + 0.174X_9^* + 0.253X_{10}^* - 0.111X_{11}^* + 0.257X_{12}^* + 0.241X_{13}^*$$

通过加权求和的方式，以各主成分对应的方差贡献率为权数，计算得出 2022 年市场主体发展效益分值模型为：

$$F = (F_1 * 50.484 + F_2 * 38.252) / 88.736$$

$$F = 0.077X_1^* + 0.080X_2^* + 0.074X_3^* + 0.066X_4^* + 0.056X_5^* + 0.077X_6^* + 0.069X_7^* + 0.077X_8^* + 0.057X_9^* + 0.050X_{10}^* + 0.064X_{11}^* + 0.052X_{12}^* + 0.057X_{13}^*$$

表 81　旋转后的因子得分系数矩阵

指标	因子 1	因子 2
X_1^*	0.144	−0.012
X_2^*	0.096	0.058
X_3^*	0.157	−0.035

指标	因子 1	因子 2
X_4^*	0.179	-0.082
X_5^*	0.181	-0.109
X_6^*	0.057	0.104
X_7^*	0.056	0.086
X_8^*	0.117	0.025
X_9^*	-0.032	0.174
X_{10}^*	-0.103	0.253
X_{11}^*	0.196	-0.111
X_{12}^*	-0.103	0.257
X_{13}^*	-0.082	0.241

注：提取方法为主成分分析法，旋转方法为凯撒正态化最大方差法。

（三）测评结果分析

1. 总体测评结果

根据 2022 年市场主体发展效益水平测评结果：广东、江苏、浙江、山东、上海、北京市场主体发展效益水平高，划分为区域市场主体发展效益水平第一梯队。福建、安徽、河南、四川、湖北、河北、湖南市场主体发展效益水平较高，划分为第二梯队。陕西、江西、辽宁、内蒙古、天津、重庆、山西、广西、云南市场主体发展效益水平整体表现一般，划分为第三梯队。新疆、贵州、黑龙江、甘肃、吉林、海南、宁夏、青海、西藏市场主体发展效益水平整体情况相对较差，划分为第四梯队（见表82）。

表 82　2022 年各省（区、市）市场主体发展效益水平测评分类

梯队划分	省份
第一梯队	广东、江苏、浙江、山东、上海、北京
第二梯队	福建、安徽、河南、四川、湖北、河北、湖南
第三梯队	陕西、江西、辽宁、内蒙古、天津、重庆、山西、广西、云南
第四梯队	新疆、贵州、黑龙江、甘肃、吉林、海南、宁夏、青海、西藏

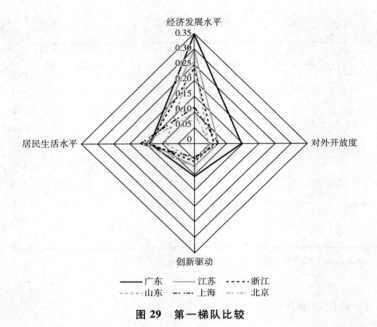

图 29　第一梯队比较

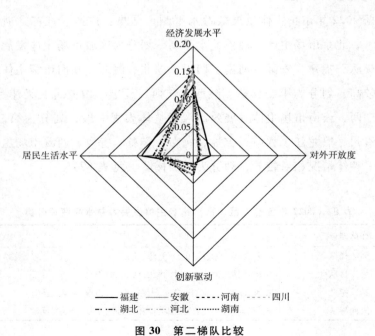

图 30　第二梯队比较

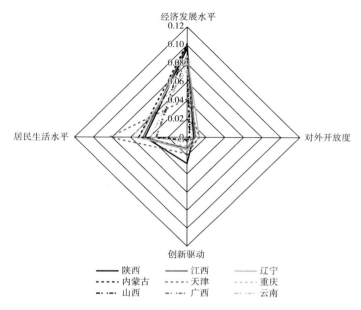

图 31　第三梯队比较

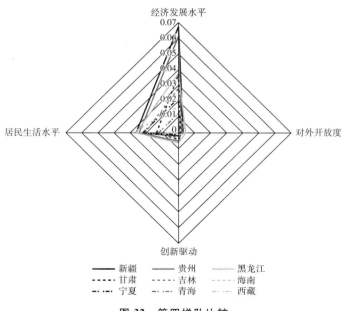

图 32　第四梯队比较

2. 分项指标测评结果

（1）经济发展水平

从分项指标经济发展水平的测评结果来看，广东、江苏、山东、浙江、河南、安徽、河北划分为第一梯队，经济发展整体水平高；四川、湖北、福建、上海、湖南、山西、内蒙古、江西划分为第二梯队，经济发展整体水平较高；北京、陕西、辽宁、广西、云南、重庆、新疆、贵州、天津划分为第三梯队，经济发展整体水平一般；黑龙江、甘肃、吉林、宁夏、海南、青海、西藏划分为第四梯队，经济发展整体水平较落后（见表83）。

表83　2022年各省（区、市）市场主体发展效益中的经济发展水平指标测评分类

梯队划分	省（区、市）
第一梯队	广东、江苏、山东、浙江、河南、安徽、河北
第二梯队	四川、湖北、福建、上海、湖南、山西、内蒙古、江西
第三梯队	北京、陕西、辽宁、广西、云南、重庆、新疆、贵州、天津
第四梯队	黑龙江、甘肃、吉林、宁夏、海南、青海、西藏

（2）对外开放度

从分项指标对外开放度的测评结果来看，广东、上海、江苏、浙江、北京、山东开放程度高，划分为第一梯队；福建、四川、辽宁、天津、河南、湖南、湖北开放程度较高，划分为第二梯队；安徽、重庆、河北、江西、广西、陕西、云南、黑龙江、海南开放程度不高，划分为第三梯队；山西、新疆、吉林、内蒙古、贵州、甘肃、宁夏、青海、西藏开放程度较差，划分为第四梯队（见表84）。

表84　2022年各省（区、市）市场主体发展效益中的对外开放度指标测评分类

梯队划分	省（区、市）
第一梯队	广东、上海、江苏、浙江、北京、山东
第二梯队	福建、四川、辽宁、天津、河南、湖南、湖北
第三梯队	安徽、重庆、河北、江西、广西、陕西、云南、黑龙江、海南
第四梯队	山西、新疆、吉林、内蒙古、贵州、甘肃、宁夏、青海、西藏

（3）创新驱动

从分项指标创新驱动的测评结果来看，广东、北京、江苏、浙江、山东、上海创新水平高，划分为第一梯队；湖北、安徽、陕西、湖南、四川、河南、天津、河北、福建创新水平较高，划分为第二梯队；辽宁、江西、重庆、黑龙江、广西、贵州、云南、甘肃创新水平一般，划分为第三梯队；山西、吉林、内蒙古、新疆、海南、宁夏、青海、西藏创新水平较差，划分为第四梯队（见表85）。

表85　2022年各省（区、市）市场主体发展效益中的创新驱动指标测评分类

梯队划分	省（区、市）
第一梯队	广东、北京、江苏、浙江、山东、上海
第二梯队	湖北、安徽、陕西、湖南、四川、河南、天津、河北、福建
第三梯队	辽宁、江西、重庆、黑龙江、广西、贵州、云南、甘肃
第四梯队	山西、吉林、内蒙古、新疆、海南、宁夏、青海、西藏

（4）居民生活水平

从分项指标居民生活水平的测评结果来看，上海、北京、浙江、广东、江苏居民生活水平高，划分为第一梯队；福建、山东、天津、湖北、四川、湖南、安徽、河南、重庆、河北、内蒙古、辽宁居民生活水平较高，划分为第二梯队；江西、陕西、云南、广西、山西、海南、黑龙江、新疆居民生活水平一般，划分为第三梯队；贵州、宁夏、吉林、甘肃、青海、西藏居民生活水平相对较差，划分为第四梯队（见表86）。

表86　2022年各省（区、市）市场主体发展效益中的居民生活水平指标测评分类

梯队划分	省（区、市）
第一梯队	上海、北京、浙江、广东、江苏
第二梯队	福建、山东、天津、湖北、四川、湖南、安徽、河南、重庆、河北、内蒙古、辽宁
第三梯队	江西、陕西、云南、广西、山西、海南、黑龙江、新疆
第四梯队	贵州、宁夏、吉林、甘肃、青海、西藏

表87　2022年各省（区、市）指标的原始数据

省（区、市）	X_1	X_2	X_3	X_4	X_5	X_6	X_7	X_8	X_9	X_{10}	X_{11}	X_{12}	X_{13}
北京	41610.9	5714.36	1361791	1281	18918	36420.1	34426	202722	7947.51	189988	1132	77414.5	42683.2
天津	16311.3	1846.69	425393	991	52898	8302.3	14616	71545	1650.87	117925	621	48976.1	31323.7
河北	42370.4	4056.3	1630410	4344	232136	5500.7	10494	115314	1003.83	56481	3580	30867	20890.3
山西	25642.6	3453.99	776575	2721	211540	1831.3	3780	33068	161.43	73506	1672	29178.2	17536.7
内蒙古	23158.6	2824.39	422887	4200	211615	1506.6	3186	24640	51.30	97433	1190	35920.6	22298.4
辽宁	28975.1	2525.07	715559	2551	166281	7900.9	16309	77434	971.35	68422	2122	36088.8	22603.7
吉林	13070.2	851	270241	852	46467	1559.4	4221	29534	36.95	54279	1185	27974.5	17897.5
黑龙江	15901	1290.66	358180	1139	52119	2651.5	5853	36551	460.18	50873	1351	28345.5	20411.9
上海	44652.8	7608.19	561659	1746	141059	41810.8	98408	178323	3870.73	180536	1347	79609.8	46045.4
江苏	122875.6	9258.88	3120366	7400	279143	54218.2	65078	560127	2986.78	143466	4805	49861.7	32848.1
浙江	77715.4	8039.85	2501809	5799	321583	46827.9	46944	443985	2435.07	119022	3885	60302.5	38971.1
安徽	45045	3589.14	1289469	2993	394061	7528.7	8407	156584	2875.45	72888	3176	32745.2	22541.9
福建	53109.9	3339.21	1419816	2900	169091	19821.5	33062	141536	259.52	123618	2174	43117.7	30041.7
江西	32074.7	2948.33	1058341	1983	196926	6624.8	7308	75830	733.88	69019	2193	32418.7	21707.9
山东	87435.1	7104.1	3202958	7559	334165	32199.7	37099	342290	3231.83	86143	5338	37560.1	22640.4
河南	61345.1	4250.35	1761349	3908	259983	8470.8	10217	135990	1020.75	58942	4782	28222.4	19019.5
湖北	53734.9	3281.13	1333259	2648	209475	6128.3	13230	160849	3010.00	90358	3243	32913.6	24827.8
湖南	48670.4	3101.76	1046672	2236	213251	7034.9	12599	92916	2542.89	71917	3219	34036	24082.7
广东	129118.6	13260.88	3531927	7870	351809	83001.8	189439	837276	3967.48	102217	6904	47064.6	32168.7
广西	26300.9	1687.72	760559	2217	213331	6464.2	7276	44691	226.99	51936	2508	279980.7	18342.8
海南	6818.2	832.43	193121	415	30007	2005.1	7161	13148	31.55	67314	531	30956.6	21500.4

续表

省（区、市）	X_1	X_2	X_3	X_4	X_5	X_6	X_7	X_8	X_9	X_{10}	X_{11}	X_{12}	X_{13}
重庆	29129	2103.42	705066	1404	135491	8102.8	6936	66467	559.47	88953	1644	35665.9	25371.1
四川	56749.8	4880.55	1341701	3447	186423	10044.3	14918	135507	1643.53	67610	4706	30679.2	22301.9
贵州	20164.6	1886.41	638787	1743	94999	729.9	3582	29382	390.72	51921	1878	25508.2	17938.7
云南	28954.2	1949.46	682662	2390	145857	3244	6322	39497	218.95	60868	2735	26936.8	18950.8
西藏	2132.6	179.63	33092	119	4024	46.1	288	2127	6.21	58908	192	26674.8	15885.6
陕西	32772.7	3311.57	810083	2376	164723	4754.6	7392	79375	3048.73	83030	2066	30115.8	19848.4
甘肃	11201.6	907.65	288360	1501	72945	567.9	2037	22490	335.84	44646	1307	23273.1	17489.4
青海	3610.1	329.1	99784	922	18467	40.5	728	5276	16.03	60946	256	27000	17260.8
宁夏	5069.6	460.15	136425	1250	48623	214.6	865	12452	34.05	70263	336	29599.3	19136.3
新疆	17741.3	1889.76	350433	3466	88293	2457.5	1959	20528	31.18	69717	1273	27062.7	17927.1

注：各省（区、市）市场主体数用企业法人单位数近似替代。

资料来源：国家统计局网站，《中国统计年鉴》（2023）。

表88　2022年各省（区、市）数据标准化后的结果

省（区、市）	X_1^*	X_2^*	X_3^*	X_4^*	X_5^*	X_6^*	X_7^*	X_8^*	X_9^*	X_{10}^*	X_{11}^*	X_{12}^*	X_{13}^*
北京	0.3109	0.4231	0.3798	0.1499	0.0382	0.4385	0.1805	0.2402	1.0000	1.0000	0.1400	0.9610	0.8885
天津	0.1117	0.1274	0.1121	0.1125	0.1253	0.0996	0.0757	0.0831	0.2071	0.5042	0.0639	0.4562	0.5119
河北	0.3169	0.2964	0.4565	0.5451	0.5848	0.0658	0.0540	0.1355	0.1256	0.0814	0.5048	0.1348	0.1659
山西	0.1851	0.2503	0.2125	0.3357	0.5320	0.0216	0.0185	0.0370	0.0195	0.1986	0.2205	0.1048	0.0547
内蒙古	0.1656	0.2022	0.1114	0.5265	0.5322	0.0177	0.0153	0.0270	0.0057	0.3632	0.1487	0.2245	0.2126

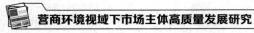

续表

省（区，市）	X_1^*	X_2^*	X_3^*	X_4^*	X_5^*	X_6^*	X_7^*	X_8^*	X_9^*	X_{10}^*	X_{11}^*	X_{12}^*	X_{13}^*
辽宁	0.2114	0.1793	0.1951	0.3138	0.4160	0.0947	0.0847	0.0902	0.1215	0.1636	0.2875	0.2275	0.2228
吉林	0.0861	0.0513	0.0678	0.0946	0.1088	0.0183	0.0208	0.0328	0.0039	0.0663	0.1479	0.0835	0.0667
黑龙江	0.1084	0.0849	0.0929	0.1316	0.1233	0.0315	0.0294	0.0412	0.0572	0.0428	0.1727	0.0900	0.1501
上海	0.3348	0.5679	0.1511	0.2099	0.3513	0.5035	0.5187	0.2110	0.4866	0.9350	0.1721	1.0000	1.0000
江苏	0.9508	0.6941	0.8824	0.9394	0.7054	0.6530	0.3425	0.6681	0.3753	0.6799	0.6873	0.4720	0.5624
浙江	0.5952	0.6009	0.7056	0.7328	0.8142	0.5640	0.2467	0.5291	0.3059	0.5117	0.5502	0.6573	0.7654
安徽	0.3379	0.2606	0.3591	0.3708	1.0000	0.0903	0.0429	0.1849	0.3613	0.1943	0.4446	0.1681	0.2207
福建	0.4014	0.2415	0.3963	0.3588	0.4232	0.2384	0.1733	0.1669	0.0319	0.5434	0.2953	0.3522	0.4694
江西	0.2358	0.2117	0.2930	0.2405	0.4946	0.0794	0.0371	0.0883	0.0916	0.1677	0.2981	0.1623	0.1930
山东	0.6717	0.5293	0.9060	0.9599	0.8464	0.3876	0.1946	0.4073	0.4062	0.2855	0.7667	0.2536	0.2240
河南	0.4663	0.3112	0.4940	0.4888	0.6562	0.1016	0.0525	0.1603	0.1278	0.0984	0.6838	0.0879	0.1039
湖北	0.4064	0.2371	0.3716	0.3263	0.5267	0.0734	0.0684	0.1901	0.3782	0.3145	0.4546	0.1711	0.2965
湖南	0.3665	0.2234	0.2897	0.2731	0.5364	0.0843	0.0651	0.1087	0.3194	0.1876	0.4510	0.1910	0.2718
广东	1.0000	1.0000	1.0000	1.0000	0.8917	1.0000	1.0000	1.0000	0.4988	0.3961	1.0000	0.4223	0.5399
广西	0.1903	0.1153	0.2079	0.2707	0.5366	0.0774	0.0369	0.0510	0.0278	0.0502	0.3451	0.0836	0.0815
海南	0.0369	0.0499	0.0457	0.0382	0.0666	0.0237	0.0363	0.0132	0.0032	0.1560	0.0505	0.1364	0.1862
重庆	0.2126	0.1471	0.1921	0.1658	0.3371	0.0972	0.0351	0.0770	0.0697	0.3048	0.2163	0.2200	0.3145
四川	0.4301	0.3594	0.3740	0.4294	0.4676	0.1206	0.0773	0.1597	0.2062	0.1580	0.6725	0.1315	0.2127
贵州	0.1420	0.1305	0.1731	0.2095	0.2332	0.0083	0.0174	0.0326	0.0484	0.0501	0.2512	0.0397	0.0681
云南	0.2112	0.1353	0.1857	0.2930	0.3636	0.0386	0.0319	0.0447	0.0268	0.1116	0.3789	0.0650	0.1016
西藏	0	0	0	0	0	0.0001	0	0	0	0.0981	0	0.0604	0

续表

省(区,市)	X_1^*	X_2^*	X_3^*	X_4^*	X_5^*	X_6^*	X_7^*	X_8^*	X_9^*	X_{10}^*	X_{11}^*	X_{12}^*	X_{13}^*
陕西	0.2413	0.2394	0.2221	0.2912	0.4120	0.0568	0.0376	0.0925	0.3831	0.2641	0.2792	0.1215	0.1314
甘肃	0.0714	0.0557	0.073	0.1783	0.1767	0.0064	0.0092	0.0244	0.0415	0	0.1661	0	0.0532
青海	0.0116	0.0114	0.0191	0.1036	0.0370	0	0.0023	0.0038	0.0012	0.1121	0.0095	0.0662	0.0456
宁夏	0.0231	0.0214	0.0295	0.1459	0.1143	0.0021	0.0031	0.0124	0.0035	0.1763	0.0215	0.1123	0.1078
新疆	0.1229	0.1307	0.0907	0.4318	0.2161	0.0291	0.0088	0.0220	0.0031	0.1725	0.1611	0.0673	0.0677

表89 2022年总方差解释

成分	初始特征值			提取载荷平方和			旋转载荷平方和		
	总计	方差百分比(%)	累计(%)	总计	方差百分比(%)	累计(%)	总计	方差百分比(%)	累计(%)
1	8.810	67.771	67.771	8.810	67.771	67.771	6.563	50.484	50.484
2	2.726	20.966	88.736	2.726	20.966	88.736	4.973	38.252	88.736
3	0.593	4.560	93.297						
4	0.342	2.629	95.926						
5	0.216	1.658	97.584						
6	0.117	0.897	98.481						
7	0.075	0.579	99.059						
8	0.061	0.470	99.529						
9	0.024	0.184	99.713						
10	0.019	0.142	99.855						
11	0.010	0.079	99.934						
12	0.005	0.040	99.974						
13	0.003	0.026	100						

党的十八大以来，我国不断推进商事制度、放管服等一系列改革，营商环境得到大幅改善，我国在世界银行《营商环境报告》中排名从 2012 年的 91 名跃升至 2020 年的 31 名，位次提升了 60 名，虽然世界银行的营商环境评价只选取我国大陆地区的北京和上海两个城市，但其他省（区、市）的营商环境改革在追赶超越中不断稳步推进，市场主体发展环境不断优化，市场主体竞争力得到持续提升。

从上述区域市场主体发展效益水平测评结果来看，当前我国营商环境优良的区域主要还是集中在东部沿海地区，其次为中部地区，西部地区部分区域和东北地区市场主体发展效益水平总体较为落后。东部地区的广东、江苏、浙江、上海、山东、北京、福建等省市，市场主体发展效益水平始终保持在全国前列。中、西部地区部分省份在营商环境改善方面不断追赶超越，以国际一流营商环境为目标，对标发达地区，全方位多角度地改善营商环境，安徽、河南、陕西、江西、内蒙古等省份市场主体发展效益水平有了较大提升；但同时，贵州、甘肃、青海、宁夏等省份市场主体发展效益整体水平仍然较为落后。东北三省市场主体发展效益水平整体呈下降趋势。

第六章
市场主体发展环境调查研究案例分析

营商环境的改善是好是坏，最直接的感知者当属各类市场主体。2018年时任世界银行首席执行官克里斯塔利娜·格奥尔基耶娃（Kristalina Georgieva，现任国际货币基金组织总裁）在上海举办的"优化营商环境的国际经验及对中国的启示"研讨会（该研讨会由中国财政部与世界银行集团主办）致辞中表示："政府采取的改善营商环境措施，如果营商人士没有感知到，就算徒劳无功，在世界银行的营商环境排名中也是无法得分的。只有政府通过各种形式与营商人士及时沟通，宣讲相关法律、政策和做法，最大限度地帮助在营商环境调查中的被访谈人做出正确回答，才能保证本地区的评估结果是客观公允的。"

因此，在推进营商环境改革中，要及时关注各类市场主体对营商环境改善举措的需求和反应，并根据市场主体的反馈不断对改革进行修正和完善。而在政策调整和改善的过程中，政府应站在市场主体的角度来考虑问题，营商环境的改善不能是政府自导自演的独角戏，在做好市场主体服务响应需求的同时应逐步减轻市场主体"行政负担"，各种营商环境改善举措也必须以通俗易懂的方式为市场主体所知。一是做好各项服务，持续完善政策，提升市场主体满意度。市场主体需求是优化营商环境的出发点也是回归点，市场主体评价是落实效果的最直接反馈，从市场主体需求出发，抓好各项政策落实，建立并完善多元有效的政企互动机制，动态收集、响应市场主体需求，不断优化完善营商环境政策举措，想市场主体所想，应市场主体所需，做好市场主体全生命周期服务工作。二是综合考虑市场主体需求，切实减轻市场主体"行政负担"。营商环境不仅包括行政审批环节、时间、成本的优化，更包括"政策学习成本""遵守相关规章制度的合规成本""整个过程的心理成本"的优化，需进一步深化改革，从政策学习、合规成本等角度重点减轻市场主体"行政负担"，持续优化营商环境。

本章选取了笔者在研究市场主体发展及营商环境改善过程中所做过的跟踪调查问卷中的四份及其结果作为案例分析，向读者展示各类市场主体在不同阶段对营商环境的需求重点和亟待解决的问题。

第一节　调查问卷之一：新注册市场主体生存发展状况

一　调查目的

2013 年商事制度改革在全国范围启动后，市场主体登记注册迎来便利宽松的准入环境。但是新登记注册的市场主体实际生存状况如何、商事制度改革的成效如何，需要通过实地调研进行深入了解，本次调查对象主要涉及商事制度改革后的市场主体，即 2014 年 1 月 1 日至 12 月 31 日登记注册的私营企业和个体工商户，在 2015 年底通过问卷调查进一步了解其生存发展状况。

二　调查问卷设计

本次调查问卷设计共分为两部分：第一部分是对新登记注册市场主体的基本状况进行调查；第二部分是对工商登记制度改革满意度进行调查，共计30 个选择题目。具体内容如下所示：

第一部分　新登记注册市场主体状况调查

1. 您的市场主体类型是_____。

①私营企业　　　　　　　②个体工商户

2. 您的市场主体区域分布_____。

①市区　　　　　　　　　②县

3. 您的市场主体分布行业_____。

①农、林、牧、渔业　②采矿业　③制造业　④电力、热力、燃气及水生产和供应业　⑤建筑业　⑥批发和零售业　⑦交通运输、仓储和邮政业　⑧住宿和餐饮业　⑨信息传输、软件和信息技术服务业　⑩金融业　⑪房地产业　⑫租赁和商务服务业　⑬科学研究和技术服务业　⑭水利、环境和公共设施管理业　⑮居民服务、修理和其他服务业　⑯教育　⑰卫生和社会工作　⑱文化、体育和娱乐业　⑲其他

4. 您的市场主体登记之后_____开始营业。

①1 个月　②3 个月内　③6 个月内　④9 个月内

⑤还没开始营业（原因_____）

5. 您的市场主体登记之后_____办理了行政许可证。

①1 个月　②3 个月内　③6 个月内　④9 个月内

⑤还没办理（原因_____）

6. 您的市场主体当前运营状况_____。

①盈亏平衡　②盈利　③亏损　④歇业　⑤关闭

7. 如果您的市场主体处于关闭状态，是否准备办理注销手续？_____。（没有这类情况就不需要填写）

①已经办理　②正在办理　③以后再说

8. 您的市场主体当前所拥有的从业人员_____。

①500 人及以上　②300～500 人　③100～300 人　④50～100 人

⑤20～50 人　⑥10～20 人　⑦5～10 人　⑧5 人以下

9. 您的市场主体从业人员月平均工资_____。

①1000 元以下　②1000～2000 元　③2000～3000 元　④3000～4000 元

⑤4000～5000 元　⑥5000 元及以上

10. 您的市场主体年销售收入预估_____。

①5000 万元及以上　②2000 万～5000 万元　③500 万～2000 万元

④100 万～500 万元　⑤50 万～100 万元　⑥10 万～50 万元　⑦10 万元以下

11. 您的市场主体营业执照办理后_____办理了税务登记证。

①3 个月内　　②6 个月内　　③9 个月内

④还没办理（原因＿＿＿＿）

12. 您的市场主体年缴纳税费总额预估＿＿＿＿。

①100 万元及以上　②50 万 ~ 100 万元　③10 万 ~ 50 万元

④5 万 ~ 10 万元　　⑤1 万 ~ 5 万元　　⑥5000 元 ~ 1 万元

⑦2000 ~ 5000 元　　⑧1000 ~ 2000 元

⑨500 ~ 1000 元　　⑩500 元以下

13. 目前您的市场主体注册资本到位情况＿＿＿＿。

①10% 以内　　②10% ~ 50%　　③51% ~ 99%　　④100%

14. 您的市场主体投资项目建设情况＿＿＿＿。

①投资 10 亿元以上重大项目建设　②投资 1 亿元以上重点项目建设

③投资 5000 万元以上项目建设　　④投资 3000 万元以上项目建设

⑤投资 1000 万元以上项目建设　　⑥投资 500 万元以上项目建设

⑦投资 100 万元以上项目建设　　⑧投资 100 万元以下项目建设

15. 您对区域经济发展前景看法＿＿＿＿。

①乐观　　　②不乐观　　　③不太好说

16. 您的市场主体在未来一年里是否会扩大资金、设备投入？＿＿＿＿。

①不会　　　　　②会　　　　　③不一定

17. 您的市场主体目前面临的突出问题和困难＿＿＿＿。（多选，最多选 4 项）

①原材料、劳动力、营销成本高　②高税费难以承受

③资金短缺、融资难　④人才流失、技工难寻　⑤不易打造品牌

⑥产品无销路　⑦项目用地较为困难　⑧环保政策压力较大

18. 您的市场主体未来发展可能面临哪些风险＿＿＿＿。（多选，最多选 4 项）

①市场竞争能力弱，业务萎缩　②资金方面的问题

③关键技术与管理人员流失，人员队伍薄弱　④发展方向定位不清晰

⑤管理薄弱，团队无法带动　⑥产业政策压力较大

19. 您的市场主体目前资金周转状况如何？_____。

①困难　　　②一般　　　③良好

20. 您的市场主体主要融资渠道_____。（多选，最多选4项）

①银行贷款　②民间借贷　③私募股权和风险投资　④典当融资

⑤政府产业扶持资金　⑥其他_____

21. 您的市场主体存在融资难主要原因_____。（多选，最多选4项，没有这种情况可不选）

①利率水平太高　　　　②缺乏融资渠道

③政府扶持政策缺失　　④缺乏担保　　⑤其他_____

22. 您认为政府在融资方面需要加强哪些方面工作（可多选）_____。

①建立和完善中小金融机构体系，培育民营银行

②发展中小企业资本市场　　　③设立更多的信用担保机构

④发展创业投资基金　　　　　⑤引导金融机构向更多的中小微企业贷款

⑥搭建银企合作平台

23. 您的市场主体核心技术主要来源于_____。

①自主研发　　②产学研联合开发　　③引进和模仿　　④没有

24. 您的市场主体在技术创新方面遇到的主要困难_____。（可多选）

①研发投入不足　　　　　　　②对市场前景把握不准

③缺乏研究人员、研发能力不强　　④缺乏战略合作伙伴

⑤缺乏技术标准、难以通过国家认证　　⑥知识产权得不到保护

25. 您的市场主体目前最缺的人力资源_____。（可多选）

①高级管理人员　　　②高级技术人员　　　③一般员工

第二部分　工商登记制度改革满意度调查

26. 您了解《关于改革工商登记制度促进市场主体发展的意见（试行）》内容吗？_____。

①非常了解　　　　　②部分了解　　　　　③不清楚

27. 您是通过什么途径了解《关于改革工商登记制度促进市场主体发展的意见（试行）》内容的？_____。

①工商部门的宣传　　②网站　　③朋友介绍　　④其他途径_____

28. 您认为《关于改革工商登记制度促进市场主体发展的意见（试行）》中哪几点对您非常有帮助？（可多选）_____。

①放宽市场主体名称登记条件　②放宽市场主体住所登记条件　③放宽公司注册资本登记条件　④放宽市场主体经营范围登记条件　⑤实行"先照后证"　⑥支持个体工商户转型为企业　⑦支持电子商务行业发展　⑧支持农民专业合作社发展　⑨支持家庭农（林）场发展　⑩简化登记注册程序　⑪支持外商投资企业发展　⑫改革企业年度检验制度　⑬下放企业登记管辖权限

29. 您认为工商登记制度改革效果如何？_____。

①很好　　　　　　②一般　　　　　　③不好

30. 您对深化工商登记制度改革有哪些期待_____。（可多选）

①进一步简化市场主体住所登记手续　　　　　②推行电子营业执照
③推行工商营业执照、组织机构代码证、国税登记证、地税登记证等多证合一　④修订和完善市场主体登记注册法规、条例　⑤加强领导，强化部门协作　⑥强化登记注册部门对市场主体发展服务和指导　⑦其他_____

三　结果分析

商事制度改革全面推进后，私营企业和个体工商户数量激增，成为市场主体登记注册的主力军。为了解市场主体设立后的生存发展状况，笔者对2014年登记注册的私营企业和个体工商户开展问卷调查。共发放调查问卷3000份，收回有效问卷2740份。从行业分布看，调查对象涉及市场主体占比较高的行业为：批发和零售业（占23.0%）、农林牧渔业（占15.2%）、住宿和餐饮业（占13.1%）、居民服务、修理和其他服务业（占6.0%）、制造业（占5.5%）。

问卷调查分析显示新登记注册市场主体的发展呈现以下特征。

1. 大多数新登记注册市场主体运行状况良好

（1）开业情况。问卷调查显示，2014年新登记注册市场主体中，

70.4%的市场主体在办理营业执照后 1 个月内开业，29.6%的市场主体尚未开业。未开业原因除装修外，主要是由于医疗器械许可、餐饮环保许可、教育培训许可等证照办理周期较长，相关许可证尚未完成办理。

（2）行政许可证办理情况。问卷调查显示，2014 年新登记注册市场主体中，60.4%的市场主体办理营业执照后 1 个月内办理了相关许可证，39.6%的市场主体没有在 1 个月内办理许可审批手续。许可审批手续未办理的主要原因是：一些许可证办理周期较长，正在办理之中；一些市场主体达不到办理许可证的要求，许可证办不了。

（3）税务登记证办理情况。问卷调查显示，2014 年新登记注册市场主体中，75.9%的市场主体在办理营业执照后 3 个月内办理了税务登记证，24.1%的市场主体没有在 3 个月内办理税务登记证。未办理税务登记证主要原因是：有的市场主体认为没有开展业务不需要办理税务登记证；有的市场主体认为办理税务登记证不方便，暂缓办理。

（4）经营状况。问卷调查显示，2014 年新登记注册市场主体中，37.9%的市场主体处于盈亏平衡状态，23.2%的市场主体处于盈利状态，31.1%的市场主体处于亏损状态，6.5%的市场主体处于歇业状态，1.3%的市场主体处于关闭状态。针对歇业或关闭状态的市场主体是否办理注销手续的调查显示，31.8%的市场主体正在办理或已经办理注销手续，68.2%的市场主体没有办理注销手续。

（5）对区域发展贡献情况。问卷调查显示，2014 年新登记注册市场主体中，21.4%的市场主体年缴纳税费总额为 1 万~5 万元；17.7%的市场主体年缴纳税费总额在 500 元以下；12.5%的市场主体年缴纳税费总额为500~1000 元。从参与区域项目建设情况来看，74%的市场主体参与了 100万元以下项目建设，23.4%的市场主体参与了 100 万元以上项目建设，1.5%的市场主体参与了 10 亿元以上重大项目建设，1.1%的市场主体参与了 1 亿元以上重点项目建设。

2. 部分新登记注册市场主体对未来发展信心不足

我国经济发展进入新常态，在给市场主体带来发展机遇的同时，也给市场主体发展带来新的挑战，65.7%的市场主体对自身未来一年的总体运行状况"不乐观"，仅有23.2%的市场主体选择在未来一年里增加资金、设备投入，扩大经营规模。

3. 融资难、创新难、吸纳人才难"三大难题"制约新登记市场主体发展

资金短缺、融资难，原材料、劳动力、营销成本高，人才流失、技工难寻成为制约市场主体发展三大突出难题。三大问题分别占到调查统计量的26.3%、24.5%和16.1%。

资金缺乏，市场竞争能力弱、业务萎缩，关键技术缺失、人才流失等问题占据市场主体面临的风险前三位。问卷调查显示这几类风险分别占调查统计量的30.6%、24.6%和14.8%。

4. 市场主体对商事制度改革效果总体满意，期盼深化改革，分享更多"政策红利"

（1）市场主体对商事制度改革的效果普遍满意。依据调查结果，88%的市场主体认为商事制度改革取得了很好的效果，12%的市场主体认为还需要进一步深化改革。

（2）市场主体对商事制度改革的内容了解差强人意。问卷调查显示，仅有10%的市场主体对当时的《关于改革工商登记制度促进市场主体发展的意见（试行）》内容有了解，53%的市场主体部分了解，37%的市场主体不了解。市场主体对商事制度改革内容了解渠道单一，60%的市场主体主要通过工商部门宣传了解商事制度改革内容，28%的市场主体主要通过网络了解，10%的市场主体是通过朋友介绍了解，还有2%的市场主体是通过其他途径了解。

（3）市场主体对商事制度改革"政策红利"感觉比较集中。在改革意见中，简化登记注册程序、放宽市场主体名称登记条件、放宽公司注册资本登记条件和实行"先照后证"四项措施带给市场主体实惠较多，满意度较高，分别占16.4%、13.1%、13.1%和11.3%。此外，放宽市场主体经营范围登记条件、放宽市场主体住所登记条件、改革企业年度检验制度和支持个体工商户转型四项政策举措满意度次之，分别占9.7%、7.9%、6.3%

和 5.6%。

（4）市场主体对深化商事制度改革充满新的期待。市场主体期盼继续深化商事制度改革，释放更多的"政策红利"。33.3%的市场主体期盼尽快推行"多证合一"；22.7%的市场主体期盼尽快推行电子营业执照；20.1%的市场主体期盼进一步简化市场主体住所登记手续；11.4%的市场主体期盼进一步强化部门协作，提高办事效率；9.5%的市场主体期盼继续强化工商部门对市场主体发展服务和指导；3.0%的市场主体期盼修订和完善市场主体登记注册相关法律法规。

第二节　调查问卷之二："三证合一、一照一码"改革实施情况

一　调查目的

2015 年"三证合一、一照一码"改革全面推开，为了解改革成效、进一步推进商事制度改革纵深推进、满足市场主体发展需求，笔者从市场主体、当时的工商部门、质监部门、税务部门等市场多方角度出发开展调查研究。

二　调查问卷设计

本次调查问卷围绕市场主体、基层工商局（机构改革后的市场监管部门）、税务部门、质监部门等"三证合一、一照一码"改革所涉及的不同层面出发，共设计四个方面、26 个选择题目。具体内容如下所示：

第一部分　"三证合一、一照一码"政策实施效果的研判（市场主体回答）

1. 您所属行业_____。

①国有企业　②私营企业　③个体工商户　④农民专业合作社

2. 您是否了解"三证合一、一照一码"登记制度改革内容？_____

①了解　　　　②基本了解　　　　③不了解

3. 您对当前推进的"三证合一、一照一码"改革举措效果总体评价

_____

①非常满意 　　　②比较满意 　　　③不满意

4. 您主要通过哪些渠道知晓"三证合一、一照一码"办理流程和要求？

_____

①相关部门现场咨询 　　②通过相关部门网站、微博或微信 　③电话咨询

④通过向熟人咨询 　　　⑤通过观看新闻

5. 您实际办理"三证合一、一照一码"过程中的要求与通过媒体、电话、相关部门咨询等方式了解的情况是否一致？ _____

①一致 　　　　　②基本一致 　　　　　③部分一致

6. 您在实际办理"三证合一、一照一码"过程中，是否存在因材料不合格而不被受理或被退回要求修改补充的情况？ _____

①否 　　　　②是 　　（请说明哪些资料被退回_____）

7. 您从第一次提交申请材料到取得证照所用平均时间是多长？ _____

①5~7个工作日 　　②8~10个工作日

③11~13个工作日 　④14个工作日及以上

8. 您对工商登记窗口人员的服务质量满意度如何？ _____

①非常满意 　　　②比较满意 　　　③基本满意 　　　④不满意

9. "三证合一、一照一码"改革后，您在哪些方面得到实惠？ _____

①降低注册条件易于受理 　　　②节省办理时间

③减少费用支出 　　　　　　　④没感觉到实惠

10. 您认为个体工商户应如何办理工商营业执照和组织机构代码证？

_____

①纳入"三证合一"改革范畴

②在工商、质监等部门单独设立个体工商户服务窗口

11. 您认为深化"三证合一、一照一码"改革应重点解决哪些方面问题？ _____

①强化"三证合一、一照一码"相关配套制度建设 ②建设电子审核平台

③将个体工商户纳入"三证合一、一照一码"范畴 ④其他

第二部分 "三证合一、一照一码"政策实施效果的研判（基层工商部门回答）

12."三证合一、一照一码"办理前后工商登记服务窗口业务量增长情况？ _____

①增长 100% ②增长 100%~200%

③增长 200%~500% ④增长 500%以上

13."三证合一、一照一码"信息互换衔接是否顺畅？ _____

①对接较好 ②编码规则存在较大差异

14."三证合一、一照一码"改革中工商部门采集的数据能否满足税务、社保、银行等部门的要求？ _____

①满足 ②不满足，仍需要在相应窗口重新提供相关信息补录资料

15."三证合一、一照一码"系统对接共享效果如何？ _____

①效果较好 ②效果一般 ③效果差

16."三证合一、一照一码"推进实施中面临哪些突出问题？ _____

①相关法律法规不衔接 ②部门信息对接不统一

③配套服务体系不健全 ④工作量激增，业务繁重 ⑤其他

第三部分 "三证合一、一照一码"政策实施中涉税部门如何优化和调整相关政策制度（涉税部门回答）

17. 为适应"三证合一、一照一码"政策制度要求，税务部门采取哪些对接措施？ _____

①解决信息的即时共享 ②完善政策、改进和升级税务信息系统

③广泛宣传相关操作流程的知识 ④进一步加强"三证合一、一照一码"督查督办

18. 如何简化"三证合一、一照一码"之后的涉税手续，提高办税效率？ _____

①扩大"营改增"范围 ②建立电子税务登记制度 ③简化税务登记信息

④修改完善税务软件，实现与统一社会信用代码的无缝衔接

19. "三证合一、一照一码"制度推行后，如何加强税源管理？ _____

①加大征管力度　　②强化住所巡查监管　　③修订完善税务登记制度

④加强非正常市场主体监管　　⑤建立健全税收信用约束机制

第四部分　深化"三证合一、一照一码"政策制度改革重点方向（工商、税务、质监部门回答）

20. 工商、税务、质监部门如何应对登记窗口的工作量？ _____

①调配税务、质监部门工作人员　　②资料"减负"

③加大资料共享力度　　④加强共建共享电子审核平台建设

21. "三证合一、一照一码"制度推进实施后，如何监管市场主体？ _____

①职能整合，监管职能也应调整，遵循"谁受理、谁监管"原则

②职能整合，但监管仍需要分而治之

③进一步整合职能，强化协同监管能力

22. 如何促进工商、税务、质监、银行、海关、公安等部门市场主体的信息共享和业务衔接？ _____

①开发统一的办公系统　　②工商部门组织牵头，定期召开各部门联席工作会议

23. 深化"三证合一、一照一码"制度改革工作重点？ _____

①推进"多证合一"改革　　②建立社会征信系统　　③强化协同监管④其他

24. 您觉得现行"企业信用信息公示系统"的建设及管理怎么样？ _____

①很好　　　　　　②一般　　　　　　③很差

25. 您觉得如何进一步补充和完善信用公示、监管事项？ _____

①信用信息共建共享能力较弱，加强统一的社会征信网络建设

②进一步加强企业信用信息的研判分析，增强防范和预警能力

③强化信用公示系统自动关联能力建设，加强企业分支机构信息协同管理

④补充和完善信用公示内容。对于行政机关主动撤销或被司法部门撤销

的处罚信息，允许企业在系统中撤销。此外，企业受到奖励、表彰的信息也应纳入公示内容

⑤加大企业信用信息公示力度。除了工商部门外，其他政府部门也应公示企业信息，相应系统平台应与企业信息公示系统互联共享

26. 您觉得如何进一步加强企业质量信用体系建设？_____

①建立和完善质量信用信息大数据库　②进一步强化质量信用信息监管运用
③推动落实质量信用主体责任　　　　④完善配套质量信用制度建设

三　结果分析

2015 年"三证合一、一照一码"改革为市场主体营造了宽松便捷的准入环境和公平竞争的市场环境，对释放市场活力、促进市场主体创新成长发挥了巨大作用，为经济的长期稳定和发展提供了良好的制度环境。但通过发放问卷 900 份，收回有效问卷 757 份的调研，发现在"三证合一、一照一码"改革推进、落实过程中还存在以下问题亟待解决。

1. 推行"三证合一、一照一码"改革中面临的问题

（1）登记窗口工作量倍增、人员短缺

"三证合一、一照一码"改革后，由工商部门一窗受理核发"三证合一、一照一码"营业执照，质监、税务部门停止制证，造成工商登记窗口工作量倍增。一是换照量剧增。工商窗口受理量特别是换照量出现"井喷式"增长。二是资料审查量和信息录入量增加。改革后，工商部门为税务、质监部门收集了生产经营地、行政区划、财务负责人、核算方式等相关信息并进行录入。

（2）个体工商户面临"改革困境"

此次"三证合一、一照一码"改革并未将个体工商户纳入改革范围，个体工商户在工商部门办理营业执照后，因质监、税务制证工作停办，无法办理组织机构代码证和税务登记证，而这两个证是目前个体工商户在银行开户、贷款以及办理社保、车辆上户的必要条件。"三证合一、一照一码"改革过程中，多部门之间政策衔接不到位，导致目前个体工商户面临着现实的"改革困境"。

（3）多部门交互信息平台有待完善

"三证合一、一照一码"改革后，税务、质监部门信息来源于工商部门传输的市场主体登记信息，由于多部门之间信息平台数据接口不一致，平台兼容性较差，信息在传递过程中容易出现误差，致使税务、质监等部门获取的信息不能满足其后续监管的需要。

（4）税源管理难度进一步加大

实施"三证合一、一照一码"制度后，市场主体从工商部门获得"三证合一"的营业执照后，应该继续到税务部门进行征管鉴定或税种核定，并补录相关市场主体信息。受纳税意识、政策宣传等因素影响，税收走逃户、漏征户较为普遍，加之税务部门获得的市场主体信息不全，税务部门税收催报催缴工作难度进一步加大。

2. 相关建议

（1）加强登记窗口建设

为工商登记窗口增加工作人员，调剂充实登记窗口队伍。分设导办人员、受理人员、信息录入员、核准人员，彻底改变咨询—发表—受理—录入—核准—发照—归档"一人负责制"。

（2）完善信息交互平台

完善市场主体信息交互平台，统一工商、税务、质监等多部门数据接口，完善各部门信息平台之间的兼容性，加强信息平台日常维护，提高信息传输的准确率。由国家发改委牵头，结合社会诚信体系建设，整合开发全国统一的包含注册登记功能在内的信息系统，囊括海关、税务、工商等多板块信息，构建市场主体电子信息档案，为深化改革奠定基础。

（3）各部门实现联动机制、加强监管

加大工商登记部门、市场监管部门、地税、国税[①]等多部门之间联合监管力度，加强市场主体信息、联动审查材料互认共享，合作建立税务登记非正

---

① 2018 年 2 月 28 日，中国共产党第十九届中央委员会第三次全体会议通过《深化党和国家机构改革方案》，将省级和省级以下国税地税机构合并。

常户名册和市场监管异常登记名录互补一体化机制，开设市场监管异常登记名录与税务登记非正常户名册的共享通道，形成"一处违法、处处受限"的联合惩戒机制，从而降低执法风险。由工商部门牵头，定期组织质监、税务、银监、交委、人社等相关单位召开联席工作会议，对"三证合一、一照一码"制度形成统一共识，同时对改革中发现的问题进行商讨，确保改革的顺利推进。

（4）尽快将个体工商户纳入改革范畴中

尽快把个体工商户纳入"三证合一、一照一码"改革范畴中，让市场主体中的主力军享受该项改革成果。在改革过渡期间，工商部门作为牵头单位应做好与银监、人社等相关部门的沟通协调工作，确保个体工商户在银行开户、缴纳社保、车辆上户等方面的正当利益不受损害。

（5）进一步加强税收征管

推行有税申报，大力实施自行申报措施，存在纳税义务发生则纳税人进行申报，相反则可以不申报，在减轻纳税人负担的同时，也减轻税源管理部门催报催缴和非正常户认定的工作负荷。推行依申请涉税事项集中办理，推行增值税小规模纳税人按季申报，纳税信用 A 级企业发票供应改为按需供应，所得税备案方式改为"以报代备"等，提高行政效率。完善信用机制，推行黑名单制度，在纳税过程中若发现违法行为，定期将企业或者个人的相关失信信息通过市场主体信用信息公示系统、媒体渠道向社会发布，提供公众信息记录查询功能，并对其纳税失信行为做出惩戒和处罚。

第三节　调查问卷之三：市场主体发展活跃情况

一　调查目的

市场主体是市场变化最直接的感知者，随着商事制度改革的不断深入，营商环境持续改善，市场主体数量激增，但市场主体的生存发展状况到底如何？是否活跃？运营中还存在哪些困难？因此笔者针对市场主体的发展状况开展了调查研究。

二 调查问卷设计

本次调查问卷围绕市场主体活跃度及商事制度改革情况，共设计两个部分。具体内容如下所示：

第一部分 市场主体基本状况

1. 您的市场主体类型是_____。

①国有企业　　　　②私营企业　　　　③外资企业

④个体工商户　　　⑤农民专业合作社

2. 您的市场主体分布行业_____。

①农、林、牧、渔业　②采矿业　③制造业　④电力、热力、燃气及水生产和供应业　⑤建筑业　⑥批发和零售业　⑦交通运输、仓储和邮政业　⑧住宿和餐饮业　⑨信息传输、软件和信息技术服务业　⑩金融业　⑪房地产业　⑫租赁和商务服务业　⑬科学研究和技术服务业　⑭水利、环境和公共设施管理业　⑮居民服务、修理和其他服务业　⑯教育　⑰卫生和社会工作　⑱文化、体育和娱乐业　⑲其他

第二部分 市场主体活跃度调查

3. （1）您的市场主体年营业收入_____。

①5000万元及以上　②2000万～5000万元　③500万～2000万元

④100万～500万元　⑤50万～100万元　⑥10万～50万元

⑦10万元以下

（2）与上年相比，收入_____。

①减少5%及以下　②减少6%～10%　③减少11%～20%

④减少21%～50%　⑤增加5%及以下　⑥增加6%～10%

⑦增加11%～20%　⑧增加21%～50%　⑨增加51%～100%

⑩增加100%以上

4. （1）您的市场主体年利润_____。

①5000万元及以上　②2000万～5000万元　③500万～2000万元

④100万～500万元　⑤50万～100万元　⑥10万～50万元

⑦10 万元以下

（2）与上年相比，利润_____。

①减少 5% 及以下　②减少 6%~10%　③减少 11%~20%

④减少 21%~50%　⑤增加 5% 及以下　⑥增加 6%~10%

⑦增加 11%~20%　⑧增加 21%~50%　⑨增加 51%~100%

⑩增加 100% 以上

5.（1）您的市场主体研发投入占销售收入_____。

①1% 以下　②1%~2%　③2%~3%　④3%~4%　⑤4%~5%　⑥5% 及以上

（2）与上年相比，研发投入_____。

①减少 5% 及以下　②减少 6%~10%　③减少 11%~20%

④减少 21%~50%　⑤增加 5% 及以下　⑥增加 6%~10%

⑦增加 11%~20%　⑧增加 21%~50%　⑨增加 51%~100%

⑩增加 100% 以上

6.（1）您的市场主体广告宣传投入占销售收入_____。

①5% 及以下　②6%~10%　③11%~20%　④21%~50%　⑤50% 以上

（2）与上年相比，广告宣传投入_____。

①减少 5% 及以下　②减少 6%~10%　③减少 11%~20%

④减少 21%~50%　⑤增加 5% 及以下　⑥增加 6%~10%

⑦增加 11%~20%　⑧增加 21%~50%　⑨增加 51%~100%

⑩增加 100% 以上

7.（1）您的市场主体当前拥有从业人员_____。

①500 人及以上　②300~500 人　③100~300 人　④50~100 人

⑤20~50 人　　⑥10~20 人　　⑦5~10 人　　⑧5 人以下

（2）与上年相比，从业人员_____。

①减少 5% 及以下　②减少 6%~10%　③减少 11%~20%

④减少 21%~50%　⑤增加 5% 及以下　⑥增加 6%~10%

⑦增加 11%~20%　⑧增加 21%~50%　⑨增加 51%~100%

⑩增加 100% 以上

8.（1）您的市场主体从业人员月平均工资_____。

①1000 元以下　②1000～2000 元　③2000～3000 元　④3000～4000 元

⑤4000～5000 元　⑥5000～10000 元　⑦10000 元及以上

（2）与上年相比，从业人员月平均工资_____。

①下降 5% 及以下　②下降 6%～10%　③下降 11%～20%

④下降 21%～50%　⑤增长 5% 及以下　⑥增长 6%～10%

⑦增长 11%～20%　⑧增长 21%～50%　⑨增长 51%～100%

⑩增长 100% 以上

9.（1）您的市场主体高级人员（高级管理人员和高级技术人员）占比

_____。

①5% 及以下　②6%～10%　③11%～20%　④21%～50%　⑤50% 以上

（2）与上年相比，高级人员_____。

①减少 5% 及以下　②减少 6%～10%　③减少 11%～20%

④减少 21%～50%　⑤增加 5% 及以下　⑥增加 6%～10%

⑦增加 11%～20%　⑧增加 21%～50%　⑨增加 51%～100%

⑩增加 100% 以上

10. 您的市场主体目前的经营状态为_____。

①正常营业　　　　　　　　②未开业，正在筹备近期开业

③未开业，近期也无开业打算　④曾经开业，目前已停业、歇业

【如果选择第一个选项，请跳转至题 12】

11. 市场主体未开业/已停业/歇业的原因是_____。（可多选）

①资金不足、融资困难　　　②行业不景气、没有业务

③效益差、亏损严重　　　　④市场竞争激烈、竞争力差

⑤招工难、缺少人员和技术　⑥老板个人原因

⑦企业内部调整　　　　　　⑧其他，请填写具体原因_____。

12. 您的市场主体目前总体经营状况为_____。

①盈利　　　　　　②亏损　　　　　　③大致持平

13. 您的市场主体目前面临的突出问题和困难（多选，最多选 4 项）

_____。

①原材料、劳动力、营销成本高　②高税费难以承受
③资金短缺、融资难　④人才流失、技工难寻　⑤不易打造品牌
⑥产品无销路　⑦项目用地较为困难　⑧环保政策压力较大

三　结果分析

2016 年是"十三五"规划的开局之年，从全球形势来看，世界经济和贸易增速 7 年来最低、国际金融市场波动加剧、地区和全球性挑战突发多发，经济复苏进程依然缓慢，发展中复杂性、不稳定性、不确定性问题进一步凸显。从国内发展形势来看，经济结构调整阵痛、新旧动能转换相互交织，经济下行压力加大，改革进入攻坚期，更加繁重艰巨，影响社会稳定的因素增多。但我国经济发展总体平稳，各项改革措施有序深入推进，经济发展向好态势不断显现。数据显示，2016 年，市场主体继续保持旺盛增长势头，新登记市场主体超过 1600 万户，平均每天新登记 4.51 万户，累计实有各类市场主体超过 8700 多万户，市场环境平稳有序。

本次调查共发放问卷 1200 份，收回有效问卷 1096 份。问卷调查结果显示：从市场主体行业分布来看，批发和零售业占比 25.6%、农林牧渔业占比 13.5%、住宿餐饮业占比 14.8%、制造业占比 9.2%、建筑业占比 6.1%、居民服务、修理和其他服务业占比 5.3%、租赁和商务服务业占比 3.9%、采矿业占比 3.4%，其他行业占比均在 3% 以下。从市场主体规模大小来看，营业收入小于 10 万元的市场主体占比 4.1%，营业收入在 10 万~50 万元的市场主体占比 34.8%，营业收入在 50 万~100 万元的市场主体占比 23.1%，营业收入在 100 万~500 万元的市场主体占比 16.4%，营业收入在 500 万~2000 万元的市场主体占比 12.3%，营业收入在 2000 万~5000 万元的市场主体占比 6.8%，营业收入在 5000 万元及以上的市场主体占比 2.5%。

总体来说，与上年相比，将近八成的市场主体在 2016 年将会增加或持平用工、研发投入、广告投入等支出；近三成的市场主体认为 2016 年的利润会增加，五成左右的市场主体认为 2016 年的利润基本持平，还有小部分

的市场主体认为 2016 年的利润减少了。

问卷调查中，有一成左右的市场主体因为行业不景气、市场竞争激烈、效益差等原因选择了停业或者歇业。

当前市场主体面临的突出问题和困难：选择融资难的市场主体占比43.56%；选择原材料劳动力成本上升的市场主体占比 33.23%；选择税费较高的市场主体占比 29.68%；选择人才流失的市场主体占比 26.75%；选择环保政策压力较大的市场主体占比 22.09%。

总体看来，我国经济韧性好、潜力足、回旋余地大的基本特征没有变，在稳中求进的大势下，各类市场主体的发展相对较为稳定。

第四节　调查问卷之四：营商环境及市场主体经营信心

一　调查目的

2018 年中国经济发展由高速增长转向高质量发展，优化营商环境是建设现代化经济体系、促进高质量发展的重要基础。为深入了解营商环境及市场主体经营信心状况，笔者对各类市场主体开展调查研究。

二　调查问卷设计

本次调查问卷围绕营商环境及市场主体经营信心情况，共设计 13 个选择题目。具体内容如下所示：

1. 您的市场主体规模大小_____。

①2000 万元及以上　②500 万~2000 万元　③100 万~500 万元

④50~100 万元　　⑤50 万元以下

2. 您的市场主体所属哪个行业_____。

①农、林、牧、渔业　②采矿业　③传统制造业　④战略性新兴产业
⑤电力、热力、燃气及水生产和供应业　⑥建筑业　⑦批发和零售业　⑧交通运输、仓储和邮政业　⑨住宿和餐饮业　⑩信息传输、软件和信息技术服务

业　⑪金融业　⑫房地产业　⑬租赁和商务服务业　⑭科学研究和技术服务业　⑮水利、环境和公共设施管理业　⑯居民服务、修理和其他服务业　⑰教育　⑱卫生和社会工作　⑲文化、体育和娱乐业

3. 您认为当前营商环境怎样_____。

①良好　　　　　　②一般　　　　　③较差

4. 您最关注营商环境哪些方面_____。（最多选择 5 项）

①市场和产业的开放度　②产业配套环境　③机关作风　④政务效能　⑤融资信贷　⑥投资者保护　⑦获取社会资源的便利度　⑧信息化程度　⑨技能工人获取　⑩跨境贸易　⑪创新创业活力　⑫信用体系建设　⑬市场监管

5. 您认为当前营商环境哪些方面亟待改善_____。（最多选择 5 项）

①市场和产业的开放度　②产业配套环境　③机关作风　④政务效能　⑤融资信贷　⑥投资者保护　⑦获取社会资源的便利度　⑧信息化程度　⑨技能工人获取　⑩跨境贸易　⑪创新创业活力　⑫信用体系建设　⑬市场监管

6. 您认为当前民营经济发展主要制约因素是哪些_____。（最多选择 3 项）

①融资难　　②实际税费较重　　③合法权益遭受侵犯

④社会服务体系不健全　⑤政策举措不精准　　⑥其他_____

7. 您的市场主体所属行业总体产能状况如何_____。

①过剩　　　　　②均衡　　　　③不足

8. 您对 2018 年经济发展预期_____。

①看好　　　　　②与去年持平　　③恶化

9. 您的市场主体产量与上年同期相比如何_____。

①增加　　　　　②持平　　　　③减少

10. 您的市场主体 2018 年盈利预期如何_____。

①增加　　　　　②持平　　　　③减少

11. 您的市场主体 2018 年用工状况如何_____。

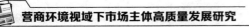

①增加　　　　②持平　　　　③减少

12. 您的市场主体 2018 年投资意愿如何_____。

①扩大　　　　②维持　　　　③压缩

13. 您认为商事制度在哪些方面需要深入推进_____。（可多选）

①简政放权　②部门协作信息共享　③强化知识产权保护、消费维权

④新业态新产业分类、登记　⑤强化商事制度改革各项政策宣传

⑥其他_____

三　结果分析

为深入了解营商环境及市场主体经营信心状况，共发放问卷 4000 份，收回有效问卷 2995 份。本次调查研究结果如下：

从市场主体规模大小来看，营业收入小于 50 万元的市场主体占比 38.6%，营业收入在 50 万~100 万元的市场主体占比 20.6%，营业收入在 100 万~500 万元的市场主体占比 17.2%，营业收入在 500 万~2000 万元的市场主体占比 15.4%，营业收入在 2000 万元及以上的市场主体占比 8.2%。从市场主体行业分布来看，批发和零售业占比 23.6%、农林牧渔业占比 16.6%、住宿和餐饮业占比 12.0%、传统制造业占比 8.9%、建筑业占比 7.3%、居民服务、修理和其他服务业占比 6.2%、采矿业占比 3.9%、战略性新兴产业占比 3.0%，其他行业占比均在 3% 以下。

1. 营商环境情况调查

从调查问卷结果来看，营商环境总体态势良好，但仍需进一步改善和提升，释放市场主体发展活力。

（1）针对营商环境总体态势，有 57.9% 的市场主体认为营商环境良好，37.8% 的市场主体认为营商环境比较一般，还有 4.3% 的市场主体认为营商环境较差。

（2）市场主体对营商环境重点关注领域如下：市场和产业开放度占比 49.41%、产业配套环境占比 36.98%、政务效能占比 27.95%、融资信贷占比 26.93%、机关作风占比 22.34%、获取社会资源便利度占比 18.13%、市

场监管占比 17.05%、投资者保护占比 15.93%、创新创业活力占比 15.52%、信息化程度占比 14.43%、信用体系建设占比 11.24%、技能工人获取占比 7.67%、跨境贸易占比 1.87%。

（3）市场主体认为营商环境亟待改善主要集中在以下几个方面：市场和产业开放度占比 37.63%、产业配套环境占比 32.92%、融资信贷占比 25.11%、政务效能占比 20.57%、获取社会资源便利度占比 18.66%、信息化程度占比 18.26%、创新创业活力占比 17.80%、机关作风占比 16.29%、投资者保护占比 16.06%、市场监管占比 13.82%、技能工人获取占比 11.79%、信用体系建设占比 11.99%、跨境贸易占比 2.64%。

（4）民营经济发展主要制约因素集中如下：融资难占比 47.55%、社会服务体系不健全占比 35.56%、实际税费较重占比 30.58%、政策举措不精准占比 22.07%、合法权益遭受侵犯占比 17.63%。

（5）市场主体认为商事制度深化改革应该从以下几个方面深入推进：部门协作信息共享占比 51.82%、简政放权占比 50.15%、强化知识产权保护和消费维权占比 48.18%、新业态新产业分类和登记占比 33.21%、强化商事制度改革各项政策宣传占比 29.17%。

2. 市场主体经营信心调查

近九成的市场主体对 2018 年经济发展看好或持平，近八成市场主体将会增加或持平投资、用工等，近三成市场主体认为 2018 年的利润会增加。

（1）对市场主体所属行业总体产能状况，59.0% 的市场主体认为产能均衡，21.5% 的市场主体认为产能过剩，19.5% 的市场主体认为产能不足。

（2）市场主体对 2018 年经济发展预期，50.7% 的市场主体预期 2018 年经济发展与去年持平，38.8% 的市场主体看好 2018 年经济发展，还有 10.5% 的市场主体认为 2018 年经济发展状况将会恶化。

（3）市场主体对 2018 年的产量预期，54.5% 的市场主体预期产量与上年持平，23.3% 的市场主体预期产量减少，22.2% 的市场主体预期产量增加。

（4）市场主体对 2018 年的盈利预期，47.8% 的市场主体预期盈利与上年持平，29.3%的市场主体预期盈利会增加，22.9%的市场主体预期盈利会减少。

（5）对市场主体2018年的用工状况预期，55.0%的市场主体预期2018年用工与上年持平，23.4%的市场主体预期会减少用工，21.6%的市场主体预期会增加用工。

（6）市场主体对2018年的投资意愿，53.8%的市场主体预期投资与上年持平，27.1%的市场主体预期会扩大投资，19.1%的市场主体预期会压缩投资。

综上所述，通过调查问卷了解到市场主体在不同阶段的营商环境需求，课题组将调查分析结果也反馈给了相关的职能部门，供他们在制定政策时参考，在后续的回访中，我们发现其中一部分问题在短时间内得到了及时改进，还有一部分问题在不断完善中。凡是改革，绝非一蹴而就，也不能毕其功于一役，需要久久为功，方能取得成效。

第七章
营商环境改善的地方行动

营商环境是市场主体发展的土壤，涉及市场主体从注册、运营、成长到注销全生命周期过程，土质好不好、肥力足不足，直接关系到市场主体能否茁壮成长，进而影响经济社会的高质量发展。市场主体发展水平是一个地区综合竞争力和营商环境生态优劣的重要体现，自 2013 年我国开展各领域营商环境改善行动以来，各省（区、市）都自上而下地实施了一系列营商环境提升行动。本书选取山东、浙江、陕西、福建、四川五省以及深圳市，梳理他们在营商环境提升和改善方面的具体举措。

第一节　山东省

1. 2023 年

2023 年 5 月，山东省发布《深化营商环境创新提升行动实施方案》，这是自 2020 年以来山东省政府连续发布的第 4 个优化营商环境行动方案，也称 4.0 版《行动方案》。

《行动方案》继续采用"1+N"模式，2023 年拟定"1+20"的政策体系框架。"1"为整体实施方案，明确了总体目标、工作原则、重点任务和保障措施等内容；"20"为服务企业全生命周期涉及的重点领域配套措施。其中，办理破产、解决商业纠纷 2 个领域措施以省法院名义印发实施。

《行动方案》在配套措施中提出了 170 条具体改革措施，每条措施不穿靴戴帽，直面问题，明确"干什么、谁来干、什么时间干、干到什么程度"。围绕创新提升全周期服务水平，提出了扩大拓展"一照多址"、健全歇业制度、推行"验登合一"、深化建筑师负责制试点、推广不动产"带押过户"、加强破产企业信用修复等 63 条举措。围绕创新提升全要素供给能力，提出了扩大"用地清单制"改革范围、推进城镇土地使用税差别化改革、拓宽融资渠道、开展就业"直补快办"行动、扩大科技成果转化综合试点范围等 39 条举措。围绕创新提升全过程监管服务效能，提出了推进"综合监管一件事"改革、加强政府采购和招标投标数字化监管、开展数据知识产权交易试点、深化"无证明之省"建设、推广"企业码"服务体系、打造现代"政务综合体"等 45 条举措。围绕创新提升全方位法治保障支撑，提出了开展隐性壁垒清理整治、加强政务诚信建设、实施拖欠民营企业中小企业债务案件专项执行、保障农民工工资支付、加强公平竞争审查等 23 条举措。健全完善全闭环解决企业诉求机制，创新实行"2115"快速响应、限时办结机制。各级承办单位接到企业诉求后，要在 2 小时内到达现场，特殊情况无法到达的，2 小时内先取得联系，全面了解企业诉求；1 个工作日内反馈办理意见，15 个工作日内解决问题，倒逼各级政府部门切实发挥职能作用，及时解决企业生产经营过程中遇到的困难和问题①。

2. 2022 年

2022 年 3 月，山东省发布《营商环境创新 2022 年行动计划》（以下简称《行动计划》），继续延续 2020 年和 2021 年的营商环境改善行动并提出进一步创新的行动计划。

《行动计划》聚焦激发市场主体活力、提升投资贸易便利、推动高质量发展，在 19 个领域推出了 166 项改革举措。

健全市场主体准入和退出机制。深化市场准入负面清单管理，完善市场主体对隐性壁垒的意见反馈渠道和处理回应机制，清理取消对企业注册及跨区域经营、迁移设置的不合理条件，便利企业扩大经营规模。进一步优化企

---

① 刘自锐：《山东印发深化营商环境创新提升行动实施方案"4.0 版"》，中国山东网，2023 年 5 月 26 日。

业开办流程，提升银行开户效率，实现开办企业全流程 1 个环节、0 成本、1 天办结。深化投资和建设项目审批制度改革。减少不合理的审批环节，强化投资项目前期策划生成，建立项目库管理机制，统筹入库项目的排放、能耗、水资源、资金等要素。持续深化"多测合一"，加速项目落地和投产。持续降低企业经营成本。推动各项利企政策精准匹配、"免申即享"，对中央出台的减税降费政策全部实施、顶格减免；对小规模纳税人再免征一年房产税、城镇土地使用税，全面免征地方水利建设基金，减免地方水库移民扶持基金；对高新技术企业城镇土地使用税，按规定税额标准的 50% 征收，政策延长至 2025 年底。加大对中小微企业融资支持力度。把小微、涉农、科创等领域的更多市场主体纳入金融辅导范围，政府采购支持中小企业发展的预留份额提高至 45%。强化科技创新和人才服务支撑。推进科技成果使用权、处置权和收益权改革，赋予科研人员职务科技成果所有权或长期使用权，激发科研动力，加快成果转化。各市全部建立一站式人才服务工作站，定期发布市场化引才育才服务重点推介清单，促进人才、产业、岗位精准匹配。深化投资和建设项目审批制度改革，减少不合理的审批环节，降低制度性交易成本。全面实行行政许可事项清单管理，做到清单之外无审批。同时，持续降低企业经营成本，加大对中小微企业融资支持力度，强化科技创新和人才服务支撑。深入推进高质量"一网通办"。持续推动政务服务事项全流程网上办理，实现"进一张网，办全省事"，打造"24 小时不打烊"的网上政府。扩大电子证照证明应用，实现跨层级、跨区域、跨部门共享调用，加快"无证明之省"建设。办好群众身边的"关键小事"。大力推广养老保险"静默认证"、车辆检测"交钥匙"等服务模式，让与群众生活密切相关的"关键小事"实现省心办、快速办、无感办。全面推行水电气暖信等"一站式"服务，持续打造"纳税人之家"服务品牌，提升经常性涉企服务水平①。

---

① 《2022 年山东实施优化营商环境创新提升行动在 19 个领域推出 166 项改革举措》，澎湃新闻网，2022 年 3 月 21 日。

第二节　浙江省

2022 年 1 月，浙江省发布《营商环境优化提升行动方案》（以下简称《行动方案》）。《行动方案》将营商环境优化划分为两个阶段进行建设：2022～2023 年攻坚突破阶段，打造一批综合性与单项指标的营商环境标杆城市，全省域营商环境水平持续保持在全国第一方阵；2024～2025 年提质增效阶段，营商环境的体制机制、制度体系更加成熟，基本建成改革探索领跑省、市场机制最活省、营商环境最优省。为实现这两个目标，《行动方案》明确列出优化提升重点任务，包括优化市场准入准营机制、提升营商办事便利化水平、畅通市场主体退出渠道、提高服务与监管效能四个方面，共 19 个领域、78 项具体改革举措。

一是进一步优化市场准入准营机制。涉及商事制度改革、降低市场准入门槛、投资项目审批、公用设施接入、不动产登记交易等 5 个领域、共 18 项改革措施。推进商事登记制度改革。主要包括深化企业开办"一件事"改革，将注册登记、公章刻制、发票申领、银行开户以及企业税务、公积金、社保、医保开户纳入全流程管理，实现企业开办全流程零成本 1 天办结。深化"证照分离"改革，推动照后减证和简化审批，加强事中事后监管。推进商事主体登记确认制改革，实施准入准营"一件事"改革和股权转让等变更"一件事"改革。开展市场准入综合效能评估，畅通市场主体对隐性壁垒的意见反馈渠道和处理回应机制。提升投资项目审批效能。推动工程建设现场管控应用与投资项目在线审批监管平台数据共享，完善多跨协同的全流程管理链条。深化"标准地"改革，除负面清单外，新批工业用地 100% 按照"标准地"供地。深化测绘验收"多测合一""多验合一"改革。优化公用设施接入服务。加快全省用水用气报装数据向省用水用气报装平台归集。构建全省统一的不动产登记平台，建立不动产登记责任保险制度，推动不动产登记"一网通办"，推进"不动产智治"应用项目建设，推广不动产权电子证书在政府、法院、金融机构、公用设施服务机构中的应用。

　　二是进一步提升营商办事便利化水平。涵盖纳税服务、跨境贸易、公共资源交易、多元化商业解纷等 4 个领域、共 16 项改革措施。主要包括优化纳税服务流程，推进"十税合一""主税附加税合并申报"省域全覆盖，探索企业财务报表与纳税申报表自动转换。在数字化改革背景下，提出全面推行电子发票（票据）改革，加强与财务核算、档案管理系统的衔接，推进电子发票无纸化报销、入账、归档、存储。促进跨境贸易便利化。提升多式联运水平，加快铁路、内河航道与宁波舟山港、上海港基础设施互联互通，推行海铁联运、水水联运"车船直取"模式。推动集装箱收储、船代等中介服务向内陆多式联运站点延伸。优化公共资源交易服务。发挥信用在投标材料容缺受理、履约保证金减免中的基础性作用。完善纠纷多元化解机制。加快多领域纠纷化解"一件事"改革，率先在知识产权保护等领域实施纠纷化解"一件事"。探索市场化调解纠纷，依托"浙江解纷码"，建立纠纷在线多元化解新模式。

　　三是进一步畅通市场主体退出渠道。涵盖市场主体清算退出、破产重整等 2 个领域共 7 项改革措施。主要包括完善市场主体清算退出机制。提高财产清算效率，完善查封财产处置机制，探索独立分宗不动产分割转让、手续瑕疵财产确权等制度，建立司法拍卖所得不动产合理的完税机制。优化企业注销流程，拓展简易注销登记适用范围。建立简易注销容错机制，探索推进企业注销"照章联办、照银联办、证照联办"。加大破产重整支持力度。建立破产重整税费优惠和信贷支持机制。争取国家政策支持，对破产保护期内的市场主体给予相应的地方税费、国有债权利息等减免缓缴优惠。探索建立重整成功企业信用快速恢复机制。

　　四是进一步提高服务与监管效能。涵盖公平市场竞争、涉外投资贸易、创业创新、人才集聚、普惠金融、商事法律、政务服务、公共服务等 8 个领域、共 37 项改革措施。主要包括推进包容审慎监管，探索推行轻微违法行为首次免罚、"沙盒监管"、触发式监管等模式。建立以信用为基础的分级分类精准监管机制，深化信用修复"一件事"改革。围绕海关特殊监管区保税政策供给、电子账册管理，企业通关、支付和离岸转手交易审核等事项推动制度创新。推进国际投资"单一窗口"建设，为外企提供一揽子政策集成服务。建立以事前产权激励为核心的职务科技成果权属制度，开展职务科技成果所有权或长期使用权试点。完善关键核心技术"揭榜挂帅"机制，推动各类实验室重大科研设备向社会开放。鼓励在重点开发区（园区）设立知识产权法庭巡回审判点。逐步推行外国人工作许可、停居留许可"一件事"办理，探索建立国际职业资格证书认可清单制度。针对中小企业融资难、融资贵问题，提出数字赋能普惠金融创新，为创新金融产品提供更为丰富的数据支撑。加大中小企业融资贷款公证服务力度，推行"公证+不动产登记"延伸服务。推动电子凭证在政务服务高频事项中全覆盖①。

此外，浙江省全力推进"大综合一体化"执法监管数字应用建设，不断提升省域治理现代化水平。"大综合一体化"执法监管数字应用是浙江综合行政执法改革的标志性成果，是综合行政执法改革国家试点方案落地见效的关键。按照"1+4+N+2"体系架构，即"一个大脑+四大板块+一批重点应用+两个体系"，浙江省正在加快打造"综合查一次"应用、"数字化行政执法监督"应用等标志性成果。其中，"综合查一次"应用已在全省推广，形成执法监管"一件事"30件，"数字化行政执法监督"应用效果初显，2021年以来已监督执法案件120万件，监督纠正执法问题1.7万余个。浙江省将加快开发建设"大综合一体化"执法监管数字应用，抓好顶层设计，明确系统架构，不断迭代升级，发挥数字化改革引领、撬动、规范作用，推动行政执法全方位变革、系统性重塑。

2022年，浙江省台州市印发《台州市优化营商环境"10+N"便利化行动方案（2.0版）》（以下简称《方案》）。《方案》提出深化投资项目在线审批监管平台应用，依托投资项目在线审批监管平台3.0，实行收件、审批、出件三统一。常态化实现"5个100%"：投资项目事项100%通过投资在线平台3.0网上申报、100%通过投资在线平台3.0网上审批、100%通过

---

① 《浙江营商环境优化提升行动方案》，浙江省人民政府网站，2022年1月13日。

投资在线平台 3.0 出具批文（包括电子印章、电子证照和电子归档）、100%通过投资在线平台 3.0 档案验收和查档、100% 全流程项目审批覆盖市县两级部门。《方案》聚焦企业信贷，提出研究构建全市企业首贷户统计体系。开展"首贷户拓展"专项行动，加强首贷户培育，提供"无贷户—首贷户—伙伴客户"递进式金融服务，提升首贷户比例，推动信贷工作实现从"增量扩面"到"扩面增量"转变，年内实现小微企业首贷率、续贷率走在全省前列，制造业中长期贷款增速不低于各项贷款平均增速。《方案》提出探索建立破产财税政策援助机制。推动有条件的县（市、区）建立无产可破案件援助资金制度，探索将企业破产案件和个人债务清理案件共同纳入破产援助资金援助范围。落实城镇土地使用税减免等财税支持政策，解决资不抵债、无产可破企业破产启动难问题，加快市场出清。探索优化破产案件债权申报、发票领用、税务注销等涉税业务便捷操作程序。探索开立个人债务清理案件管理人账户，深入推进个人债务清理创新机制。探索建立破产审判事务与破产行政事务相分离机制，探索建立办理破产行政机关考核机制。①

第三节 陕西省

2023 年 2 月 13 日，陕西省发布《陕西省推进营商环境突破年实施意见》（以下简称《实施意见》），陕西省开展营商环境突破年活动，用优化营商环境这个"支点"来撬动思想观念、领导体制、市场机制、治理方式的全方位变革，政务环境、法治环境、市场环境、经济生态环境、人文环境都需向一流营商环境看齐。

《实施意见》明确列出重点任务涉及五大领域，包括提升办事便利化水平、提升项目服务保障水平、提升投资吸引力水平、提升监管服务创新水平、提升政策法规保障水平，共 35 个方面的改革举措，并配套了相关的实

① 《关于印发〈台州市优化营商环境"10+N"便利化行动方案（2.0 版）〉的通知》，台州市发展和改革委员会网站，2022 年 5 月 5 日。

施方案，例如省市场监督管理局印发《推进营商环境突破年活动实施方案》、省财政厅印发《陕西省财政厅推进营商环境突破年实施方案》、省自然资源厅出台《陕西省自然资源厅扎实推进营商环境突破年实施方案》等。

一是提升办事便利化水平。涉及以下 6 个方面：优化企业开办和注销流程、提升获得电力能力、优化纳税服务、提升跨境贸易便利度、提高商业纠纷审判执行效率、提升破产案件办理质效。主要包括进一步精简企业注销社保登记申请材料，减少办事环节，压缩办理时间，企业开办时间压减到 1 个工作日内；全面实现 160 千瓦及以下小微企业"三零"（零上门、零审批、零投资）服务城乡全覆盖，全过程办电时间不超过 15 个工作日；获得用水时间压减到 7 个工作日内，无外线施工获得用气时间压减到 3 个工作日内；推动"税企直连"，为企业提供纳税申报"零次跑"、申报信息"零录入"、掌握政策"零等待"；压缩进出口整体通关时间；优化企业破产办理机制及流程，破产案件平均审理周期缩短 30 天，无产可破等符合简易审理条件的破产案件一般在 6 个月内办结等举措。

二是提升项目服务保障水平。涉及以下 7 个方面：持续深化"放管服"改革、深入开展"标准地+承诺制"改革、纵深推进"亩均论英雄"综合改革、加快推进"交地即交证"改革、降低企业融资成本、开展"双包一解"活动、加强县域园区营商环境建设。主要包括在全省产业集聚区全面推行工业项目"标准地"供应；开展"亩均论英雄"综合改革试点，探索可复制可推广的经验；加快推进"交地即交证"改革，探索开展"一码管地"；推行"一链一行"主办行制度，持续推进陕西中小企业融资服务平台（"秦信融"平台）提质扩能；开展"双包一解"活动，定点联系、定期走访，为企业经营和项目落地排忧解难等举措。

三是提升投资吸引力水平。涉及以下 7 个方面：全面落实市场准入负面清单制度、提高政府采购效率、提升招标投标服务水平、强化劳动力市场监管、盘活存量资产扩大有效投资、支持民营企业发展壮大、开展涉企违规收费专项整治。主要包括加快实施"互联网+政府采购"行动，推进政府采购电子化交易；推行不见面开标和远程异地评标等交易新模式，实现远程异地评标常态化运行，推进数字证书在公共资源交易领域跨地区、跨平台互认；实施职业技能培训补贴申请全程网办；盘活存量资产扩大有效投资，通过 REITs 项目发行上市；深入实施科技型企业"登高、升规、晋位、上市"四个工程等举措。

四是提升监管服务创新水平。涉及以下 7 个方面：全面加快数字政府建设、持续深化"一件事一次办"、营造公平竞争市场环境、深化市场监管、加强知识产权保护、涵养创新创业生态、创建一批营商环境创新示范区。主要包括完善"一件事一次办"工作机制，实现全事项上线、全流程运转、全区域点亮；探索推行轻微违法行为首次免罚、"沙盒监管"、触发式监管等模式；明晰监管执法边界，压缩自由裁量空间，最大限度地减少对市场主体正常生产经营活动的影响；强化多元化解知识产权纠纷能力，加强海外知识产权纠纷应对指导；推广"科学家+工程师"科研攻关模式，深化科技成果转化"三项改革"等措施。

五是提升政策法规保障水平。涉及以下 8 个方面：落实《优化营商环境条例》、继续抓好集中治理拖欠市场主体账款行为、畅通投诉举报渠道、规范开展营商环境评价、实施三年行动计划政策评估、用好"陕企通"等全省统一政策发布平台、开展政策落实障碍清理行动、深入开展营商环境突出问题专项治理。主要包括开展《优化营商环境条例》落实情况督导检查；建立快立、快审、快执机制，确保进入司法程序的中小企业账款及时得到支付；加强营商环境问题线索转办督办，及时发现问题、整改问题；组织开展营商环境第三方评价；建立对已出台的支持中小微企业相关政策落地执行情况的监督机制；认真梳理涉及市场主体、引进项目的减税降费、行政奖励、财政补贴补助等各项政策，编制清单、精准推送、及时兑现，努力变"企业找政策"为"政策找企业"等举措①。

除此之外，为进一步加强对扶持个体工商户发展工作的组织领导和统筹协调，2022 年，陕西省建立由省市场监管局牵头，省工信厅、省商务厅、省林业局、人民银行西安分行、国家税务总局陕西省税务局等 17 个部门为

---

① 《陕西省推进营商环境突破年实施意见》，陕西省人民政府网站，2023 年 2 月 19 日。

成员单位的陕西省扶持个体工商户发展联席会议制度，并在第一次联席会议上审议并通过了《陕西省个体工商户服务月活动工作方案》《陕西省扶持个体工商户发展近期工作要点》，强调要加强协作、增强合力，充分发挥扶持个体工商户发展联席会议制度作用，促进个体工商户持续健康发展，服务和保障全省经济社会高质量发展大局。

第四节　福建省

2022 年，福建省全面落实《优化营商环境条例》，印发《营商环境创新改革行动计划》（以下简称《行动计划》），加快打造能办事、快办事、办成事的"便利福建"。《行动计划》明确列出重点任务涉及四大领域，包括统一制度规则，着力深化市场改革；坚持公平公正，着力加强法治化保障；围绕集成优化，着力提供便利化服务；深化互联互通，着力提升国际化水平。

一是统一制度规则，着力深化市场改革。涉及以下 4 个方面：降低准入和退出门槛、维护公平竞争秩序、优化企业开办服务、加强要素支持。主要包括推进"一业一证"审批模式改革，推广应用行业综合许可证；开展"一照多址"改革，简化分支机构登记手续；完善市场主体退出机制，开展企业强制退出改革试点；清除政府采购和招投标领域设置的隐形门槛和壁垒，加强重点监督和防控；优化企业开立银行账户流程，建立在线推送银行预约账号模式；推行企业年度报告"多报合一"改革；建立健全政府引导的知识产权风险分担和补偿机制，综合运用担保风险补偿等方式降低信贷风险等举措。

二是坚持公平公正，着力加强法治化保障。涉及以下 4 个方面：建设法治化营商环境示范区和海丝中央法务区、完善产权和知识产权司法保护体系、优化公共法律服务、打造诚信福建。主要包括对市场主体、消费者反映强烈的重点行业和领域，加强全链条竞争监管执法，以公正监管保障公平竞争；探索柔性监管新方式，推行不予处罚、从轻处罚、减轻处罚和免予行政强制等"四张清单"制度；建设"海丝中央法务区·云平台"，创建海丝法律资源库；进一步完善破产管理人选任、预重整等制度，推动成立省级破产管理人协会，制定完善破产管理人业绩考核分级管理制度；建立试点城市海外知识产权纠纷应对指导机制，支持试点城市建立维权协作机构；推动台湾地区与国外律师、仲裁等法律服务机构在闽设立代表机构，深化律师、公证、仲裁、司法互助等领域交流合作；试行有关法律文书及律师身份在线核验服务，优化律师查询不动产登记信息流程，便利律师查询不动产登记信息；健全信用修复机制，保护信用主体合法权益；拓展信用应用场景，强化信用信息共享，支持中小微企业融资等举措。

三是围绕集成优化，着力提供便利化服务。涉及以下 4 个方面：提升投资建设便利度、推动高频事项集成办理、提升政务服务标准化数字化水平、强化惠企政策兑现。主要包括推进社会投资项目"用地清单制"改革，统一进行联合审查、现状普查，探索实行"统一受理、同步评估、统一反馈"的运作模式；深化"多测合一"改革，加快统一地方相关测绘测量技术标准，实现同一阶段"一次委托、成果共享"，避免对同一标的物重复测绘测量；深化"一件事"集成套餐服务改革，持续推进企业"全生命周期"重要阶段集成化办理；充分利用大数据等技术手段，加快推进智慧监管服务，提升办理建筑许可、不动产登记交易、纳税、用水用电用气、融资等方面一网通办、共享协作的信息化水平；在人社领域推广"人策匹配机器人"试点成果，对企业群众的政策需求精准画像，变人找政策为政策找人等举措。

四是深化互联互通，着力提升国际化水平。涉及以下 3 个方面：强化国际通行规则对接、提升跨境贸易服务水平、健全外商投资促进和服务体系。主要包括逐步贯通多式联运国际物流通道，推进水铁空公多式联运信息共享，开展多式联运"一单制"试点推广；深化进出口货物"提前申报""两步申报"等改革，推进进口货物"船边直提"和出口货物"抵港直装"试点，允许企业自由选择；加快发展涉外法律服务业，积极推进涉外商事多元化纠纷解决，建立涉外商事一站式多元解纷中心，打造具有国际影响力的涉外商事海事纠纷解决优选地等举措[①]。

① 《福建省营商环境创新改革行动计划》，福建省人民政府网站，2022 年 6 月 22 日。

此外，福建省提出"以数字化为支撑，聚焦市场有效、政府有为、企业有利、群众有感"，通过打造数字化闭环，把营商环境与"数字福建"建设统筹融合，聚焦科学构建营商环境数字化监测督导指标体系、系统整合监测督导工作体系、充分发挥数字化优势、不断提高监测督导工作法治化规范化水平等方面，全力为市场主体投资兴业打造一流的营商环境。

科学构建营商环境数字化监测督导指标体系。监测督导指标，包括营商环境日常监测、市场主体满意度调查、现场核验督导三个部分。营商环境日常监测。主要反映政府部门日常推动营商环境的工作过程和工作结果。具体包括市场主体各项业务办理情况、政府推动营商环境工作情况。市场主体满意度调查。满意度调查通过日常窗口调查和年度问卷调查两种方式进行。现场核验督导。采用两种方式，即常态化的"飞行检查"、对各地统一开展年度核验。这一指标体系尊重市场主体感受，立足营商环境客观数据，综合采用全年全量数据和日常抽样、年度集中核验等数据，客观、完整地反映实际情况。

系统整合监测督导工作体系。构建全链条闭环体系。福建省营商办定期下发问题清单，督导各地各部门及时整改，整改落实情况由省级主管部门审核，按照整改落实比例纳入监测督导结果。充分调动各部门的积极性。在工作中，福建省各部门协调配合，实现营商环境监测督导标准共建、数据共享、平台共用、结果共评。广泛发动市场主体参与。2021 年和 2022 年，对当年有办事体验的企业发放问卷 105 万份，让市场主体充分参与监测督导。加强结果运用提升政府效能。福建省政府把监测督导的结果纳入地方政府年度绩效考核内容，增强了营商环境数字化监测督导的权威性。

充分发挥数字化优势。政务数据全量汇聚。截至 2023 年，实现全省558 个省级、1220 个市级政务信息系统全部接入全省数据汇聚共享平台。监测督导事项全部数字化。各监测事项在设置之初就确定好对应数据，明确数据口径、标准、来源和频率。平台实时展现各监测事项的最优值，便于各地各部门对标先进，查找差距，优化提升。监测督导工作全程数字化。系统主动抓取，自动比对，避免人为干预，确保监测督导客观、公正、高效。

不断提高监测督导工作法治化规范化水平。2022 年，福建省人大常委会出台《福建省优化营商环境条例》，明确营商环境数字化监测督导工作的法律地位，标志着这项工作进入法治化轨道。营商环境数字化监测督导工作自实施以来成效明显，获得市场主体认可，问题在发现的同时及时得到整改①。

2021 年，厦门市深入推进优化营商环境专项监督，厦门市纪委监委办公厅印发了《关于进一步强化营商环境监督的通知》，启动优化营商环境专项监督，明确聚焦市场环境的公平性、政务环境的高效性、公共服务的优质性、监管执法的严谨性等方面开展监督工作，并将工作部署是否落实到位、惠企政策是否执行到位、行政审批是否高效、行政执法是否严谨、政策服务是否到位等五个方面问题列为监督重点。在开展专项监督的过程中，市、区两级纪检监察机关开展全覆盖式的企业走访调研。各级纪检监察机关围绕监督重点，结合所在单位实际，筛选确定重点整治项目，明确具体举措和承办人、完成时限等，深入一线，逐一走访"营商环境监督联系点"，了解市场主体需求，听取企业对解决突出问题的意见建议，制定出工作清单，分类建立台账，及时移交、挂账督办，积极推动相关部门对照监督重点开展自查和整改，形成问题清单和整改清单，切实帮助企业解决实际问题。通过"小切口"专项监督，推动政策制度落实落地，是此次专项监督的鲜明特色。专项监督自开展以来，30 家市直单位针对"企业信用修复""提高办事指南准确度""规范执行款发放流程"等 127 项具体内容进行整治，各区共选择 25 项具体内容进行整治。对单位自查及监督检查中发现的问题，各级纪检监察机关及时督促相关单位制定整改措施，监督保障有关政策制度落实到位。

第五节　四川省

2023 年 3 月，四川省发布《深化"放管服"改革优化营商环境 2023 年工作要点》（以下简称《工作要点》），《工作要点》明确列出重点任务涉及五大领域，包括大力开展营商环境提升行动、纵深推进"一网通办"前

---

① 《福建：打造数字化闭环，全力营造一流营商环境》，《中国改革报》2023 年 4 月 16 日。

提下的"最多跑一次"改革、持续提升政务服务标准化规范化便利化水平、不断提升政府监管效能、协同推进成渝地区双城经济圈"放管服"改革。

一是大力开展营商环境提升行动。涉及以下 4 个方面：激发市场主体活力、营造公平竞争的市场环境、加强政府诚信建设、优化外资外贸服务。主要包括启动民营企业营商环境提升行动，对全国首批 50 项营商环境试点改革举措和四川省 70 项试点改革举措落地情况实施核查，针对性调整优化营商环境评价指标，开展全省年度营商环境评价；加大对市场主体特别是民营企业和中小微企业的财税、金融等政策支持力度，落实减税降费优惠政策；完善招标投标交易担保制度，进一步降低招标投标交易成本，开展清理历史沉淀保证金专项行动，加快完善招标投标交易担保服务体系；建立违背市场准入负面清单案例归集和通报制度，持续清理和废止含市场准入限制和阻碍参与公平竞争的政策规定；对落实逾期未支付中小企业账款强制披露制度情况进行"回头看"，重点整治未将拖欠信息列入政府信息主动公开范围的情况；将办理正常出口退税的平均时间压缩至 5 个工作日以内，增值税增量留抵退税审核平均时间压缩至 3 个工作日以内，持续优化跨境电商出口海外仓退税模式等措施。

二是纵深推进"一网通办"前提下的"最多跑一次"改革。涉及以下 3 个方面：拓展"一网通办"范围、强化政务数据支撑保障能力、推进政务服务线下线上融合发展。主要包括升级优化"天府通办"手机移动端，上线 100 个县级分站点，推出 100 个高频应用"掌上办"；在省政府门户网站统筹建好"一网通办""一网监管""一网公开""一网协同"专区；持续深化"一件事一次办"改革，鼓励各地因地制宜探索推出"一件事"，对已实现的"一件事"常态化开展自查自纠、交叉核验，12 月底前实现办理相关业务系统互联互通、数据供给精准匹配；开展政务数据共享三年行动，完善全省一体化政务大数据体系，完成数据共享门户和数据目录、治理、开放、供需、分析等子系统核心功能建设；12 月底前实现省内自建系统签发的高频电子证照共享互认和"免提交"，建成全省统一的"电子证明超市"，梳理发布高频电子证明清单；开展百个省级园区政务服务中心建设，为企业和园区提供高效优质服务等措施。

三是持续提升政务服务标准化规范化便利化水平。涉及以下 3 个方面：规范行政审批行为、提升行政审批效率、推进其他政务服务事项标准化。主要包括动态调整行政许可事项清单，规范许可办事指南，实现线上线下服务渠道同源发布、同步更新，线上线下审批一个标准、一套材料、一体化办理；出台中介服务"网上超市"管理办法，完善"网上超市"相关功能；深化工程建设项目审批制度改革，加快推行"区域评估""多规合一""多测合一"；推广运用行政许可事项"一单一图一表"改革经验，有序推进其他依申请办理的行政权力事项（行政确认、行政裁决、行政给付、行政奖励、行政备案及其他行政权力事项）和依申请办理的公共服务事项（公共教育、就业创业、社会保险、医疗卫生、养老服务、住房保障、文化体育、残疾人服务等领域）全面标准化，梳理再造政务服务事项办理流程，逐步实现同一事项受理条件、申请材料、办理程序、适用范围、有效期限、办理时限、监管主体、监管措施等要素在全省范围内统一，持续提升政务服务效率等措施。

四是不断提升政府监管效能。涉及以下 4 个方面：健全新型监管机制、推进跨部门综合监管、规范执法监管行为、加强重点行业领域监管。主要包括推动行业主管部门将已建的监管类综合平台全面接入"互联网+监管"系统，新建系统按照统一标准与省"互联网+监管"平台做好互联互通；在工程建设、消防安全、统计、金融、税费管理、进出口、生态环境、劳动保障、医疗保障、医药招标采购、知识产权等领域建立市场主体信用评价指标体系和分级标准，实行信用分级分类监管；对食品、药品、医疗器械、危险化学品、燃气、特种设备、建筑工程质量、非法金融活动等直接关系人民群众生命财产安全、公共安全和潜在风险大、社会风险高的重点领域及新兴领域中涉及多部门监管的事项开展跨部门综合监管，建立跨部门综合监管重点事项清单管理和动态更新机制；探索实施综合监管"一业一册"告知制度，一类事项制定一册合规经营指南，一次性告知市场主体合规经营要求；开展地方政府规章、行政规范性文件涉及行政处罚内容专项清理，推动修订

《四川省规范行政执法裁量权规定》，全面推行监管执法"一目录、五清单"（分类检查事项目录，不予、免予、减轻、从轻、从重处罚清单）等措施。

五是协同推进成渝地区双城经济圈"放管服"改革。涉及以下3个方面：协同推进政务服务一体化、协同推进市场准入一体化、协同推进综合监管一体化。主要包括按照国家"跨省通办"安排部署，完善"川渝通办"事项清单动态管理机制；聚焦新生儿出生、员工录用、灵活就业、职工退休、就医、婚育等高频应用场景，推动一批"一件事一次办"事项、"免证办"事项实现"川渝通办"；有序推进高频电子证照互认共享和跨区域应用；实施成渝地区双城经济圈市场一体化建设行动，完善市场准入"异地同标"便利化服务机制；在川渝两省市探索市场主体跨区域迁移"无障碍一次办"；深化营业执照异地"办、发、领"服务体系建设，探索"川渝开放合作区"虚拟地址注册登记；在市场监管、交通运输、生态环境等领域实施川渝跨区域综合监管提升行动，建立健全源头追溯、信息共享、线索移送、联合调查、执法联动、执法互认等机制，畅通川渝地区违法线索移送渠道等措施①。

第六节　深圳市

2022年，深圳市发布《深圳市深化"证照分离"改革实施方案》（以下简称《实施方案》），在全市范围内实施涉企经营许可事项全覆盖清单管理，按照直接取消审批、审批改为备案、实行告知承诺、优化审批服务等四种方式分类推进审批制度改革。

根据《实施方案》，深圳市对行政许可事项进行逐项甄别，凡属于涉企经营许可事项的全部纳入改革清单，经梳理形成了"三张清单"：《中央层面设定的涉企经营许可事项改革清单（2022年深圳版）》《中央层面设定的涉企经营许可事项改革清单（2022年深圳自贸试验区版）》《广东省设

---

① 《四川省人民政府办公厅关于印发四川省深化"放管服"改革优化营商环境2023年工作要点的通知》，四川省人民政府网站，2023年3月16日。

定的涉企经营许可事项改革清单（2022 年深圳版）》。清单之外，一律不得限制企业进入相关行业开展经营。

直接取消审批方面，在全市范围内取消 72 项涉企经营许可事项，在前海蛇口自贸片区及其所在的市辖区进一步取消 16 项涉企经营许可事项。审批改为备案方面，在全市范围内将 16 项涉企经营许可事项改为备案管理，在前海蛇口自贸片区及其所在的市辖区进一步将 15 项涉企经营许可事项改为备案管理。实行告知承诺方面，在全市范围内对 60 项涉企经营许可事项实行告知承诺，在前海蛇口自贸片区及其所在的市辖区进一步对 38 项涉企经营许可事项实行告知承诺。优化审批服务方面，在全市范围内对 384 项涉企经营许可事项实行优化审批服务。

根据《实施方案》，全市范围内均使用统一的经营范围规范目录。企业登记注册时，自主在规范目录中选择经营范围；企业选择的经营范围属于"许可经营范围"的，登记机关将告知企业需要办理的许可证。办理营业执照后，登记机关将企业信息推送至有关主管部门。

同时，深圳市将统筹推进"一照通行"涉企审批服务改革，以方便企业办事为导向，再造政府部门审批服务流程，推进涉企审批服务从部门供给导向向企业需求导向转变，将企业多业态经营需要办理的多项许可改为按需组合一次申办、智能导引一表申请、并联审批一键分办、证照信息一码展示，优化审批服务。

第七节　地方行动的经验启示

通过对部分省市优秀经验进行梳理，总结发现具有以下几个特征。

一是营商环境提升政策的延续性。延续、优化、完善并落实好营商环境提升相关政策，对推动地区经济运行持续好转、内生动力持续增强、社会预期持续改善等具有十分重要的意义。如山东省 2023 年 5 月发布的《深化营商环境创新提升行动实施方案》，这是自 2020 年以来山东省政府连续发布的第 4 个优化营商环境行动方案，是该省营商环境改善的 4.0 版。浙江省发布

《营商环境优化提升行动方案》，将营商环境优化划分为两个阶段进行建设：2022~2023年攻坚突破阶段、2024~2025年提质增效阶段，建成改革探索领跑省、市场机制最活省、营商环境最优省。

二是营商环境提升政策的创新性。营商环境提升政策的创新性是指各级政府部门要具有宽阔的眼界，对标全球、放眼国际，对营商环境政策制定要经常有新思路、新突破、新举措，要跟得上甚至超越市场发展的脚步，从而有效提升市场竞争力。如浙江省、陕西省在市场主体监管方面大胆创新，探索推行轻微违法行为首次免罚、"沙盒监管"、触发式监管等模式。福建省把营商环境与"数字福建"建设统筹融合，聚焦构建营商环境数字化监测督导指标体系、系统整合监测督导工作体系、发挥数字化优势、提高监测督导工作法治化规范化水平等方面，打造一流营商环境。四川省提出推进成渝地区双城经济圈"放管服"改革，完善"川渝通办"事项清单动态管理机制，协同推进政务服务一体化、协同推进市场准入一体化、协同推进综合监管一体化，提升区域市场竞争力。

三是营商环境提升政策的包容性。营商环境涵盖市场主体在准入、生产经营、退出等过程中的政务环境、市场环境、法治环境、人文环境等方面，政策制定覆盖面广、包容性强。如山东省采用"1+N"模式，2023年拟定"1+20"的政策体系框架，"1"为整体实施方案，"20"为服务企业全生命周期涉及的重点领域配套措施，共包括170条具体改革措施。陕西省从办事便利化、项目服务保障、投资吸引力、监管服务创新、政策法规保障等方面提出改革举措，并配套了相关的实施方案。四川省推动修订《四川省规范行政执法裁量权规定》，全面推行监管执法"一目录、五清单"，即分类检查事项目录，不予、免予、减轻、从轻、从重处罚清单。深圳市发布《深化"证照分离"改革实施方案》，凡属于涉企经营许可事项的全部纳入改革清单，清单之外，一律不得限制企业进入相关行业开展经营。

第八章
促进市场主体高质量发展的对策建议

市场主体是社会生产力的基本载体，是社会财富的创造者，是经济发展内生动力的源泉，是稳就业的"顶梁柱"、经济增长的"发动机"，特别是在当前经济发展面临需求收缩、供给冲击、预期转弱三重压力的宏观背景下，全社会更应关注和重视市场主体发展。通过对市场主体发展的跟踪研究，及时有效了解市场主体的实际生存状况和困难，并梳理总结地方优秀经验做法。本章从政府部门、企业、个体工商户三个层面出发，提出以下促进市场主体高质量发展的对策建议。

第一节　政府部门层面

一　持续不断优化营商环境，厚植高质量发展沃土

营商环境，是市场主体生存发展的土壤，目标在"营商"，重点在"环境"。一是继续深化"放管服"改革。依托标准化、信息化、制度化的"三化"建设，深入扩大"一枚印章管审批"改革，紧盯"一网办、一链办、指尖办"，不断梳理优化行政审批事项和流程，精简要件材料、压缩办理时限、拓展服务功能，逐步扩大审批方式由"碎片化"向"集成化"转变的范围，推动审批流程由"差异化"向"标准化"转变，实现审批流程由"物理集中"到"化学融合"的全面跃升。全面打造线上"一网通办"，实现政务服务向集成化、智能化转变，政务服务事项"应上尽上"，全面推

广应用"网上办""掌上办""自助办"等不见面服务模式，让信息多跑路，群众少跑腿。二是探索推进在县（县级市）开展批量放权改革。在投资、用地、用林、交通、生态环保、文化旅游等重点领域试点从省级层面直接面向县（县级市）开展批量放权改革，赋予县级政府更多的经济社会管理权限，扩大县域发展自主权，提高县域统筹能力。三是加强建设规范化街道（社区）便民服务中心（站），实现街道便民服务中心、各村（社区）便民服务站政务服务站点全覆盖，借助数字技术助推智能终端延伸，构建线上线下融合的基层政务服务体系。建立"政务服务管家"队伍，围绕市场主体开办、项目投资备案、建设工程规划许可证办理等复杂事项，为市场主体开展一对一"帮办代办"服务。四是逐步扩大全国市场准入效能评估试点，稳步开展市场准入效能评估。构建涵盖制度落实覆盖度、准入办理便捷度、问题清查成效度、市场主体感受度等市场准入效能评估指标体系，逐步建立省、市、县（市、区）三级市场准入效能评估机制，推动地方市场准入服务效能不断提升和"非禁即入"有效落实。全面清理废除市场准入负面清单之外违规设定的其他形式的负面清单，建立市场准入壁垒投诉和处理回应机制，完善典型案例归集和通报制度，以便对市场准入效能进行客观分析，对问题线索进行核实处理，不断提升市场准入服务效能，切实保护和激发市场主体活力。

二 大力培育优势产业集群，加快构建现代化产业体系

党的二十大报告部署了建设现代化产业体系的重大战略任务。建设现代化产业体系就必须要推动产业不断转型升级。市场主体是产业转型升级的主导力量，市场主体的发育、发展状况深刻影响着产业升级的路径和成效，同样现代化产业体系的建立也推动市场主体提质增效。一是加快形成新质生产力，积极构建未来竞争优势。战略性新兴产业、未来产业是构建现代化产业体系的关键，也是发展新质生产力的主阵地。坚持链式化、集群化、生态化布局，聚焦发展新材料、新能源、工业互联网、智能汽车、空天信息等战略性新兴产业集群；积极开辟新领域、新赛道，前瞻性布局生命科学、生成式

人工智能、基因技术、未来网络、碳中和等未来产业，占领发展制高点。二是加快建设实体经济，打造世界级先进制造业集群。2022 年我国制造业增加值占国内生产总值的比重达 27.7%，占全球制造业的比重近 30%，连续 13 年位居世界首位，我国制造业正在由"跟跑者"转变为"并跑者""领跑者"。传统制造业是我国制造业的主体，具有较强的国际竞争力，要积极引导、支持传统制造企业加快改造升级，不断提升市场竞争力；同时对于具备转型条件的企业要鼓励推动其转型发展，通过转型与升级打造竞争新优势。引导工业大省、中心城市和重点城市群精准发力、差异化发展，持之以恒地推进新型工业化，聚焦重点特色产业集群，设立"一群一专班"，出台"一群一方案"，构建"链长+链主"推进机制，全力推动"一群一链一服务团"落地见效，促进大中小企业、上下游产业协同发展，全力推动集群成势见效。加快壮大优质企业雁阵。完善优质企业梯队培育机制，加大培育制造业领航企业力度，打造一批具有生态主导力和核心竞争力的"链主"企业，发展壮大一流企业；全力促进小升规、高升规、项目投产升规，推动规企培育质效再提升；开展专精特新行动，做强专精特新企业。加快构建潜在独角兽企业发现机制和新兴领域应用场景体系，打造"独角兽+准独角兽+种子企业"的新兴经济企业发展梯队。三是加快构建现代服务业新体系，促进现代服务业发展与新型工业化推进融合。大力建设工业电子商务、工业互联网、工业大数据等融合平台，实施生产制造环节效能提升和柔性化改造，支持服务企业与制造企业联合起来，打造"服务+制造""平台+模块"的网络化协同生产服务体系。推动制造业企业基于互联网开展服务业态和商业模式创新，积极开展故障诊断、远程咨询、风险评估、专业维修、在线商店、位置服务等服务。利用平台将科技创新政策和信息传导给新型工业企业，为标准化新型工业企业提供保姆式一站服务。大力促进现代服务业发展与传统服务业提升的融合，支持服务业企业升规入库、现代服务业和先进制造业深度融合等，利用现代信息技术服务对传统服务业进行包装，升格纳入全球、全国服务平台，加强与现代服务信息的链接，整合产业价值链上的服务资源，实现服务业产业链的整体发展。

三　构建良好的创新生态系统，夯实发展战略支撑

当前，全球重大前沿技术和颠覆性技术得到快速突破，新一轮科技革命和产业变革深入发展，主要发达国家纷纷强化重大前沿技术部署，创新的重要性愈发凸显。中央经济工作会议在部署2024年经济工作时把"以科技创新引领现代化产业体系建设"放在首位，释放出加强科技创新与产业创新融合的重要信号，为实现高水平科技自立自强、夯实发展战略支撑提供了行动指南。一是强化创新意识，营造创新文化氛围。弘扬科学精神、企业家精神、工匠精神和创新精神，树立"不求所有，但求所用"的柔性引才理念，通过物质鼓励、精神激励、法治建设等方式促进和保障创新理念转化为实践，在全社会形成包容、自由、开放的创新文化氛围。同时创新不是一蹴而就的，要允许失败、宽容失败，通过营造敢为人先、大胆试错的宽松氛围，健全容错机制，鼓励人才敢闯敢试、勇于创新，激发各类人才不断创新的热情和动力。二是加强体制机制改革，构建良性循环的创新制度体系。强化服务型政府建设，逐步打破创新体制机制的条块分割和部门间的利益障碍，建立创新激励机制和容错纠错机制，在创新型企业或人才入驻、办证、审批、验收、贷款、技术转化、成果收益、信用激励等方面，提供"一站式"精准高效服务，推动建设良性循环的政府管理创新生态。创新引人、用人、育人长效机制，不断拓宽人才引进方式和渠道。创新人才评价机制，落实赋予科研人员职务科技成果所有权或长期使用权等改革举措。三是完善创新企业阶梯培育体系，构建各类企业协同发展的多元创新主体。鼓励支持龙头企业整合创新资源，实现强强联合，打造一批国际知名、拥有原创性核心技术龙头企业，形成若干个有全球影响力的创新型地标企业。围绕龙头企业选择一批专业化、精品化、特色化、创新型、市场竞争优势突出的优质中小企业，列入专精特新"小巨人"企业库或"瞪羚"企业目录，加大政策支持力度。依托双创空间、科技企业孵化器等载体，采取"天使投资""办公场所补贴""宽容失败"等政策组合拳，加大培育创新型初创型企业力度。四是构建"基础研究—技术攻关—技术应用—成果产业化"全过程无缝衔接的科技创新

平台体系，贯通产学研用创新链条。提升国家级科创平台能级。充分发挥实验室体系支撑作用，围绕国家发展战略，在重点区域加快建设国家重点实验室、国家大科学装置、国家工程研究中心、产业创新中心等高端创新平台，积极打造原始创新策源地。持续强化地方一流大学的创新引领作用，通过"前孵化器—孵化器—加速器—科技园"孵化链条，引导社会力量参与建设，进一步打造从科学研究、技术开发到市场应用的创新链条，形成产学研用深度融合的创新体系，切实让大学的创新资源"活起来"。创建融合交流型创新社区，在高校、创新园区等周边地区建设集工作、学习、生活、休闲于一体的创新社区，破解创新"孤岛"效应，促进技术创新产生。

四　全面推进数字化建设，驱动生产生活和治理方式变革

深化转型升级，推进数字化建设已经成为中国国家战略的重要内容。随着《数字中国建设整体布局规划》《网络强国战略实施纲要》《数字经济发展战略纲要》《"十四五"数字经济发展规划》《"十四五"国家信息化规划》《"十四五"大数据产业发展规划》等重大战略规划的陆续出台和实施，2023 年我国数字经济核心产业销售收入同比增长 8.7%，占全部销售收入的比重达 12.1%，激发和释放了中国数字经济发展的巨大潜能。一是加强数字基础设施建设与应用。新一轮科技革命和产业变革的加速演进促使世界各国纷纷把推进数字基础设施建设与应用作为实现创新发展的重要支撑。强化信息领域前沿技术布局，加快建设高速泛在、天地一体、云网融合、智能敏捷、绿色低碳、安全可控的智能化综合基础设施。优化信息通信基础设施布局，推进重点行业和重点应用场景深度覆盖，引导新型基础设施建设协调发展。部署绿色智能的数据与计算设施，构建"云边端"协同、"算存运"融合的一体化算力基础设施体系。探索新的应用场景和运营模式，加快"5G+工业互联网"规模应用，推动工业化与信息化在更广范围、更深程度、更高水平上实现融合发展[①]。二是推动数字经济和实体经济深度融合。大力发

[①]　中共工业和信息化部党组：《大力推动数字经济和实体经济深度融合》，《求是》2023 年第 17 期。

展数字经济核心产业,推动数字产业集群发展,利用数字技术对传统产业进行全方位、全链条改造,推动制造业、服务业、农业等产业数字化。纵深推进制造业数字化转型,研究制定重点行业数字化转型路线图,推动工业互联网创新发展,推进互联网、大数据、云计算、区块链等数字技术在研发设计、生产制造、经营管理、市场服务等各环节的应用,促进特色应用场景与智能科技深度融合,催生数字工厂、云上生态、智慧供应链等新业态,加快制造业数字化、网络化、智能化发展。利用数字技术推进农业现代化发展,推进"三农"综合信息服务,创新发展智慧农业,加快农业生产、加工、销售、物流等各环节数字化改造,开展农业物联网试点示范,完善动植物疫病监测预警数据库体系及农产品溯源体系,提升产业链供应链智慧管理水平和产品质量管控能力。全面加快服务业数字化转型,大力发展数字商务,引导传统产业与数字商务深度融合,加快商贸、物流、文旅等服务业数字化,培育智慧物流、新零售等新增长点,提高服务业品质和效益。三是提升数字治理现代化水平。加快提升政府及社会公共服务数字化建设水平,着力培育数据市场,建立健全数据质量管理机制,制定数据分类、分级标准,完善数据治理规范,扩大基础公共信息数据有序开放,建立政府、企业、机构等多方合作,有力破除"部门壁垒"和"信息孤岛",开展信息共享,推动公共数据与企业数据深度对接,规范数据开发利用场景,提升社会数据资源价值。强化网络和数据安全保障,建立健全完善的数据安全和隐私管理制度,确保各类数据和个人信息的安全,为城市治理现代化提供可靠的数字基石。

五 推进市场主体信用分级分类监管,创新现代化市场监管机制

随着营商环境的不断改善和"放管服"改革的深入推进,我国市场主体活力和创造力不断得到释放,数量实现较快增长,截至2023年底全国登记在册市场主体为1.84万亿户,其中新产业新业态新模式不断涌现,对市场主体监管工作提出了新的更高要求。一是构建市场主体信用风险分类指标体系,开展市场主体信用风险状况分类管理。以企业信用风险分类指标体系框架为基础,科学构建个体工商户、农民专业合作社等市场主体的信用风险

分类指标体系。重点围绕市场主体基础属性信息、动态信息、监管信息、关联关系信息、社会评价信息等方面，探索构建通用型市场主体信用风险分类指标体系，并根据监管实际不断更新调整，持续优化完善。推进市场主体信用风险分类管理系统建设，根据信用风险状况由低到高将市场主体分为信用风险低、信用风险一般、信用风险较高、信用风险高四类，构建市场主体信用风险分类管理系统，充分发挥信用大数据对信用风险分类管理的支撑作用，避免重复建设、多头分类；同时，建立跨区域、跨部门的信息归集、分析加工、共享应用闭环模式。二是探索完善数字经济等新产业新业态监管新模式，推进市场主体信用风险监测预警。通过强化"标签化管理"，根据信用等级、风险程度，对市场主体实施靶向抽查、差异化监管，既实现监管工作"无处不在"，又能够对企业"无事不扰"。对信用风险低和信用风险一般的市场主体，设置一定的观察期，探索推行触发式监管，在严守安全底线的前提下，为数字经济市场主体留出充足的发展空间；对信用风险高的市场主体，有针对性地采取严格监管措施，防止风险隐患演变为区域性、行业性突出问题。构建监测预警模块，从市场主体信用风险分类指标体系中选取与市场主体信用风险关联度高的重点指标项，进行实时监测，对市场主体风险隐患及时预警，推动监管关口前移。三是强化信用信息归集公示，聚焦信用修复。按照"应归尽归、应示尽示"的要求，将"双随机、一公开"抽查检查信息、行政处罚信息通过国家企业信息公示系统归集公示共享。加强问题数据整改纠正，降低企业年报财务信息"零"值率、错值率，提高归集公示数据质量，夯实信用监管基础。以"应修尽修"为原则，坚持柔性执法，严格落实首违不罚清单，将教育与处罚有机结合，积极推进信用修复工作，营造包容审慎的监管模式和良好的营商环境，为市场主体提供"站台"服务。引导市场主体通过"信用公示""信用承诺""一网办理"等方式主动申请纠正违法失信行为，消除不良影响，重塑良好信用。

六　提升社会治理法治化水平，营造高水平法治化营商环境

"法治兴则国兴，法治强则国强。"党的二十大首次将"坚持全面依法

治国，推进法治中国建设"作为党的代表大会主题报告的专章，并强调"推进多层次多领域依法治理，提升社会治理法治化水平"①。营商环境是一个复杂系统工程，法治环境是营商环境的重要组成部分。打造一流营商环境需要对市场准入、公平竞争、产权保护、社会信用、国际贸易等方方面面进行制度体系安排，而这些制度安排最终全都体现在"法治"上。因此"法治是最好的营商环境。"一是推进依法行政。深化行政执法体制改革，依法设定权力、规范权力、制约权力、监督权力，健全依法决策机制，设置权力清单、责任清单和负面清单，推进政府依法全面履行职能，严格、规范、公正、文明执法，实现"法定职责必须为，法无授权不可为"。推进政府职能向服务、指导、协调、监督方向转变，完善行政监督机制，全面推进政务公开，让社会参与到行政监督中来，形成内部监督和社会监督功能互补的立体监督网络。二是加强法律服务。加大政府法律服务供给，加快建成以实体、热线和网络三大平台为主体的公共法律服务体系，实现公共法律服务标准化、精准化、便捷化，最大限度地满足市场主体法律服务需要；不断完善法律援助制度，扩大援助范围，提高援助质量，向小微主体提供及时充足、普惠均等、优质高效的法律援助服务。着力健全完善行业性专业性调解机制，探索推进分级调解，提升纠纷调解的法治化专业化水平；积极推进司法确认，提升调解协议法律效力；大力加强矛盾纠纷多元化解机制建设，满足纠纷解决方式的多元需求。三是提升政府公信力。完善政府诚信履约机制，建立健全政务失信记录和惩戒制度，将机关、事业单位的违约毁约、拖欠账款、拒不履行司法裁判等失信信息纳入全国信用信息共享平台；积极探索开展政务诚信第三方评估工作，通过以评促改、以评促建，有力地推动政务诚信建设水平持续提升。规范涉企行政执法，深化推进综合监管改革，健全行政裁量权基准制度，防止"任性执法、类案不同罚、过度处罚"等；严禁未经法定程序要求普遍停产停业，杜绝"一刀切""运动式"执法；全面实施跨部门联合监管，进一步扩大多部门联合监管范围和频次，完善监管方式，推动监管信息共享互认，

---

① 徐汉明：《提升社会治理法治化水平》，《中国社会科学报》2023年9月8日。

避免多头执法、重复检查。四是建立风险防范预警。建立对外投资合作境外安全风险预警和信息通报制度,拓宽信息渠道,明确风险类别,实施分类指导。建立国别风险评估和预警机制,重点加强对"走出去"企业集中、风险高发国家和地区的指导,及时警示和通报政治、经济和社会重大风险。

第二节 企业层面

一 健全和完善现代企业治理体系

一是强化公司章程基础性地位。公司治理的各项制度、规则和办法必须符合公司章程的规定和要求;任何公司治理实践中提出的新要求,以及对制度、规则和办法的修订、调整或补充,都应及时体现在公司章程的修订中。在公司章程的整体指导下,应建立并完善公司章程、基本制度、特定制度、管理规定以及执行细则等制度框架,从而巩固企业现代公司治理的制度基础。二是增强制度执行力。治理制度体系的关键在于实现共识、共同遵循,全面贯彻执行,并需要通过实践中的磨合不断验证检验,进一步优化完善。包括明晰公司各部门的管理职能和职责范围,明确任务分工,有效对接业务流程,确保实现有序运转、权责对应,以及流程闭环。定期评估公司治理制度的执行情况,及时解决运营中出现的问题,有效规避制度之间的约束或不协调现象[1]。三是促进董事会依法科学决策。在注重决策质量的同时兼顾决策效率,全面考虑决策事项的性质、特点、重要程度、频率和金额数量,明确梳理董事会的职权事项,并合理界定董事长与总经理的权责,以避免在同一范围内的主要人员对同一事项进行重复研究。四是积极推进精准管控。公司治理中责任、权利、义务是相统一的,授权、管理和服务必须衔接,针对公司不同的股权架构、管理层级和作用定位,将公司治理分为战略型管控、运营型管控、治理型管控等不同的管控模式进行精准管理。五是加强信息披

---

① 杜国功:《完善中国特色国有企业现代公司治理》,《经济参考报》2023 年 6 月 13 日。

露。信息披露是保护股东权益的有效手段之一，应进一步完善信息披露制度，构建完善的、可操作的信息披露责任机制，提升公司信息披露的针对性、有效性、一致性，增加公司"透明度"，减少投资者与公司之间信息不对称，增强外部有效监管，只有充分披露相关信息，才能让股东了解公司的运营状况，做出明智的决策。六是推进企业治理国际化。学习借鉴国际先进经验，加强与国际标准的对接，帮助企业建立和完善质量管理体系，实现产品质量的标准化和规范化，提高产品的竞争力，增加销售额和市场份额。同时促进企业之间的国际交流与合作，提升企业的声誉和形象，提高企业治理水平和国际竞争力。

二 集聚创新要素强化企业创新能力

强化企业科技创新主体地位，是实现高质量发展的内在要求。一是创新生产工艺技术，推动绿色低碳发展。企业应以绿色低碳为根本，以自主创新为重点，研发在保证生产质量的前提下实现能源消耗降低、减少污染的新技术，帮助企业实现低碳环保，减少能源投入，降低治理环境污染的成本。二是紧扣市场需求，加速产品更新。企业应当定期开展市场调研，了解当前市场需求的动态变化，并深入分析同行业企业的优势产品，积极了解当前的市场环境、社会大众的需求，以此为导向进行产品创新。经过市场调研与同行业经验借鉴后，明确产品的创新方向，以此制订新的技术方案，引进先进生产技术，朝着市场新需求的方向进行产品质量、性能升级。三是依托智能化与信息化技术推动管理技术手段全面升级。对产品采用质量导向管理，对生产采用效益导向管理，对人员采用人本激励管理，针对不同的管理对象、管理目标，制定管理技术手段，制定配套的管理制度，并引入信息技术、通信技术等，加强管理过程中与各部门的信息交互，提高管理效率。四是加强产学研合作，增强技术型人才储备。与当地相关领域的科研单位建立长久的合作关系，同时企业也要组建科研机构，与科研单位一同参与到科研项目中；与当地高校加强合作，对产业转型升级进行全面探究，为企业发展提供人才支持，推动企业的技术更新。

三　培育和提升品牌意识和品牌价值观

品牌形象是企业在市场中竞争的重要因素之一，建立一个良好的品牌形象可以帮助企业赢得消费者的信任和忠诚，提高市场占有率和竞争力。一是建立品牌形象。企业需要通过市场调研和分析，了解目标消费者的需求和偏好，确定自己的品牌定位和价值，以及所提供的产品或服务的独特性，通过设计有吸引力的标志、广告、形象设计、包装和网站等在市场上脱颖而出，塑造企业的品牌形象，吸引更多的消费者。二是创造独特的品牌体验。企业要通过各种渠道和方式创造独特的品牌体验，包括产品质量、服务质量、售后服务等。通过提供卓越的产品和服务体验扩大口碑效应，进一步提升品牌形象。三是注重品牌价值传递和维护。组织、策划和实施品牌识别、品牌传播等活动，如利用社交媒体平台发布品牌信息和活动，利用虚拟现实技术或线下活动展示品牌形象等，帮助客户和其他利益相关者了解、理解和认可品牌价值。积极回应消费者的反馈和建议，及时处理投诉和问题，提供高质量的服务和支持，可以帮助企业建立良好的口碑，提高消费者对品牌的信任度。四是强化品牌保护。企业应对品牌资产的识别、使用、保护和处置做出规定，制定应对侵犯品牌资产的措施，防止损害客户和其他利益相关者的利益；通过合理的商标注册、专利申请等活动，包括防御性商标注册、知识产权布局等，保护品牌形象和竞争优势；规定品牌管理和使用权限，明确品牌授权、特许经营等活动各方的法律关系；建立违法行为的认定、应对和处理程序，保护品牌权益。五是建设品牌文化。企业应系统塑造和传播品牌的文化内涵，提升品牌形象，培养品牌忠诚度。品牌文化的内涵必须与品牌定位和品牌核心价值相适应，满足顾客和其他利益相关者的需求。积极参与社会公益活动，展现企业社会责任感和关爱精神，提高消费者对企业的好感度和信任度，提升品牌知名度，扩大品牌影响力。

四　强化风险防控能力做好风险预警

一是进一步强化风险防控意识。建立完善的风险管理体系，包括制定风险管理政策和风险评估方法，建立风险管理团队并进行定期的风险监测和分析。利用先进的信息技术工具和系统，助力企业实现风险数据的收集、分析和监控，识别潜在风险并及时采取相应的措施。通过培训和教育活动，加强员工的风险意识培养，了解各种风险类型和风险管理方法，提高员工对风险的敏感度和应对能力。二是健全内部风险控制机制。建立健全内部审计、风险管理和合规管理机制，充分发挥内部审计规范运营和管控风险等作用，构建全面、全员、全过程、全体系的风险防控机制。全面识别企业风险事项，科学细分企业风险，如公司层面风险和业务活动层面风险、内部风险和外部风险等，帮助企业预防和发现风险，及时采取纠正措施，确保企业运营的合规性和稳定性。三是打造法治企业。推进法律管理与经营管理深度融合，突出抓好规章制度、经济合同、重大决策的法律审核把关。健全合规管理制度，加强对重点领域、重点环节和重点人员的管理，推进合规管理全面覆盖、有效运行。加强责任追究体系建设，加快形成职责明确、流程清晰、规范有序的工作机制，加大违规经营投资责任追究力度，充分发挥警示惩戒作用。四是加强风险防控合作交流。与其他企业、行业协会等建立合作关系，获取更多风险信息，拓展应对风险的手段和思路，通过共享信息和经验共同应对风险挑战。借助外部专业服务机构的力量，进行风险评估和监测，并获取相应的解决方案。

五　加强企业文化建设树立企业良好形象

企业文化是在一定的条件下，企业生产经营和管理活动中所创造的具有该企业特色的精神财富和物质形态。企业文化是企业的灵魂，是推动企业发展的不竭动力，是企业里的每一个人内化于心、外化于行的整体表现，需要经过长久的凝结、积淀、逐步塑造而形成。一是企业管理层要做好表率作用。企业文化的形成过程中，创始人和管理层发挥了巨大的作用，甚至在创业初期，企业文化的特征主要反映了创始人个人特色，因此企业创始人和管理层必须要做好表率作用，带头遵守规章制度、提升工作效率、做好沟通的工作、进行复盘和总结工作等，起到带头和标杆的作用。二是坚持在企业内部树立典型和标杆。企业要通过关键事件、绩效管理等方法，识别绩效水平高、潜力好以及价值观吻合的员工，作为企业文化践行的典型和标杆。通过企业的各种宣传渠道（自媒体、刊物、公告栏等），向其他员工宣扬典型员工的事件。三是塑造企业文化硬件建设与软件建设相结合。在硬件方面，将企业文化内容通过海报、挂画等进行展示，以座谈会、沙龙等方式进行企业文化的培训等。在软件方面，要不断完善制度的建设，明确行为规范，确保目标一致、价值观一致。四是奖惩相结合，塑造公平、公正、公开的企业文化。建立良好企业文化的关键因素是公平和清晰，管理者应建立公平的奖惩制度，确保奖励和惩罚都是基于明确的标准和公平的原则。同时设计合理的奖励机制，激发员工工作积极性和创新精神。五是建设畅通的沟通分享渠道。重视员工的合理化建议，通过邮箱、座谈会、员工访谈等方式搜集合理化建议，了解员工的真实想法。同时通过开展管理文化活动，如总经理见面会、民主生活会、高层沟通会、金牌员工见面会等，鼓励员工共同进步和分享知识，营造相互支持和鼓励的工作氛围，塑造团队超强的凝聚力。

第三节　个体工商户层面

截至 2023 年底，全国登记在册的个体工商户达 1.24 亿户，占市场经营主体总量的 67.4%。个体工商户一头连着从业者的生计，一头连着大众的消费，是我国社会经济发展的活力、潜力和韧性所在。但是由于个体工商户量大面广，情况复杂，利益诉求也多元化，因此要多措并举促进个体工商户健康有序发展。

一　支持和鼓励新个体经济发展

新个体经济是在数字化时代背景下，对传统个体经济的创新和发展，是一种新兴的经济形态，是"互联网+个体经济"的创新组合，为市场注入新的活力。一是支持线上多样化社交、短视频平台有序发展，鼓励微创新、微应用、微产品、微电影等万众创新。二是引导"宅经济"合理发展，鼓励发展网络直播、微商电商、新媒体等新个体经济。三是鼓励分时就业、兼职就业、副业创业等多种形式的"副业创新"发展。四是鼓励引导农户从特色种植、特色养殖、特色手工等方面入手发展庭院经济。

二 积极实施"个转企"工程

个体工商户转为企业有利于市场主体拓宽经营范围、扩大经营规模，同时降低一定的经营风险，有利于保留名称字号、商业信誉等无形资产，更易获得财政资金、银行贷款、税费减免等支持，增强竞争优势。因此要鼓励和支持经营规模大、成长性良好的个体工商户积极转为企业运营管理。同时相关政府部门要不断简化"个转企"各项手续环节，在登记业务系统中增加"个转企"网上办理专区，建立优质"个转企"一对一跟踪帮扶机制。

三 提升个体工商户网络经营能力

支持个体工商户发展线上商业模式，探索应用直播电商、社区电商、社交电商等新兴商业模式，实现线上线下经营融合发展。鼓励互联网平台企业为个体工商户开辟绿色通道，放宽入驻条件，帮助入驻个体工商户开展数字化运营服务培训，提升网上经营水平。

四 提高个体工商户知识产权运用能力

积极向个体工商户提供知识产权法律咨询、专利商标申请注册及相关服务。鼓励和支持个体工商户申请专利、注册商标，加强知识产权创造运用，提升市场占有率。鼓励和支持个体工商户运用专利、商标开展质押融资，获取银行贷款。

五 对个体工商户实施包容审慎监管执法

运用责令改正、批评教育、告诫约谈、告知承诺等措施，教育引导个体工商户在限期内改正违法行为。对个体工商户轻微违法行为，不涉及食品药品安全、安全生产、生态环境保护等重点领域，对社会危害不大的，依法不予处罚或从轻、减轻处罚；被处以罚款但确有经济困难的，可申请暂缓或分期缴纳。

六　加强对个体工商户发展的监测

完善个体工商户发展监测分析机制，建立个体工商户发展工作联系点，跟踪个体工商户经营形势变化，强化部门数据归集和信息共享，做好活跃度、经营状况和相关优惠政策享受情况调查，动态掌握个体工商户发展需求和生产经营困难问题，为研究完善个体工商户扶持政策提供决策辅助。

结束语

　　当前，国际形势和国内发展环境均出现较大变化，在严峻性、不稳定性、不确定性增加的情况下更加需要统筹高质量发展和高水平安全。市场主体是经济发展的根基所在，是推动经济社会发展的重要力量。历史和现实发展经验一再表明，在经历各种风险挑战时，保住、稳住市场主体就能保证经济正常运行和社会大局总体稳定。一旦市场主体发展出了问题，经济正常运行和社会大局总体稳定就会受到很大影响。建设活跃有序的社会主义市场经济体制离不开高效健康发展的市场主体，因此推动市场主体加速迈向高质量发展，是不断夯实我国社会经济发展的根基和韧性的重要着力点，有助于推进中国式现代化稳健前行。

　　因此，本书以市场主体高质量发展为主线，通过梳理我国市场主体不断发展壮大的历程、总结我国改善优化营商环境的做法、测评分析我国区域市场主体发展效益水平，结合调研问卷、地方营商环境改善案例分析等，提出一系列促进我国市场主体高质量发展的对策建议，以期对我国市场主体的健康有序发展起到一定的促进作用。

参考文献

［1］ 中央工商行政管理局秘书处：《私营工商业的社会主义改造政策法令选编（上辑）（1949~1952 年）》，财政经济出版社，1957。

［2］ 中央工商行政管理局秘书处：《私营工商业的社会主义改造政策法令选编（下辑）（1953~1957 年）》，法律出版社，1960。

［3］ 中央工商行政管理局资本主义经济改造研究室、中国科学院经济研究所资本主义经济研究室：《私营商业的社会主义改造》，生活·读书·新知三联书店，1963。

［4］ 中国社会科学院经济研究所：《中国资本主义工商业的社会主义改造》，人民出版社，1978。

［5］ 薛暮桥：《中国社会主义经济问题研究》，人民出版社，2012。

［6］ 蒋一苇：《企业本位论》，《中国社会科学》1980 年第 1 期。

［7］ 董志凯：《国民经济恢复时期的私人投资》，《中国经济史研究》1992 年第 3 期。

［8］ 孙健：《中华人民共和国经济史（1949~90 年代初）》，中国人民大学出版社，1992。

［9］ 中国社会科学院经济学科片课题组：《建立社会主义市场经济体制的理论思考与政策选择》，《经济研究》1993 年第 8 期。

［10］ 黎青平：《毛泽东邓小平与对外开放》，中共中央党校出版社，1998。

［11］ 周绍朋：《切实减轻国有企业社会负担》，《改革》1999 年第 6 期。

［12］ 周尚万：《新中国私有制经济的回顾与前瞻》，《五邑大学学报》（社

会科学版）2000 年第 2 期。

[13] 武力：《中国当代私营经济发展六十年》，《河北学刊》2009 年第 1 期。

[14] 国家统计局：《2017 国民经济行业分类注释》，中国统计出版社，2018。

[15] 国家工商行政管理总局：《新中国工商行政管理史志（上卷）》，中国工商出版社，2009。

[16] 国家工商行政管理总局：《新中国工商行政管理史志（下卷）》，中国工商出版社，2009。

[17] 郑学伟：《中央私营企业局研究（1949～1952）》，中共中央党校，2019。

[18] 刘建丽：《新中国利用外资70年：历程、效应与主要经验》，《管理世界》2019 年第 11 期。

[19] 宋涛：《利用"三资"企业发展我国经济》，《南方经济》1992 年第 5 期。

[20] 陈坤：《我国市场主体登记注册制度70年发展历程》，《中国质量技术监督》2019 年第 8 期。

[21] 王卓：《我国行业分类与国际标准行业分类的比较研究》，《统计研究》2013 年第 4 期。

[22] 郑立春：《中国共产党对新时期私营经济政策的演变与私营经济的发展》，《石家庄经济学院学报》1997 年第 1 期。

[23] 解红玲：《改革开放以来党的私营经济政策的演变》，《雁北师范学院学报》2007 年第 1 期。

[24] 胡小蓉：《改革开放以来党的个体经济、私营经济政策探析》，《保定师专学报》2000 年第 3 期。

[25] 王克稳：《论市场主体的基本经济权利及其行政法安排》，《中国法学》2001 年第 3 期。

[26] 赵韵玲、刘智勇：《市场主体准入制度改革研究》，中国人民大学出版社，2010。

［27］国家工商行政管理总局：《市场主体准入与监管》，中国工商出版社，2012。

［28］张茅：《深化商事制度改革激发经济发展活力》，《行政管理改革》2015 年第 5 期。

［29］邵宁：《国有企业改革实录：（1998～2008）》，经济科学出版社，2014。

［30］邱霞：《国有企业 70 年》，北京人民出版社，2019。

［31］郝鹏：《深入实施国企改革三年行动 推动国资国企高质量发展》，《求是》2021 年第 2 期。

［32］高培勇：《市场主体：一个被全新定义的超高频词汇》，《经济日报》2021 年 12 月 15 日。

［33］World Bank Group：Doing Business 2015 Going Beyond Efficiency.

［34］World Bank Group：Doing Business 2016 Measuring Regulatory Quality and Efficiency.

［35］World Bank Group：Doing Business 2017 Equal Opportunity for All.

［36］World Bank Group：Doing Business 2018 Reforming to Create Jobs.

［37］World Bank Group：Doing Business 2019 Training for Reform.

［38］World Bank Group：Doing Business 2020.

［39］王美舒：《世界银行〈营商环境报告〉述评》，《师大法学》2018 年第 1 辑。

［40］世界银行：《中国优化营商环境的成功经验——改革驱动力与未来改革机遇》，2020 年 7 月。

［41］董彪、李仁玉：《我国法治化国际化营商环境建设研究——基于〈营商环境报告〉的分析》，《商业经济研究》2016 年第 13 期。

［42］娄成武、张国勇：《基于市场主体主观感知的营商环境评估框架构建——兼评世界银行营商环境评估模式》，《当代经济管理》2018 年第 6 期。

［43］罗培新：《世界银行营商环境评估：方法·规则·案例》，译林出版社，2020。

［44］李颖轶：《中国营商环境评估的进路策略与价值选择——以法国应对世行〈营商环境报告〉为例》，《华东师范大学学报》（哲学社会科学版）2020 年第 1 期。

［45］孙中叶：《构建创新生态体系 打造发展战略支撑》，《河南日报》2021 年 10 月 22 日。

［46］中共工业和信息化部党组：《大力推动数字经济和实体经济深度融合》，《求是》2023 年第 17 期。

［47］罗晶、刘玉珮、陈钰桦：《创新现代化市场监管机制 激发优化营商环境新动能》，《重庆日报》2022 年 12 月 8 日。

［48］中共中央、国务院：《中共中央 国务院关于加快建设全国统一大市场的意见》，新华社，2022 年 4 月 10 日。

［49］中共中央、国务院：《中共中央 国务院关于促进民营经济发展壮大的意见》，新华社，2023 年 7 月 19 日。

［50］周文、许凌云：《论新质生产力：内涵特征与重要着力点》，《改革》2023 年第 10 期。

［51］贾品荣：《加快形成新质生产力的重点及实现路径》，《光明日报》2023 年 10 月 31 日。

［52］杨叶平：《加快形成新质生产力 积极构建未来竞争优势》，《光明日报》2023 年 12 月 13 日。

［53］范嘉琪：《加快培育新质生产力应把握好三点》，光明网，2023 年 12 月 25 日。

［54］王政、刘温馨：《构建以先进制造业为骨干的现代化产业体系——访工业和信息化部党组书记、部长金壮龙》，《人民日报》2024 年 1 月 10 日。

［55］白雪洁、宋培、艾阳、李琳：《中国构建自主可控现代产业体系的理论逻辑与实践路径》，《经济学家》2022 年第 6 期。

［56］闫相斌：《立足自立自强 优化科技创新生态系统》，《经济日报》2023 年 10 月 31 日。

［57］ 赖一飞、叶丽婷、谢潘佳、马昕睿：《区域科技创新与数字经济耦合协调研究》，《科技进步与对策》2022 年第 12 期。

［58］ 欧阳日辉、龚伟：《促进数字经济和实体经济深度融合：机理与路径》，《北京工商大学学报（社会科学版）》2023 年第 4 期。

［59］ 沈滨：《促进数字经济和实体经济深度融合》，《光明日报》2024 年 1 月 17 日。

［60］ 黄其松：《充分发挥数字政府作用 着力提升治理现代化水平》，《光明日报》2020 年 4 月 13 日。

［61］ 李胜、陈加友、陈讯：《建设数字政府 提升治理现代化水平》，《光明日报》2021 年 1 月 28 日。

［62］ 罗琦、李川：《多措并举提升营商环境法治化水平》，《光明日报》2023 年 9 月 8 日。

［63］ 徐汉明：《提升社会治理法治化水平》，《中国社会科学报》2023 年 9 月 8 日。

［64］ 王文涛：《营造市场化法治化国际化一流营商环境 为高水平开放和高质量发展提供有力支撑》，《民主与法制》2023 年第 47 期。

［65］ 范合君、吴婷、何思锦：《"互联网+政务服务"平台如何优化城市营商环境？——基于互动治理的视角》，《管理世界》2022 年第 10 期。

［66］ 王辉：《着力营造法治化营商环境》，《河北日报》2023 年 9 月 27 日。

［67］ 宋亚辉：《法治是最好的营商环境》，《中国社会科学报》2023 年 8 月 2 日。

［68］ 宋林霖、陈志超：《中国营商环境治理：寻求技术逻辑与制度逻辑的平衡》，《行政论坛》2022 年第 5 期。

［69］ 杜运周、刘秋辰、陈凯薇、肖仁桥、李姗姗：《营商环境生态、全要素生产率与城市高质量发展的多元模式——基于复杂系统观的组态分析》，《管理世界》2022 年第 9 期。

［70］ 郑东华：《三大突破后如何继续完善中国特色现代企业制度》，《经济参考报》2023 年 2 月 21 日。

［71］杜国功：《完善中国特色国有企业现代公司治理》，《经济参考报》2023 年 6 月 13 日。

［72］李晓红：《强化企业科技创新主体地位》，《人民日报》2022 年 12 月 26 日。

［73］陈春花、尹俊：《新个体经济新在何处》，《人民论坛》2021 年第 1 期。

［74］马立政：《国有企业是中国社会主义经济实践的中流砥柱——新中国 70 年来国有企业发展历程及主要经验》，《毛泽东邓小平理论研究》2019 年第 6 期。

［75］武力：《中华人民共和国经济史（增订版）》，中国时代经济出版社，2010。

［76］石涛：《中国国有企业改革 70 年的历史回眸和启示》，《湖湘论坛》2019 年第 5 期。

［77］周文、白佶：《民营经济发展与中国式现代化》，《社会科学研究》2023 年第 6 期。

后　记

本书是我从事社科研究工作以来多年的梳理与总结。书稿聚焦营商环境改善、市场主体发展，理论与实践相结合，从政府部门层面、企业层面、个体工商户层面等不同角度探讨如何推动市场主体加速迈向高质量发展，助力推进中国式现代化稳健前行。

在创作过程中，我深感学术研究的艰辛和不易。尽管已经付出了很多努力，但最后呈现给读者的内容难免还有许多不足之处。欢迎广大读者批评指正，你们的宝贵意见和建议将推动我不断调整和完善内容，继续进行更加深入细致的后续研究。

同时，感谢社会科学文献出版社的领导和编辑们的大力支持和精心编辑。他们为这本书的出版发行给予了极大的支持和帮助，使这本书能够更好地呈现在读者面前。

最后，我想感谢所有在这次写作过程中给予帮助和支持的人，我的家人、朋友以及同事，感谢陕西省社会科学院"优秀学术著作出版资助项目"对本书出版的支持。没有你们的鼓励和支持，我不可能走到今天。我会珍惜这次经历，将它作为我人生中的一个重要里程碑，并以此为动力，继续前行。愿这本书能够成为广大读者的有益参考，希望大家能够从中收获有益的知识和启示。

图书在版编目（CIP）数据

营商环境视域下市场主体高质量发展研究／刘晓惠
著 . --北京：社会科学文献出版社，2024. 10. --ISBN
978-7-5228-3993-6

Ⅰ. F723

中国国家版本馆 CIP 数据核字第 2024TF0724 号

营商环境视域下市场主体高质量发展研究

著　　者／刘晓惠

出 版 人／冀祥德
责任编辑／陈晴钰
责任印制／王京美

出　　版／社会科学文献出版社
　　　　　地址：北京市北三环中路甲 29 号院华龙大厦　邮编：100029
　　　　　网址：www.ssap.com.cn
发　　行／社会科学文献出版社（010）59367028
印　　装／三河市尚艺印装有限公司

规　　格／开 本：787mm×1092mm　1/16
　　　　　印 张：17.75　字 数：271 千字
版　　次／2024 年 10 月第 1 版　2024 年 10 月第 1 次印刷
书　　号／ISBN 978-7-5228-3993-6
定　　价／128.00 元

读者服务电话：4008918866